P. Eliecer Salesman

DOS MINUTOS PARA DIOS

Extractados de las publicaciones del P. ELIÉCER SÁLESMAN

Andagoya 388 y Av. América - C. P. 17-03-866
Tel.: (2) 254 16 50 - Fax: (2) 223 14 44
E-mail: specua@ecnet.ec
www.sanpaolo.org/ecu/home.htm
Quito - Ecuador

ISBN: 9978-06-088-X

Distribución:

Ecuador
Ventas: Andagoya 388 y Av. América - C. P. 17-03-866
Tel.: (2) 254 16 50 - Fax: (2) 223 14 44
E-mail: specua@ecnet.ec
Quito - Ecuador

Costa Rica
Calle 2 Av. 6 y 8
Tel.: 2565005 - Fax: 2562857
E-mail: sanpablocr@ice.co.cr
San José - Costa Rica

Panamá
Boulevard El Dorado - Av. 17B Norte, Edificio Park View 1
Apartado 0819-02969 El Dorado
Tels.: 2603738 - 2604862 - Fax: (507) 2606107
E-mail: pablopa@cableonda.net
Panamá - República de Panamá

Estados Unidos
Alba House: 2187 Victory Boulevard
Tel.: (718) 7610047 - Fax: (718) 7610057
E-mail: sspsiny@aol.com
Staten Island, New York N. Y. 10314-6603 U.S.A.

Guatemala
11 Calle 0-49 Zona 10 Local A
Tels: 3602715 - 3602765 - 3602735 - Fax: 3602695
Ciudad de Guatemala

Con las debidas licencias eclesiásticas

Impreso en Colombia - Printed in Colombia

PRÓLOGO

El día tiene 1.440 minutos.

¿Será mucho pedir que dediquemos dos minutos diarios a perfeccionar nuestra amistad con el buen Dios por medio de una página espiritual cuya lectura solamente dura eso: dos minutos?

El Salmo 111 de la Biblia dice de quien triunfa en santidad: ***"En el camino beberá del torrente, por eso podrá levantar triunfante la cabeza".*** *Quien dedica unos minutos cada día a beber con sus ojos del torrente de la Sabiduría Divina, seguramente obtendrá grandes victorias espirituales. No pedimos que la gente nos crea esto, sino que hagan la prueba. Verán efectos admirables!*

Suma importante. *Si hoy leemos dos minutos en un libro formativo y mañana otros dos minutos, dentro de un año habremos leído 730 minutos. Y si Dios nos concede otros veinte años, de vida, cuando termine nuestra existencia en esta tierra habremos leído catorce mil seiscientos minutos con sólo leer dos minutos diarios. Qué tesoro tan inmenso para recibir premios en la eternidad feliz!*

Penitencia muy práctica. *Cuando alguien le pedía al gran formador de personalidades, san Alfonso de Ligorio, que le aconsejara una penitencia que le fuera de mucho provecho para el alma, él le decía:* ***"Lea cada día una página de un libro formativo".*** *Si el otro le decía que esa era una penitencia demasiado fácil, el santo le respondía: "Por un día o dos sí será una penitencia fácil. Pero ya verá que la pereza y el desgano y el enemigo de las almas le irán poniendo excusas mentirosas cada día para no leer. Un día dirán: "No tengo ganas". Otro día: "Tengo cansancio". Al tercer día: "Esto no me gusta", o "no tengo tiempo" y así lograrán robarle los enormes progresos que iba a obtener al leer una página diaria de un libro religioso".*

Dime lo que lees y te diré quién eres. *Si solamente leemos periódicos y revistas mundanas nos va a suceder lo que dice el profeta Oseas:* ***"Sembraron viento, y eso fue lo que cosecharon: sólo viento"*** *(Os. 8). Nuestro cerebro tiene catorce mil millones de células nerviosas o neuronas aguardando que les demos alimento, día por día. ¿Qué alimento les vamos a dar? ¿Sólo alimento de cerdos, lecturas mundanas? ¿O les daremos manjares celestiales, lecturas formativas? Nuestro cerebro nos devolverá lo que le hayamos dado: o maldad si le proporcionamos lecturas dañosas, o virtud y santidad si lo alimentamos con lecturas provechosas para el alma.*

Por eso nuestro lema debe ser: ***Ningún día sin leer una página de un libro espiritual",*** *y Dios nos hará progresar en esa vida y nos premiará en la eternidad.*

1 DE ENERO

Al despertar y sentir de nuevo la vida,
sólo sé decirte: Gracias Padre mío

ORACIÓN DE LA MAÑANA

Dios mío: Recibe mi saludo en este nuevo día.
Señor, en el silencio de este día que nace,
vengo a pedirte paz,
Sabiduría y fuerza.

Hoy quiero mirar el mundo con los ojos llenos
de amor; ser paciente,
comprensivo, humilde, suave y bueno,
ver no sólo las apariencias físicas de tus hijos,
sino también su espíritu inmortal
como lo ves Tú mismo,
para, así, poder apreciar el inmenso valor
y la bondad de cada uno.

Cierra mis oídos a toda murmuración,
guarda mi lengua de toda mala palabra;
que sólo los pensamientos provechosos
permanczcan en mí.

Quiero ser tan bien intencionado y amable
que todos los que se acerquen a mí,
sientan tu amor y tu presencia.
Revísteme de tu bondad, Señor,
y haz que durante este día,
yo sea semejante a Ti. **Amén**

"Baje a nosotros
la bondad del Señor
y haga prósperas las obras
de nuestras manos"

(S. Biblia. Salmo).

LA ALEGRÍA DE SERVIR

***"No he venido a ser servido sino a servir"** (Jesús).*
Todo en la naturaleza es un anhelo de servir.
Sirve la nube; sirve el viento; sirve la tierra.

Donde haya un árbol que plantar,
plántalo tú.
Donde haya un error que enmendar,
enmiéndalo tú.
Donde haya un esfuerzo que todos esquivan,
realízalo tú.
Donde haya un favor que se puede hacer,
hazlo tú.
Donde se puede brindar una sonrisa de bondad,
bríndala tú.

***

No caigas en el error de creer que sólo se ganan méritos con trabajos grandes.

Hay pequeños servicios que son muy provechosos: señalar una dirección; reemplazar a quien tiene que ausentarse; visitar a quien está de luto; felicitar a quien está alegre; saludar con cariño y saber dar una respuesta amable.

Cuando las pequeñas gotas del mar de la amargura se juntan para invadirnos, juntemos los pequeñitos granos de arena de alegría que son las demostraciones de aprecio y cariño y con ellas haremos una muralla que detendrá las olas de la tristeza.

Gabriela Mistral

"ES MEJOR Y PRODUCE MAS ALEGRIA EL DAR QUE EL RECIBIR". (Jesucristo)

LO QUE VA A SUCEDER AL FIN DEL MUNDO

Para recordarnos que el **verdadero amor se conoce en que uno sí ayuda a los demás,** y que el que no ayuda a los otros no tiene amor, **Jesucristo contó lo que va a suceder el día del Juicio Final.** Dijo así (S. Mateo 25).

"Vendrá el Hijo de Dios y dividirá la gente en dos grupos. A su derecha los que se van a ir al cielo, y a su izquierda los que se van a ir para el infierno. Y dirá a los de la derecha: "Venid benditos de mi Padre, porque tuve hambre y me habéis dado de comer y tuve sed y me habéis dado de beber. Era peregrino y me habéis dado hospedaje..." Y ellos le contestarán: "¿Señor pero cuándo fue que te vimos con hambre, o con sed, o peregrino y te ayudamos?... Y Jesús les responderá: "En verdad, en verdad os digo: TODO FAVOR QUE HABÉIS HECHO A LOS DEMÁS AUNQUE SEA AL MÁS HUMILDE, ESE FAVOR ME LO HABÉIS HECHO A MÍ MISMO" (S. Mateo 25,40).

Luego les dirá a los de la izquierda: "Id malditos al fuego eterno, porque era pobre y no me habéis regalado vestidos. Estaba preso y no me fuisteis a visitar. Estaba enfermo y no me habéis ido a consolar". Y ellos le dirán: "¿Pero cuándo fue que te vimos pobre, o preso o enfermo y no te quisimos ayudar?". Y Jesús les dirá: "en verdad en verdad os digo QUE TODA VEZ QUE LE HABÉIS NEGADO UN FAVOR A OTRO, AUNQUE FUERA AL MÁS HUMILDE, ES A MÍ A QUIEN ME HABÉIS NEGADO ESE FAVOR. (Mateo 25. 45).

E irán los buenos al cielo, y los malos al infierno (S. Mateo 25,46). Así que si hacemos favores nos salvamos. Y si no hacemos favores nos condenamos.

BUENOS PROPÓSITOS

Benjamín Franklin elaboró un ideario moral con base en trece virtudes fundamentales.

Templanza: no comer hasta la saciedad, no beber hasta la embriaguez.
Silencio: Hablar sólo en beneficio propio y de los demás.
Resolución: Resolver lo que sea necesario; acometer sin demorar lo propuesto.
Frugalidad: No desperdiciar nada y evitar gastos innecesarios.
Orden: Cada cosa en su sitio, cada trabajo a su tiempo.
Trabajo: Ocuparse siempre de algo útil y no desperdiciar el tiempo.
Sinceridad: No valerse de engaños y actuar de buena fe.
Justicia: No perjudicar a nadie y ser equitativo con los demás.
Moderación: Evitar los extremos y no actuar con ira.
Limpieza: Evitar la suciedad.
Calma: No indisponerse por tonterías, accidentes o problemas.
Castidad: Que el placer esté guiado por el amor y no lleve a perder la paz.
Humildad: Imitar la sencillez de Sócrates y Jesús.

Fe, confianza, esperanza. Fe en sí mismo, confianza en sus capacidades. Capacidad para soñar y proponerse una meta con ilusión y entusiasmo, y creer firmemente que se logrará cuanto se proponga. Generosidad, deseos de hacer el bien, de sentirse útil, de ser ciudadano del mundo y hermano entre sus hermanos de cualquier raza y condición.

DRAMÁTICA DESCRIPCIÓN DEL IMPURO

El impuro pecador está ligado a su pecado, encadenado por su pecado. Preso, atenazado por sus malas costumbres y sus malos deseos. Maniatado, atrapado por sus instintos que se van volviendo incontrolables. Asiste como espectador a todo lo malo que él mismo se atreve a realizar.

El impuro se siente empujado, maniobrado, conducido como una marioneta, dirigido como un títere por las manos o fuerzas despiadadas y tiránicas de su impureza.

Cuando las fuerzas feroces de sus pasiones quieren aplastarlo definitivamente, entonces sí que el pecador **necesita recordar que Alguien ha venido a redimirlo y quiere redimirlo.**

Es necesario tomar conciencia y **convencernos de nuestra pavorosa debilidad,** de nuestra capacidad prodigiosa para enfermarnos del alma y seguir enfermos de impureza. Es necesario **reconocer que hay pasiones más fuertes de lo que imaginábamos, las cuales son un enemigo más fuerte que nosotros,** y nos atan y nos roban nuestros tesoros, y **de ellas no lograremos librarnos nosotros solos, y para vencerlas** necesitamos la ayuda poderosa de Dios y la intercesión de María Sma., y de los santos.

Una mala constumbre es el mal del cual màs debemos huìr (Og Mandino).

CUIDADO: LAS FALTAS PEQUEÑAS LLEVAN A LAS GRANDES

Algunos dicen: “Es que las faltas que cometo contra la castidad son pequeñas”. ¿De veras son sin importancia tus pecados? **Pequeña es la mosca** pero contamina la comida. **Pequeña es la pulga** pero puede no dejarte dormir y hacerte pasar muy malas noches. **Pequeño es el zancudo,** pero puede contagiarte de paludismo. **Pequeña es una puntilla en el zapato,** pero puede no dejarte subir a la montaña. Si quieres que no te llegue el contagio del vicio impuro, tienes que evitar las pequeñas impurezas.

Recuerda que los hilos que ataban a Gulliver, cada uno era muy pequeño, pero entre todos obtuvieron que él, siendo tan grande, quedara esclavo de sus enemigos que eran tan enanos. **Pequeños son los peces sanguijuelas devoradores del río Arauca,** pero cuando un gran toro entra en las aguas del río, cada pececillo le va dando un mordisco y al poco tiempo el enorme animalote empieza a desangrarse y muere ahogado entre las aguas, quedando a disposición de sus pequeños asesinos. **Eran pequeños pero eran muchos.** Cada mordisco era poca cosa, pero sumados unos a otros lo desangraron. Así pasa con tantas personas que tenían fuerza de voluntad e inteligencia y preparación: dejaron que llegaran a su alma las pequeñas impurezas; ver, oír, tocar, sentir, desear, pensar... pequeñitas dosis, pero repetidas, y cuando menos pensaron se hundieron en el mar de la impureza.

ORACIÓN DE LA LEGIÓN DE MARÍA

Basada en el Nº 214 del "Tratado de la Verdadera Devoción".

Señor, concédenos a cuantos servimos bajo el estandarte de María,
la plenitud de fe en Ti y confianza en ella,
a la que se ha concedido la conquista del mundo.
Concédenos una fe viva que, animada por la caridad,
nos habilite para hacer todas nuestras acciones
por puro amor a Ti.
Y a verte y servirte en nuestro prójimo;
Una fe firme e inconmovible como una roca,
por la cual estemos tranquilos y seguros
en las cruces, afanes y desengaños de la vida,
Una fe valerosa que nos inspire
comenzar y llevar a cabo sin vacilación grandes empresas
por Dios y por la salvación de las almas;
Una fe que sea la Columna de Fuego de nuestra Legión
Que hasta el fin nos lleve unidos,
Que encienda en todas partes el fuego del Amor de Dios,
Que ilumine a aquellos que están en oscuridad y sombra de muerte,
Que inflame a los tibios,
Que resucite a los muertos por el pecado;
Y que guíe nuestros pasos por el Camino de la Paz,
para que, terminada la lucha de la vida,
nuestra Legión se reúna sin pérdida alguna
en el reino de tu amor y gloria. **Así sea.**

CREDO MARIANO

Extractado de los escritos de los Santos

CREO que la Madre de Dios es también mi Madre.
CREO que soy hijo de la Madre del Redentor.
CREO **Oh Virgen Auxiliadora** que tu mirada no se aparta jamás de mí.
CREO que los que te honran poseerán la vida eterna.
CREO que gozas cuando te llamo.
CREO que comprendes plenamente mi llamada.
CREO que lo que me niegas, me lo niegas por amor maternal.
CREO que te preocupas cuando me ves sufrir.
CREO que te alegras cuando me arrepiento de mis pecados.
CREO que curas mis heridas cuando te lo permito.
CREO que no dejas de ayudarme aún en los momentos de mala voluntad mía.
CREO que me amas con amor de preferencia cuando trato de ser mejor.
CREO que me amas con amor de misericordia cuando me dejo vencer por el mal.
CREO que me quisiste desde el primer momento de mi vida.
CREO **que te amaré por toda la eternidad.**
CREO que cuando Dios quiere hacer santa a una persona la hace muy devota de la Virgen María.
CREO que así como los latidos del corazón son señal segura de vida, así el invocar con frecuencia a la Madre de Dios es señal de vida eterna.
CREO que si tengo fe en María Auxiliadora, veré lo que son milagros.

FÓRMULA PARA QUIEN DESEA DEJAR ALGÚN VICIO

1º **Reconozca que solamente Dios puede curarle de este vicio y apartarle de esta mala costumbre** ("Pobre de mí. ¿Quién me libertará de la esclavitud de este cuerpo de pecado? Solamente Dios, por mérito de Jesucristo. Y le doy gracias por ello" San Pablo. Rom. 7,24).

2º **Recuerde que para dejar el vicio necesita robustecer su voluntad.** La voluntad se robustece haciendo lo que no agrada y dejando de hacer lo que agrada mucho. Eso se llama **"vencerse o dominarse a sí mismo".** Jesús dijo: "La primera condición para seguirme será ésta: vencerse y dominarse a sí mismo" (S. Mateo 16,24).

3º **Lo que lleva a la falta es el primer paso.** Después del primer trago o de la primera cerveza, ya no será capaz de no emborracharse. Después del primer paso en la impureza, ya no será capaz de no cometer el pecado impuro. El secreto es: "no empezar".

Es que se cumple lo que decía San Vicente: **"Si** dejas de mortificarte y de hacer penitencia, **aunque ya tengas un pie en la puerta del cielo, con el otro puedes resbalar y caerte al infierno".**

El enemigo del alma hará todo lo posible por ponernos cada día alguna zancadilla y derribarnos. Pero tenemos un medio de liberación: **acudir con la oración a Cristo Jesús.**

EL LIBRO DE LOS PROVERBIOS Y LA LIMOSNA

El hermosísimo Libro de los Proverbios en la Biblia recomienda muchas veces la limosna y recuerda los premios que Dios concede a quienes saben dar con generosidad. Ya sabemos quizas bastantes frases de este bello libro. Recordemos algunas más:

"El que ayuda generosamente al pobre, no será abandonado de Dios. Pero el que se niega a ayudar a los necesitados, tendrá muchas maldiciones" (Prov. 28).

"El que regala al pobre le está prestando a Dios, y Dios mismo le devolverá añadiéndole muchas recompensas más" (Prov. 19).

El que cierra sus oídos al clamor del pobre, tampoco cuando él clame, hallará respuesta" (Prov. 21).

Hay quien siempre vive haciendo cálculos con codicia para no dar. Pero el que es amigo de Dios se esfuerza por ayudar con generosidad a los necesitados (Prov. 20).

No desprecies al pobre ni lo trates mal, porque Dios mismo los defiende a ellos y castigará a los que los tratan mal " (Prov. 22)

No niegues un favor a quien lo necesita, si puedes hacerlo.

S. Biblia, Prov. 3

SALMO 91

Para alejar la preocupación.

Tú que habitas al amparo del Altísimo.
que vives a la sombra del Todopoderoso
di al Señor: "Refugio mío, alcázar mío,
Dios mío, confío en Ti".
Él te librará de la red del cazador, de la peste funesta;
te cubrirá con sus plumas; bajo sus alas te refugiarás,
su brazo es escudo y armadura:
no temerás el espanto nocturno
ni la flecha que vuela de día,
ni la peste que se desliza en las tinieblas,
ni la epidemia que devasta a mediodía;
caerán a tu lado mil, diez mil a tu derecha,
a ti no te alcanzará.
Nada más mirar con tus ojos, verás la paga de los
malvados, porque hiciste del Señor tu refugio,
y tomaste al Altísimo por defensa.
No se te acercará la desgracia.
ni la plaga llegará hasta tu tienda,
porque a sus ángeles ha dado órdenes
para que te guarden en tus caminos;
te llevarán en sus palmas
para que tu pie no tropiece en la piedra.
Caminarás sobre alacranes y víboras,
pisotearás leones y dragones.
"Porque me quiere lo libraré; lo protegeré
porque me trata personalmente;
me invocará y lo escucharé;
Con él estaré en el peligro, lo defenderé, lo honraré;
lo saciaré de largos días, le haré gozar de mi
salvación". **Amén.**

DIFERENCIAS ENTRE OPTIMISMO Y PESIMISMO

El optimista tiene alas y el pesimista carece de ellas. No anda de pies sino cabeza abajo.

Hay que huír de los pesimistas como de la peste.

En la vida hay muchos estorbos, pero el pesimismo es uno de los más peligrosos.

El pesimista mira las cosas a través de cristales negros... y sólo ve sombras, fantasmas y crespones de luto.

En cambio el optimista sólo usa cristales rosados, y ve la amable púrpura de las rosas por todas partes, hasta en las espinas de las zarzas y en las piedras del camino de la vida.

Dos viajeros sedientos encontraron una botella. El optimista gritó satisfecho: "Buena suerte, está medio llena"...

Mientras el pesimista decía muy apenado: "Lástima que está medio vacía"...

El optimista ve una oportunidad en cada calamidad. El pesimista ve una calamidad en cada oportunidad.

Dice una fábula que dos ranas cayeron en un caldero de leche. Una de ellas, pesimista, se desesperó y se dejó ahogar. La otra, valiente y optimista, siguió nadando tranquilamente Con el movimiento, se cuajó la leche; y cuando ya no pudo nadar, trepó sobre la nata.

El pesimista hace como el viajero, que al encontrarse con un río, se sienta a esperar que pase el río...

El optimista imita al río, que al encontrarse con una dificultad que lo detiene, almacena fuerzas y salta por encima, aunque el obstaculo sea arrogante y peligroso.

LAS MALAS INCLINACIONES DE LOS GRANDES PERSONAJES

1. En tiempos del famoso y estimadísimo sabio Sócrates, había un médico muy célebre también, el cual con sólo observar la forma de la cabeza y la expresión de la cara de un individuo, descubría qué inclinaciones tenía. Lo llevaron entonces a que examinara a Sócrates (a quien no conocía), y después de observarlo detenidamente dijo: **"Este hombre tiene gran inclinación a la borrachera".** Los discípulos del gran filósofo se indignaron grandemente diciendo que eso era una calumnia, pero Sócrates respondió: "El médico tiene razón. **Yo tengo mucha inclinación a la embriaguez, pero no tomo bebidas embriagantes".** Era todo un carácter.

2. A un grafólogo moderno, el cual con pasmosa precisión **adivina el temperamento de una persona con sólo observar su letra,** le llevaron una carta de una mujer (sin firma) para que dijera qué temperamento tenía dicha mujer. Y el sabio, después de detenido examen dijo: "Esa mujer tiene un temperamento vengativo, vanidoso, sensual y muy parecido al de una de las más grandes criminales que he conocido". Después preguntó por el nombre de la que había escrito la carta y le contestaron: "Esa es una carta escrita por SANTA TERESA DE JESÚS, la más grande santa de los últimos siglos". Y en verdad estudiando bien la vida de esta famosa mujer se ha venido a comprobar que su temperamento era muy rebelde y defectuoso, pero a base de dominarse llegó a ser un portento de mujer amable, admirada por millones de personas aun hoy día.

LOS PROTESTANTES DICEN: "BASTA LA FE PARA SALVARSE. NO HACEN FALTA NUESTRAS OBRAS", ¿QUÉ LES DECIMOS?

LA BIBLIA DICE:

1º) Si yo tuviera tanta fe que trasladara los montes, pero no tengo caridad, nada soy. (1 Corintios 13,2).

2º) Qué le aprovecha hermanos a uno decir: "Yo tengo fe", ¿si no tiene obras? ¿Podrá salvarle la fe? (Santiago 2,14)

RECONOCEMOS: Que la salvación la consiguió gratuitamente Jesucristo, no porque nosotros somos santos sino porque Él ofreció su sangre y sus méritos por nuestros pecados.

Nuestra Redención es un regalo totalmente gratuito de Nuestro Señor Jesucristo.

Pero nuestro puesto en la eternidad depende de las buenas obras que hayamos hecho en la tierra, porque:

ASÍ LO DICE LA BIBLIA:

a) Cada uno recibirá su salario según el trabajo que haya hecho (1 Corintios, 3,8).

b) El Hijo del Hombre vendrá rodeado de sus ángeles y entonces pagará a cada uno según las obras que cada cual haya hecho (S. Mateo 16,27).

c) Dios ha de pagar a cada uno según sus obras (Romanos 2,6).

LAS EQUIVOCACIONES DE SAN AGUSTÍN

En su famosísimo libro de **autobiografía,** titulado **"Confesiones",** San Agustín nos cuenta las siguientes experiencias de su juventud.

"Yo vivía como el hijo pródigo, **buscando alimentos propios de cerdos.** Los que me engañaban con teorías equivocadas me decían: "Nosotros no tenemos libertad para las acciones. El alma está obligada a pecar por la naturaleza humana". Y así yo, cuando cometía algún pecado de impureza no me **arrepentía** porque me imaginaba equivocadamente que era la naturaleza la que me obligaba a cometerlo. Si la conciencia me **pedía** que hiciera penitencia, mis pensamientos equivocados le **respondían:** "¿Por qué hacer penitencia por esas impurezas si yo no soy libre y estoy obligado a cometerlas y no soy capaz de no cometerlas?". Y así las ideas equivocadas que me **habían** enseñado me **tenían** preso en una cárcel tenebrosa. Me **decían** los que me engañaban que los impulsos sexuales son irresistibles y que nosotros no somos capaces de dominar esta naturaleza sensual que nos lleva hacia el pecado. Y yo era tremendamente desdichado **porque nadie me había dicho que la gracia y el poder de Dios son muchísimo más potentes que todas las pasiones juntas** y que todas las concupiscencias y los malos deseos. Cuando un día leí en San Pablo; **"Todo lo puedo en Cristo que me fortalece",** ya no volví a creer nunca que yo no tenía libertad para no pecar. Cristo y yo podremos vencer siempre a toda pasión y a todo pecado".

EL REMEDIO DE UN GRAN ORADOR

Billy Graham fue por los años 1970 el más famoso orador de los Estados Unidos. Recorrió el país hablando en plazas y estadios a enormes multitudes, con éxitos asombrosos. He aquí una hermosa página de este gran predicador: "Muchos, después de muy amargas experiencias **hemos descubierto un remedio maravilloso, para alejar de nuestra alma el pecado que la llena de impureza.** Muchísimas veces dijimos: "No me dejaré vencer en esto y en esto". Vino luego un ataque inesperado. Los deseos de la carne lucharon contra nuestro espíritu y... ya sabemos lo que sucedió. Cuántas veces lo que nunca imaginábamos que íbamos a hacer, porque era muy malo, lo llegamos a hacer... Cuántas veces tuvimos que derramar lágrimas de contrición y clamar a Dios para que no permitiera que nos pisotearan tan frecuentemente y con tanta crueldad los enemigos del alma. **Estas situaciones nos tienen que hacer comprender que andamos por territorios plagados de adversarios** y que "el hombre viejo" no ha muerto ni se ha ido; que **si dejamos de emplear las armas defensivas seremos derrotados irremediablemente.** Pero HAY UNA NOTICIA CONSOLADORA: EL ESPÍRITU SANTO, SI LO LLAMAMOS EN NUESTRA AYUDA, VENDRÁ EN NUESTRA AYUDA. Tenemos que repetirle: **Oh Espíritu Divino, si confío en Ti, seré ayudado por Ti".** No importa que aun habiendo clamado y orado mucho hayamos sido derrotados muchas veces. Lo importante es no cansarse de orar y de clamar a Dios.

LEYES DE LOS ALCOHÓLICOS ANÓNIMOS

1ª **La persona se controla mientras no empiece.** Una vez que empiece ya sus emociones se vuelven incontrolables y le esclavizan y dominan. Lo importante es no empezar.

2ª **Dado el primer paso ya es el pecado el que controla la persona.** Hay que tratar de evitar dar esos primeros pasos, que llevan al precipicio como un resbaladero.

3ª **Hay que admitirlo: soy un enfermo a este respecto, y tengo que cuidarme.** Por eso no me puedo exponer a las ocasiones porque soy débil. La vida sin recogimiento, sin apartarse de las ocasiones peligrosas, abre el corazón a todas las seducciones y lo entrega sin defensa al enemigo.

4ª **Reconocer: tengo una espantosa debilidad para pecar** y por eso tengo que andar con mucho cuidado. Ser bueno entre los ángeles del cielo, todo es alegría y gozo. Pero permanecer bueno en el ambiente tan corrompido de este suelo, eso ya es algo muy costoso.

5ª **Cuando estoy bien no puedo decir: "No lo volveré a hacer".** Ni nadie debe decírmelo porque si doy el primer paso hacia el pecado, ya nadie me detendrá en la pendiente hacia el abismo de la caída. Como San Pablo, tengo que "**proceder con temor y temblor** en la labor de mi cambio y conversión (Efesios 6,5).

SAN ALONSO Y LA TENTACIÓN

Fue San Alonso Rodríguez un humilde jesuita que por 40 años estuvo de portero en un colegio. Era devotísimo de la Madre de Dios. En él se cumplió la frase de la Biblia: "Si te dedicas a servir a Dios prepárate a la tentación porque te vendrá" (Ecl. 2). Le llegó una tentación horrible que le hacía muy amarga la vida. Llevaba semanas y semanas sufriendo este ataque desesperante del enemigo del alma, y un día al subir por una escalera del colegio se detuvo frente a un cuadro de la Virgen y le dijo con toda el alma: "Santa María, Madre de Dios, acuérdate de mí". En ese momento sitió como que una nube oscura se alejaba de su mente, y la tentación desapareció.

Por eso San Bernardo decía: "Cuando sientas que el asesino gavilán de la tentación anda revoloteando a tu alrededor para matar la paz de tu alma, elévate rápido con la oración y refúgiate entre las manos de la Madre Santísima y el corazón del Hijo de Dios. Allí estarás a salvo de los ataques mortales del enemigo infernal".

LOS TRES ESPEJOS

Una joven alumna de un colegio escribió a su madre diciéndole: "Por favor: envíame un espejo". Y, a vuelta de correo, recibió una caja con tres compartimientos y encima una tarjeta que decía: "No sólo te envío un espejo. Te mando tres". La joven abrió el primer piso de la caja y encontró un lindo espejo de cristal y un letrero que decía: "Esto es **lo que tú eres**". Al abrir la segunda sección encontró una lámina con una calavera pintada y una frase: "Esto es **lo que tú serás**", y en el fondo de la caja halló un lindo cuadro de la Sma. Virgen y una tarjeta con esta frase: **"Esto es lo que tú debes llegar a ser".**

TESTAMENTO DE UN CANTINERO

Un vendedor de cerveza y trago, postrado en su cama y carcomido de remordimientos por haber dedicado su vida a propagar bebidas alcohólicas, llamó a su hijo y le dictó el siguiente testamento, poco antes de morir.

1º He cumplido el mandato de "ganar el pan con el sudor de la frente", pero lo **he ganado no con el sudor de mi frente sino con el sudor de la frente de los demás.**

2º La calle donde está mi cantina debería llamarse "la calle de la **ruina**" o "la vía de la **perdición**", porque por ella se va muy fácilmente a la cárcel, al asilo, al hospital y al cementerio.

3º Con mi venta de bebidas embriagantes yo **he contribuido poderosamente al aumento de accidentes,** peleas, enfermedades y asesinatos.

4º Las bebidas que he vendido **han servido para acortar la vida de muchos,** arruinar la economía de centenares de hogares, y alejar la paz de miles de familias y de muchos hogares.

5º **Mis licores han obrado estos cambios:** Han convertido en monstruos de mal genio y groserías a hombres que eran buenas personas, y han vuelto desvergonzadas a mujeres que eran de sanas costumbres.

LOS BORRACHOS NO ENTRARÁN AL REINO DE LOS CIELOS (San Pablo).

EL ALMUERZO IDEAL

Jesucristo decía: "Cuando das un banquete, no invites a los ricos y poderosos. Porque ellos también te podrán invitar a ti, y con esto ya habrás recibido tu pago aquí en la tierra. Tú cuando das un almuerzo invita a los pobres y abandonados, porque ellos no te podrán pagar, y entonces tu Padre Celestial te pagará" (S. Lucas 14).

El rey San Luis, acostumbraba hacer de vez en cuando un gran almuerzo para sólo pobres y enfermos y gente de la más abandonada de todos, y él mismo les servía.

Santa Matilde preparaba grandes almuerzos para los más pobres y abandonados y ella misma iba de puesto en puesto saludando y sirviéndoles los alimentos. Cuando iba de viaje llevaba siempre varias carrozas llenas de alimentos para las gentes más necesitadas.

Santa Elena, reina, recibía muchos dineros de su hijo el emperador Constantino, y los gastaba en preparar comidas para los miles y miles de pobres que encontraba.

¿A cuántos pobres hemos dado nosotros un almuerzo siquiera? ¿Cumplimos el mandato de Jesús de invitar a nuestras comidas a los más indigentes? ¿O nos moriremos sin haber cumplido ese mandato?

Cada mercado que regalo a una familia pobre, es un almuerzo que estoy brindando a los pobres del Señor, y así estoy cumpliendo un mandato muy importante de Jesús.

SATANÁS SE JUEGA UN ALMA

Satanás le ha robado al joven una estatuilla blanca. Es que le ha quitado la paz del alma. Le ha quitado también otras tres imágenes, que representan a la oración frecuente, la lectura de libros espirituales y los sacramentos. Con estas tres pérdidas el joven ha quedado muy desprotegido y muy sin defensas.

Afortunadamente el joven le ha logrado quitar al diablo un pavo negro, el orgullo, y otro monstruo pequeñito: el desprecio a los demás. Ahora es menos orgulloso y desprecia menos a los otros, y eso le hará evitar muchos pecados.

El Joven agarra fuertemente una estatua de rey. Si confía en Jesucristo, Rey del Universo, logrará vencer.

Entre las fichas negras que atacan hay: una mujer desvergonzada, un encapotado mirando hacia abajo, es la duda. Un gallo con larga cola: el deseo de aparecer.

Entre las fichas blancas que lo defienden están los ángeles que Dios envía a proteger a los que rezan con fe. Y está la virtud de la esperanza, mostrando hacia el cielo, recordando los premios que conseguirá quien luche contra las tentaciones.

¿Quién ganará? La victoria será de los que tengan fe en Jesucristo, nuestro salvador, y de quienes prefieran morir antes que pecar.

TOMA TIEMPO

Toma tiempo para Pensar
Este es el origen del Poder.

Toma tiempo para jugar
Este es el secreto de la eterna juventud.

Toma tiempo para Leer
Esta es la fuente de la sabiduría.

Toma tiempo para Orar
Este es el mayor poder de la tierra.

Toma tiempo para Amar y ser amado
Este es el privilegio dado por Dios.

Toma tiempo para ser Amistoso
Este es el camino de la felicidad.

Toma tiempo para Reír
Esta es la música del alma.

Toma tiempo para Dar
Un día es demasiado corto
para ser egoísta.

Toma tiempo para Trabajar
Este es el precio del éxito.

Toma tiempo para hacer Caridad
Esta es la llave del cielo.

23 DE ENERO

PELIGRO A LA VISTA

Oh Jesús, muéstrame los males del pecado y dame valor para no caer en él.

*** He de morir, ¿y sigo pecando?
*** He de ser juzgado y dar cuenta de todo lo que hecho, de lo bueno y de lo malo, ¿y sigo pecando?
*** Sé que eres un Dios que no deja pecado sin castigo, ¿y sigo pecando?
*** Peligra mi cielo, ¿y sigo pecando?
*** Cada vez que peco crucifico otra vez a mi Redentor, ¿y sigo pecando?
*** Cada pecado aumenta el castigo para mi purgatorio, ¿y sigo pecando?
*** Cada vez que peco afeo y mancho mi alma y disminuyo mi brillo y belleza para la eternidad, ¿y sigo pecando?
*** El pecado llena de amargura mi alma, como el anzuelo destroza la garganta del pez, ¿y sigo pecando?
*** Cada pecado cometido produce más facilidad y deseo para cometer el siguiente, ¿y sigo pecando?
*** Pecar es disgustar a Dios, ¿y sigo pecando?

OH JESÚS

*** Cuando te llamemos, óyenos.
*** Cuando te ofendamos, perdónanos.
*** Cuando te olvidemos, llámanos otra vez.
*** Cuando te pedimos, socórrenos.
*** Cuando trabajamos por Ti, anímanos.
*** Cuando nos desanimamos, danos valor.
*** Cuando estamos tristes, danos alegría.
*** Cuando nos viene el mal genio, danos paz, tranquilidad y paciencia.
*** Cuando nos llegan las tentaciones, danos fuerza y valor para resistir y no consentir.

ALGUNOS PROTESTANTES DICEN:

"YO NO NECESITO DE LA VIRGEN MARÍA"

LOS CATÓLICOS LES RESPONDEMOS:

R: Pero Jesucristo sí necesitó de la Virgen María, y Jesucristo vale mucho más que tú. Jesús necesitó de María Santísima para que lo formara en su vientre, lo trajera al mundo, lo alimentara con sus pechos, lo cuidara en sus primeros años, y lo enseñara y educara como toda madre a su hijito. Jesucristo sí necesitó de la Virgen María, y nosotros, orgullosos, vamos a decir ¿qué no necesitamos de Ella?

Los Apóstoles sí necesitaron de la Virgen María. Ella los acompañaba y consolaba en sus reuniones después de la muerte de Jesús. La S. Biblia dice que "Los Apóstoles se reunían a orar con María, La Madre de Jesús (Hechos, 1,14). Y podemos estar seguros de que la honraban y consultaban como a la más buena de las madres y a la más sabia de las consejeras. Y los apóstoles valían más que nosotros.

"**Los Grandes Santos sí necesitaron de la Virgen María.** Basta leer la biografía de los santos o santas que más fama han tenido en la Iglesia, y se verá que siempre buscaron y obtuvieron el apoyo poderoso de la Madre de Dios. Si ellos tan fuertes, llamaban a la Virgen María en su ayuda, ¿por qué no invocarla nosotros que somos tan débiles?

LOS PROVERBIOS DEL REY SALOMÓN

He aquí algunos de los proverbios que Salomón, el más grande sabio de la antigüedad, y varios sabios más, inspirados por Dios, dejaron escritos en la Biblia:

-No niegues un favor, si puedes hacerlo.

-En el mucho charlar no faltará pecado. El que refrena sus labios es un sabio.

-El necio desprecia al prójimo, pero el sabio se calla.

-El misericordioso se hace bien a sí mismo. El de corazón duro, a sí mismo se perjudica.

-Quien da generosamente, recibirá generosamente.

-El necio luego al punto manifiesta su cólera. El prudente sabe disimular las ofensas que recibe.

-Los labios mentirosos los aborrece Dios; pero Él prefiere a los que proceden con sinceridad.

-La angustia del corazón deprime a las personas, pero una palabra amable les llena de alegría.

-Quien guarda su boca, guarda su vida. Quien mucho abre sus labios busca su ruina.

-Vete con los sabios y serás sabio. Quien se junta con gente mala será desdichado.

-Los ojos de Dios están en todas partes, observando a los buenos y a los malos.

-Quien fácilmente se disgusta hará locuras. Pero quien es prudente no se impacienta, etc., etc., etc.

ESTAMOS SEGUROS DE QUE SI CONFIAMOS EN DIOS, NO SEREMOS ABANDONADOS POR ÉL

Hay una promesa repetida 4 veces por Dios en la S. Biblia, para toda persona que lo invoque con fe: **"No te dejaré ni te abandonaré"** (Hebr. 13, Dt. 31). Cuando San Pablo clamaba entristecido: "Quién me librará de este cuerpo de pecado. El mal que no quiero hacer lo hago", oyó la voz de Dios que le decía: **"Te basta mi gracia, y mi ayuda".** Cuando nosotros clamamos fervorosos en la oración por tanto peligro de pecar, **el Señor nos responde con el salmo 90:** "Dios te librará de la red del cazador. Te cubrirá con sus plumas (como la gallina al polluelo para defenderlo). Bajo sus alas te refugiarás. Su brazo te servirá de escudo y de armadura. Aunque caigan mil a tu izquierda y diez mil a tu derecha, **podrás no caer si haces del Señor tu refugio y tomas al Altísimo por defensa.** Dice el Señor: **"si se puso junto a mí, lo libraré"** (Salmo 90).

Pero no creer nunca que ya ha terminado el tiempo de los ataques y peligros.

Las pasiones de la carne y las tentaciones contra la pureza persiguen a la persona humana hasta la tumba. San Francisco de Sales decía: **"Las tentaciones sólo se irán definitivamente un cuarto de hora después de que nos hayan dejado enterrados en la tumba del cementerio".** ...empre estarán conspirando para tratar de quitarnos la ...stad con nuestro Dios.

EL PRIMER POETA MARIANO QUE SE CONOCE

SAN EFRÉN (muerto en el año 373). Nacido en Mesopotamia, es el **primer poeta de la Virgen.** San Efrén es muy popular, siempre actual, porque **supo descubrir la acción tan benéfica que ejerce la Madre de Cristo en nosotros sus devotos.** Canta en sus versos las bellas experiencias de quienes le rezan a la Virgen Santa. Este altísimo poeta le cantaba así a la Madre Celestial ya en aquel siglo lejano: "Tú eres la más pura en el alma y en el cuerpo. Tú sobrepasas en castidad, en pureza y en virginidad a todas las creaturas. Tú eres la morada o sagrario de la gracia del Espíritu Santo. Sobrepasas aún a los seres angélicos en pureza y santidad. Heme aquí que yo, manchado en mi alma y en mi cuerpo por los vicios de mi vida impura y llena de pecado, me postro ante Ti. Purifica mi espíritu de sus pasiones, santifica y dirige mis pensamientos errantes y ciegos. Dirige y domina mis sentidos; líbrame de la detestable e infame tiranía de las inclinaciones y pasiones impuras; que tú anules en mí el poderío del pecado y concedas la sabiduría y la prudencia a mi espíritu en tinieblas, para que me corrija de mis faltas y de mis caídas, y así, libre de las tinieblas del pecado, sea digno de glorificarte, de cantarte libremente a Ti que eres la verdadera Madre del que es la Luz Verdadera de este mundo, Cristo, Dios Nuestro, pues con Él y por Él, Tú serás bendecida y glorificada por las creaturas visibles e invisibles, ahora y siempre por los siglos de los siglos. Amén".

"LA VIRGEN MARÍA TIENE MÁS DESEO DE AYUDARTE: QUE EL DESEO QUE TIENES TÚ DE SER AYUDADO".

DETALLES DEL MÁS GRANDE SABIO DE LA IGLESIA CATÓLICA

Santo Tomás de Aquino era un gran devoto de la Virgen María. En el margen de muchas páginas de sus escritos escribía "Ave María". Frecuentemente la invocaba diciendo: "Trono de la Sabiduría, rogad por nosotros". Hizo una magistral explicación del Ave María. A ella le pedía que le consiguiera la asistencia del Espíritu Santo, y en verdad que se la obtuvo, porque uno de los más preciosos regalos que Nuestra Señora les concede a sus devotos es una gran infusión del Espíritu Divino. Una de las gracias más preciosas que la Virgen obtuvo para Santo Tomás fue una gran fortaleza para mantenerse totalmente puro hasta el último momento su vida. A Ella le había consagrado su pureza, y Ella le ó a defenderla victoriosamente.

SAGRADO CORAZÓN, EN TI CONFÍO

Postrado ante tus pies, humildemente,
vengo a pedirte dulce Jesús mío,
poderte repetir constantemente:
Sagrado Corazón, en Ti confío.

Si la confianza es prueba de ternura,
esta prueba de amor darte yo ansío,
aun cuando esté sumido en amargura,
Corazón de Jesús, en Ti confío.

En las horas más tristes de m vida,
cuando todos me dejen, ¡Oh, Dios mío!,
y el alma esté por penas combatida,
Sagrado Corazón, en Ti confío.

Aunque sienta venir la desconfianza,
y aunque todos me miren con desvío,
no será confundida mi esperanza:
Corazón de Jesús, en Ti confío.

Si contraje contigo santa alianza
y te di todo mi amor y mi albedrío,
¿cómo ha de ser frustrada mi esperanza?
Sagrado Corazón, en Ti confío!

Y siento una confianza de tal suerte,
que sin temor a nada, Jesús mío,
espero repetir hasta la muerte:
¡Sagrado Corazón, en Ti confío!

30 DE ENERO

LAS LIMOSNAS DE ROCKEFELLER

Dicen que John Rockefeller (1839-1937) fue uno de los tres hombres más ricos del mundo. Pues bien: en la libreta de apuntes de gastos de este hombre consta que en 1860, cuando apenas ganaba cien dólares mensuales, **él repartía la quinta parte de sus ganancias** entre los pobres. Cuando empezó a ganar mil dólares mensuales siguió dando la quinta parte para los más necesitados. Rockefeller llegó a ser multimillonario (lo llamaban “El rey del petróleo”) **y cuando llegó a ganar en un solo año trescientos millones de dólares, regaló la quinta parte de sus ganancias a las gentes más empobrecidas del mundo.** Y él repetía: “Cuantas más limosnas reparto, más ganancias consigo y más negocios buenos me inspira Dios”. En la India en los tiempos de mayor hambre se veían caravanas inmensas de camiones llenos de alimentos, enviados por Rockefeller. En Colombia la gran lucha contra la fiebre amarilla, la malaria, el paludismo, la costeaba Rockefeller. Y Dios se lo premió con una excelente salud y una larga vida que casi llega a un siglo. El Señor sabe premiar muy bien lo que se hace por los necesitados!

“Hay que formar de tal manera a los jóvenes, que lleguen a ser no solamente personas cultas, sino personas de muy generoso corazón” **(Concilio Vaticano GS 31).**

Hay quienes profesan amplias y generosas opiniones, ro en realidad viven como si no les interesara nada ayudar s necesitados. Y les puede suceder como a aquel rico n que no quiso ayudar al pobre Lázaro **(GS 30).**

CONSEJOS DE SAN JUAN BOSCO

NO NOS DEJEMOS GANAR DE LA TIERRA. La tierra produce para otros. ¿Y tú vas a producir sólo para ti mismo sin acordarte de los necesitados?

RECOLECTARÁS MÁS DE LO QUE REPARTES: cuando siembras un grano en terreno abonado, recoges después muchos granos más. Así te sucederá cuando das limosnas: por cada ayuda que le proporcionas a un pobre, recibirás muchas ayudas de tu Padre Dios desde el cielo.

COSECHAS PARA LA ETERNIDAD: las riquezas las dejarás todas aquí. Sólo te llevarás lo que hayas dado. Cada limosna que hayas repartido te producirá cosecha de gloria en la eternidad.

ADQUIERES GLORIA PARA LA VIDA FUTURA: otros gastan dinero y esfuerzo en adquirir gloria para este mundo, gloria que se acaba pronto y desaparece como el humo. En cambio cuando das ayuda para los desprotegidos estás gastando en adquirir una gloria que nunca se acabará y que nadie te quitará: gloria para toda la eternidad. ¿No querrás gastar nada para conseguir esa gloria eterna?

ALÉGRATE PORQUE EN VEZ DE TENER QUE PEDIR TIENES QUE DAR. Debes sentir alegría por este honor que se te ha concedido: que no seas tú quien tiene que ir a pedir a la puerta de otros, sino que son otros los que vienen a pedir a tu puerta, y tú tienes con qué socorrerlos y puedes ayudarlos. Dale gracias a Dios por este honor.

NO DIGAS: NO DOY PORQUE SOY POBRE. Siempre habrá alguien más pobre que tú y algo le podrás dar. Solamente serás tremendamente pobre si no ayudas a los necesitados. Entonces sí serás pobre en amor, pobre en misericordia, y pobre en los premios que vas a recibir en la eternidad.

SU MAJESTAD EL ALCOHOL

¿Me conoces?...

Soy el príncipe de todas las alegrías, el compañero de todos lo goces mundanos, el mensajero de la muerte; el príncipe que gobierna al mundo.

Yo estoy presente en todas partes, en todas las ceremonias, ninguna reunión tiene lugar sin mí presencia, fabrico adulterios, hago nacer en los corazones pensamientos negros y criminales, a jóvenes y adultos los hago inmorales y los contemplo satisfecho. Soy padre de la corrupción y de la desgracia, enveneno a la raza, mancho los hogares, traigo el envilecimiento y la depravación, la locura, el crimen, el suicidio.

Yo acabo con la familia, degenerando y extinguiendo por completo a la raza, ocasionando los conflictos, crímenes y desgracia en los hogares, hago nacer a los niños raquíticos, retardados, idiotas; a los jóvenes hago perder la vergüenza, la dignidad, el honor, la educación, la religión; pongo un velo sobre los ojos y la conciencia haciendo parecer el crimen como venganza, la abyección como pasatiempo, el adulterio e inmoralidad como entretenimiento. Yo soy causante de las enfermedades y desgracias más asquerosas y viles, dolorosas e incurables, el cáncer, la sífilis, las úlceras, la tuberculosis, los tumores y muchas otras; aspiro convertir el mundo en un hospital, en un manicomio y en un presidio.

1 DE FEBRERO

LO QUE SE OBTUVO CON UNA PARÁBOLA

Sucedió a principios del siglo veinte. Y fue un hecho muy importante para la historia moderna.

Su profesión era la medicina. Y además muy buen pianista. Y ganaba bastante dinero. Un día fue a la iglesia y oyó leer **La parábola del rico Epulón y el pobre Lázaro** (S. Lucas Cap. 16) y cómo, aquel rico fue enviado al infierno no por haber cometido otras maldades sino por no haber ayudado con sus riquezas al pobre necesitado; y esto le impresionó muchísimo al joven médico. Se fue donde su padre y le pidió la parte de herencia que le tocaba por parte de su madre muerta, y al recibirla gastó todo aquel dinero en medicinas y ropas y se fue al Africa a repartirlo todo entre los más pobres. Encontró un pueblo miserabilísimo compuesto por leprosos y se dedicó a atenderlos. De todas partes llegaban ulcerosos a ser curados, mordidos de serpientes a que les salvara la vida, y raquíticos a recobrar su vigor. Cada año se iba para Europa y en teatros repletos de gentes narraba la parábola que a él le había impresionado tanto, y les repetía: "Y a ustedes también les va a pasar lo que a aquel rico que se fue al infierno, si no dan generosas limosnas para las gentes más necesitadas". Luego pasaba recogiendo las ayudas y recolectaba miles de dólares que se iban en forma de medicinas, alimentos y muchas otras ayudas más para sus leprosos del Africa. Así se hizo famoso en todo el mundo, y le fue concedido el Premio Nobel de la Paz. Se llamaba ALBERTO SWEITZER, y murió hace unos años, y hasta el final repetía: lo que cambió mi vida fue una página de la S. Biblia: la Parábola del rico Epulón y el pobre Lázaro.

La alegría se conserva recordando los beneficios recibidos y DANDO GRACIAS AL SEÑOR

"Dad gracias al Señor porque es bueno, porque es eterna su misericordia (S. Biblia. Salmo).

GRACIAS SEÑOR, porque es maravilloso alzar los brazos y poder caminar, cuando hay tantos mutilados.

GRACIAS SEÑOR, porque mis ojos ven, cuando hay tantos que no tienen luz.

GRACIAS SEÑOR, porque puedo pensar cuando hay tantos con la mente en tinieblas.

GRACIAS SEÑOR, porque puedo oír, cuando hay tantos que no te escuchan.

GRACIAS SEÑOR, porque mi voz habla y canta, cuando hay tantos que enmudecen.

GRACIAS SEÑOR, porque mis manos trabajan, cuando hay tantos que mendigan.

GRACIAS SEÑOR, porque tengo salud, cuando hay tantos enfermos del alma y del cuerpo.

GRACIAS SEÑOR, por el pan de cada día, cuando hay tantos que no tienen que comer.

GRACIAS SEÑOR, porque es maravilloso volver a casa, cuando hay tantos que no tienen a donde ir.

GRACIAS SEÑOR, porque es maravilloso AMAR, VIVIR y SOÑAR **cuando hay tantos que odian, se angustian y se desesperan.**

GRACIAS SEÑOR, porque es maravilloso ser HIJOS DE MARÍA, **cuando hay tantos que no la reconocen.**

GRACIAS SEÑOR, porque es maravilloso tener un DIOS... un buen DIOS en quien confiar, cuando hay tantos que mueren sin conocerte.

GRACIAS SEÑOR, porque es maravilloso tener tan poco que PEDIRTE **y tanto, tanto que ... AGRADECERTE.**

A TI GLORIA Y ALABANZA POR LOS SIGLOS. AMÉN.

LA LIMOSNA Y SUS RECOMPENSAS INMENSAS

El Nuevo Testamento es un libro extremadamente práctico y no le tiene miedo al tema de la recompensa. Jamás les da vergüenza a los autores de la Biblia afirmar y repetir que quien reparte limosnas recibirá maravillosas recompensas.

Jamás a la Biblia se le ha ocurrido decir que quien da limosna no obtiene ningún premio, o que les irá lo mismo a los que sí dan con generosidad que a los que no dan nada o dan demasiado poco. En la naturaleza hay una ley que el Libro Santo repite. Es una ley de la cual nadie se libra: que según lo que cada uno da, así recibirá. Que con la abundancia con que uno regala, o con la tacañería con que uno niega, con esa medida va a recibir. **"La medida que uséis para dar a los demás, se usará para daros a vosotros".** El que cultiva poco, cosecha poco, y el que cultiva más, cosechará más (2 Cor. 9).

San Pablo insiste en que nadie perdió nunca por ser generoso. Que el que reparte con mano tacaña, que espere cosecha miserable; pero el que reparte con mano generosa, espere cosecha abundante.

Pero en el Nuevo Testamento se insiste en que las recompensas de quien reparte limosnas no serán solamente materiales. Que será rico en amigos, pero que también se le perdonarán pecados. "Los que reciben vuestras limosnas darán gracias a Dios, y eso os traerá bendiciones" (2 Cor. 9).

Jesús dice que quien reparte sus bienes entre los pobres **será rico ante Dios.** Y nos promete: **"Todo el bien que hicisteis a estos humildes hermanos, a Mí me lo hicisteis.**

"¿QUÉ CONTESTAR A LOS PROTESTANTES QUE DICEN: LA VIRGEN TUVO MÁS HIJOS, PORQUE EL EVANGELIO LLAMA A VARIOS HOMBRES "HERMANOS" DE JESÚS"?

R: 1º EN LA BIBLIA SE LLAMA HERMANOS A LOS QUE TIENEN UN MISMO ABUELO. O sea a los primos, tíos y sobrinos.

Así por ej. Abraham llama "hermano" a Lot, que es su sobrino (Génesis 14,16).

Y dice la Biblia que Labàn es "hermano" de Jacob (Génesis 29,15), pero Laban es tío de Jacob.

2º El Evangelio dice que Santiago y Tadeo, eran "hermanos" de Jesús, pero enseguida añade que ellos los dos eran hijos de la esposa de Cleofás. (Y María era esposa de José, no de Cleofás). De Santiago o Jacobo, uno de los 12 Apóstoles, dice la Biblia varias veces que era "Hermano de Jesús". ¿Cuál de los dos Santiagos o Jacobos? ¿El Mayor? No puede ser, porque el Evangelio dice que éste era hijo de Salomé. Ha de ser el otro Santiago, el Menor. Pero de él dice S. Marcos (3,18) que su padre era Alfeo. ¿Podrán los protestantes probar con la Biblia que la Virgen se casó con ese tal Alfeo? ¡Absurdo!

En la Biblia no se usan las palabras "primo", "tío", o "sobrino", sino que a los que descienden de un mismo abuelo se les llama "HERMANOS". Así que los que el evangelio llama "Hermanos de Jesús", eran primos o sobrinos de Él. Y la Sma. Virgen no tuvo sino un solo hijo: Jesucristo.

TRES CASOS EXCEPCIONALES

1º. **San Luis Gonzaga** vivió tres años en el palacio del rey y no miró nunca el rostro a una de esas numerosas y hermosas mujeres que allí llegaban.

Ni siquiera a su propia madre miraba al rostro mientras le hablaba. Quería con eso cumplir el consejo del libro del Eclesiástico. "No fijes tus ojos en mujer hermosa porque te puede atraer con sus seducciones. Porque por la belleza de las mujeres se perdieron muchos " (Ecl. 9,8).

No presentamos el ejemplo de San Luis como algo que hay que imitar sin más ni más, sino como un ejemplo del heroísmo de ciertos santos que prefirieron sacrificarse hasta el extremo con tal de conservar su castidad.

2º **San Felipe Neri** confesó y dirigió espiritualmente durante 40 años a una mujer muy hermosa, y nunca supo cómo era su rostro... Era estimadísimo como director espiritual de muchas mujeres de la sociedad de Roma, pero jamás las miraba al rostro.

3º **San Antonio Claret** dice en su autobiografía: "Yo nunca miré a una mujer. Puedo decir que en mi vida he tratado con miles de mujeres y no sé cómo es el rostro de ninguna de ellas... Una vez oí decir que un famoso orador era muy santo, pero luego me contaron que se quedaba mirando con especial gusto el rostro de las mujeres y desde ese día empecé a creer que no era tan santo. Después vine a saber que era un pobre pecador...".

LOS DOS REMEDIOS DE JESUCRISTO

El Cardenal Gomá, gran sabio, decía: "En mi larga experiencia he podido constatar que **los dos mejores remedios** que existen para conservar la pureza son los que nos dejó Nuestro Señor Jesucristo cuando dijo: **"Vigilad y orad para no caer en tentación, porque el espíritu está pronto, pero la carne es débil"** (S. Mateo 25,41). **Ante todo: orar:** porque la mejor voluntad del ser humano no suprime su natural debilidad ni logra quitarle su impresionante inclinación hacia el mal. Contra la debilidad de nuestra carne que nos incita al pecado, **necesitamos un reconstituyente poderoso que es la oración.** Y luego: el segundo remedio: VIGILAR: para **calcular dónde y cuándo hay peligros,** para no colocarse cerca de los halagos y atractivos del pecado, porque llegados a la tentación y agradándonos, sucumbiremos y seremos derrotados. **"El espíritu está pronto";** eso lo andamos demostrando continuamente con nuestros buenos propósitos. **"Pero la carne es débil":** la sensibilidad, las pasiones, la atracción hacia el mal tienen sus temibles exigencias que pueden anular y echar por el suelo los mejores propósitos. **El vigilar** logrará que evitemos meternos en situaciones peligrosas donde podemos ser masacrados por nuestras pasiones traicioneras. Y el **"orar"** nos consigue de Dios la gracia eficaz que nos permita resistir con valor y hasta con heroísmo los ataques de la impureza.

> **Ciertos espiritus impuros no se alejan sino con la oración**
>
> Jesucristo

SÚPLICA

Señor, por los que sufren,
Señor, por los que lloran.
Por los niños huérfanos,
que en la miseria están;
por los que viven tristes,
por los que nunca oran,
por los que no te aman
por los que no te adoran,
piedad, Señor, piedad!

Señor, por los enfermos,
Señor, por los mendigos,
por los que en las tinieblas
de la ignorancia están;
por los que nada tienen,
ni pan, ni hogar, ni abrigo,
por nuestros bienhechores,
por nuestros enemigos,
piedad, Señor, piedad!

Piedad por los inválidos,
piedad por los ancianos,
por los hogares tristes,
donde el amor no está;
por los que en Ti no creen,
por los que son paganos
por todos los que mueren,
por todos los humanos,
piedad Señor, piedad!

MUERTE DEL HIJO DE SANTA BRÍGIDA

Santa Brígida tenía un hijo muy locato, y la hacía sufrir mucho. Ella rezaba a la Virgen cada día para que el alma de este hijo rebelde no se fuera a condenar. De pronto el muchacho se le ocurrió irse al ejército, y en la guerra lo mataron. Y murió sin confesión ni comunión. La Santa lloraba cada día y le preguntaba a la Virgen por qué habiéndole rezado tantas veces por ese pecador lo había dejado morir así. Y una noche tuvo Brígida un sueño. Vio que ante el trono de Dios llegaban los demonios a protestar: "Venimos a quejarnos: porque nosotros tenemos permiso de acercarnos a los moribundos a llevarles tentaciones de desesperación. Pero hace unos días se murió el hijo de Brígida, y cuando él estaba herido agonizando, llegó María, la Madre de Jesús y nos alejó a todos y no permitió que ningún demonio se le acercara a dicho joven". – Jesucristo se volvió hacia la Virgen María y Ella, sonriendo le explicó: "Hijo: la madre de ese joven había rogado tanto por él, que yo consideré como un gran deber ir a acompañarlo en la hora de su muerte, y como no había sacerdote cercano, le inspiré que hiciera un acto de contrición y obtuve que muriera rezando con mucho fervor. **Pues era mucho lo que Brígida me había pedido por la salvación de esa alma".**

Entonces el Divino Juez con palabras de gran solemnidad dijo a los demonios: "Lo que mi Madre hace está bien hecho, alejáos vosotros de aquí".

Después de este sueño tan consolador, ya no volvió a angustiarse más Santa Brígida por la salvación de su hijo pero sí rezaba mucho cada día por su eterno descanso.

¿QUÉ ESPECIALIDAD TIENEN LOS SALMOS?

Los Salmos son los 150 himnos más bellos que existen.

Fueron escritos por el Rey David y varios otros profetas, sabios y poetas. La palabra "Salmo" significa: "Himno para recitarlo con música".

Los Salmos han sido las oraciones preferidas por los amigos de Dios, durante más de 25 siglos. Los recitaban los israelitas ya mucho antes de Cristo. Los recitaron Jesús y sus Apóstoles, la Virgen María y los grandes santos de toda la historia.

Cuando una persona se acostumbra a rezar despacio los Salmos, ya ninguna otra oración (excepto el Padrenuestro y el Avemaría) le parece tan hermosa, ni le llega tanto al alma.(Ojalá consigamos el bello libro titulado "Los Salmos Explicados" de Salesman).

Hay unos especialísimamente hermosos, por ejemplo, los cinco primeros. Para cuando tenemos que pasar por un momento difícil el Nº 22 llena de ánimos. Para cuando nos entristecen nuestros defectos y pecados, el 24 llena de esperanza. Cuando estamos muy agradecidos con el Señor, el 32. Y si hemos cometido graves pecados y deseamos que Dios deje de estar disgustado con nosotros, el salmo 50, que es el mejor acto de contrición que se ha escrito (lo escribió David después de un gran pecado y obtuvo perdón del Señor). Si deseamos recordar las maravillas que Dios ha hecho, recitamos el Salmo 102 o el 103. Si nos gusta recordar las grandes cualidades que tiene nuestro buen Dios, el Salmo 144 y nos llenaremos de amor hacia Él.

CONSAGRACIÓN DEL HOGAR AL SAGRADO CORAZÓN DE JESÚS

Dulcísimo Corazón de Jesús:
tuyos somos y tuyos queremos ser;
humildemente postrados ante tu Sagrada imagen, te consagramos nuestras personas, nuestra casa, nuestra familia, con todo lo que somos y todo lo que tenemos.
Reina en nuestra casa como en un hogar que te pertenece y no permitas que te sea arrebatado lo que con todo corazón te hemos consagrado.
Derrama amorosamente sobre nosotros las bendiciones que has prometido a los que veneran tu sagrada imagen. Enriquécenos con la paz de que gozan las familias que son de tu Corazón.
Compadécete, de los que, ingratos, se alejaron de Ti, Ilumina a aquellos que todavía no conocen las riquezas de tu amor; atráelos con la suavidad de tu gracia. Santifica, dulce Redentor, nuestra casa y familia, para que acabando en paz la carrera de esta vida pasemos a alabarte en la eterna mansión de la gloria. **Amén.**

LAS AMISTADES INDEBIDAS

Una persona muy piadosa describió así lo que fueron para su vida las amistades sensibles e inconvenientes:

En mis tiempos buenos tuve amigos malos.
Aparecían amables – y me dieron palos.
Y después que hubiéronme herídome el alma
los ruines se fueron hasta con mi calma
dejaron la cartera – sin nada, sin nada.
Y la blanca tela – del alma, manchada.

Muchos de nosotros podemos ponerle la firma a la narración anterior, porque es el retrato de lo que nos ha sucedido. Ciertas amistades nos dejaron herida el alma, se fueron con nuestra calma y mancharon nuestra existencia. Qué lástima!

En la virtud de la castidad nadie, por santo y viejo que sea, es fuerte, y por lo tanto nunca debe exponerse, porque quien se expone cae.

LAS MALAS AMISTADES CORROMPEN LAS BUENAS COSTUMBRES

(S. Biblia 1 Cor. 15)

PARA VIVIR ALEGRES HAY QUE DAR GRACIAS AL CREADOR

"Sed agradecidos. Sed siempre agradecidos con Dios" (San Pablo)

GRACIAS SEÑOR, por todo cuanto me has dado
por los días de sol y los nublados tristes
por las tardes tranquilas y las noches oscuras.

GRACIAS, por la salud y la enfermedad
por las penas y las alegrías
por todo lo que me prestaste y luego me pediste.

GRACIAS SEÑOR, por la sonrisa amable y por la mano amiga
por el amor, por todo lo hermoso y por todo lo dulce,
por las flores y las estrellas,
por la existencia de los niños, de los viejos y de las almas buenas.

GRACIAS, por la soledad, por la compañía,
por el trabajo, por las inquietudes,
por las dificultades y las lágrimas, y
por todo lo que me acercó a Ti.

GRACIAS, por haberme conservado la vida y por haberme dado techo, abrigo y sustento.

GRACIAS SEÑOR, por lo que TÚ quieras darme,
Yo te pido FE... para mirarte en todo,
ESPERANZA... para no desfallecer y
CARIDAD.... para amarte cada día más y
para hacerte amar de los que me rodean.
Concédeme paciencia, humildad, desprendimiento,
generosidad, tolerancia y mucho amor para con el prójimo

Que tenga un corazón amable, el oído atento a tus mensajes, las manos abiertas para dar y la mente activa para pensar bien; que siempre esté dispuesto a hacer tu santa voluntad.

DERRAMA SEÑOR TUS BENDICIONES SOBRE TODOS LOS QUE AMO,
Y CONCEDE TU PAZ AL MUNDO ENTERO.
QUE TU SANTO NOMBRE SEA BENDECIDO HOY PARA SIEMPRE.
AMÉN.

GRACIAS SEÑOR GRACIAS

UN GRAN APOSTOLADO: LAS BUENAS LECTURAS

La historia de la Iglesia narra multitud de ejemplos de personas que dejaron su vida de pecado y empezaron una vida santa porque una mano amiga les hizo llegar un buen libro, cuya lectura transformó su vida. Así por ej. San Ignacio, debió su conversión a la lectura que hizo de la Vida de Cristo y de unos libros que narraban la historia de los santos. Cuando dejó de leer novelas y empezó a leer libros religiosos, tuvo un cambio tan admirable, que nadie lo habría imaginado.

El gran educador San Juan Bosco transformó el gamín Miguel Magone en un auténtico santo, haciéndole leer la vida de Santo Domingo Savio.

Una joven escribía hace poco al más grande diario de Bogotá: "Mi vida cambió totalmente desde que una buena persona puso en mis manos el libro titulado **"Secretos para triunfar"**. Antes era agresiva, triste y acomplejada. Desde que leí este libro, ando con la cabeza levantada, optimista, y alegre; me entiendo mucho mejor con todos en la casa, y pienso en el futuro con alegría y optimismo. ¡Cuánto bien hace el que propaga buenos libros!

Por eso el más grande educador de los últimos tiempos exclamaba: "propagad los buenos libros. ¡Sólo en el cielo sabréis el bien inmenso que habréis hecho por medio de las buenas lecturas!"

Sobra decir que el **Libro que mayor bien hace a una persona es la S. Biblia.** San Agustín, San Francisco, San Alfonso y miles de santos más, dejaron su vida de pecado y empezaron una vida admirable de santidad al leer la S. Biblia.

MALES DEL ESPIRITISMO

Espiritismo es una asociación que se dedica a invocar los espíritus de los muertos para que vengan a traer respuestas que se desean. El Espiritismo niega verdades muy importantes de la fe católica, por ejemplo:

Va contra la clarísima prohibición de la S. Biblia que dice: "No consultarás los espíritus ni evocarás a los muertos, porque el que hace esto comete una gravísima falta contra Yahveh, Dios, y por esta causa el Señor castigó a otros pueblos (Deuteronomio 18. 9s).

EL ESPIRITISMO LLEVA A LA LOCURA, porque desencadena disturbios mentales, dispone a las alucinaciones (imaginar como realidad lo que no existe), perjudica el sistema nervioso, y desequilibra las secreciones de las glándulas internas del organismo.

He aquí lo que han dicho profesores de siquiatría, médicos, directores de manicomios, etc., para denunciar los GRAVÍSIMOS PELIGROS QUE TRAE EL ESPIRITISMO a los que se dedican a practicarlo.

- El Espiritismo es una verdadera fábrica de locos (Dr. R. Rozo).
- El Espiritismo produce delirios peligrosísimos (Dr. Almeida).
- Las prácticas espiritistas son las que más llenan los manicomios (Dr. Dutra).

El 24 de abril de 1917 la Santa Sede de Roma, en nombre del Sumo Pontífice declaró: "No es permitido a los católicos participar en reuniones de espiritistas, ni asistir a evocaciones de espíritus, aunque estos espíritus sean muy buenos" (Dz 2182).

EL GALLO BLANCO Y EL GALLO NEGRO

Un hombre tenía dos gallos. Uno blanco y otro negro. Los sacaba cada semana a pelear. Una vez ganaba el uno otra vez ganaba el otro. La gente apostaba y siempre ganaba el gallo a favor del cual había apostado el dueño. Al fin contó cuál era su secreto: cada semana alimento bien al uno, y al otro lo dejo aguantar hambre. Y apuesto por el que tiene más energías y ese gana... También en nosotros hay dos fuerzas que luchan entre sí cada semana y cada día: las pasiones de la carne y las fuerzas del espíritu. Si alimentamos a las pasiones con malas miradas, malos pensamientos, malas lecturas, malas conversaciones y malos deseos, ellas logran derrotar al espíritu. Pero si debilitamos las pasiones no dándoles tanto alimento y en cambio alimentamos el espíritu con oración, buenas lecturas y buenos pensamientos, y pequeños sacrificios, el gallo blanco que es el espíritu, **logrará dominar al gallo negro** que son las pasiones sensuales (B. Graham).

Los Santos imitaban al Santo Job que decìa: " **HICE UN PACTO CON MIS OJOS PARA NO FIJAR MI VISTA EN NINGUNA MUJER JOVEN** " (Job 31, 1)

Dime qué lees y te diré quién eres

UNA DE LAS CAUSAS POR LAS CUALES HAY TANTA CORRUPCIÓN EN LO EXTERIOR

Hay un librito escrito poco antes del descubrimiento de América y que ya ha tenido más de 3.000 ediciones en más de cien idiomas. Es el libro más editado del mundo, después de la S. Biblia. Este librito se llama **"Imitación de Cristo"**. Allí su autor, Tomás de Kempis, nos da **una noticia muy importante:** "¿Sabes por qué hay tanta corrupción en la vida exterior de ciertas personas? Porque en sus deseos, pensamientos y afectos íntimos hay corrupción también. Es que **habiendo corrupción en nuestros afectos íntimos y en nuestros pensamientos y deseos, necesariamente habrá también corrupción en nuestro comportamiento exterior**" (Im. L. 3,31). El árbol malo produce frutos malos. No puede el árbol malo producir frutos buenos (S. Mateo 7,17). **Por eso si deseas tener un comportamiento exterior casto y virtuoso tienes que esforzarte porque tus pensamientos, deseos y afectos íntimos sean también puros y virtuosos.** Así se cumplirá en ti la frase de Jesús: "El árbol bueno produce frutos buenos. El árbol bueno no puede producir frutos malos" (Mt. 7,18). **Renuncia a desear lo malo y hallarás la paz para tu alma** (Im. 3,32).

La llama que produce los incendios de impureza es el mal deseo. Lo que hace llegar a cometer el pecado de la impureza es el deseo de cometerlo. En latín se le llama "fómex pecati", que significa: "lo que incita al pecado" (Fray Luis de Granada).

FRASES DE PERSONAJES

SIENTO COMPASIÓN POR AQUELLOS QUE no han ido a buscar en el Libro de Dios la fuente inagotable de buenos pensamientos e ideas felices que toda persona necesita para triunfar **(Daniel Webster).**

HE AQUÍ EL OBJETO DE MAYOR VALOR EN EL MUNDO, el Libro cuya lectura hace posible el cumplimiento perfecto del deber de cada día (Palabras con las que el Arzobispo de Canterbury presenta la Biblia al rey de Inglaterra en el momento de su coronación).

AL VER EN MI PAÍS PERSONAS DE TAN PROFUNDA RELIGIOSIDAD, yo no encuentro otra explicación que ésta: son familias que leen, oyen y meditan constantemente la S. Biblia **(Historiador Green).**

EL SECRETO DE LAS BENDICIONES QUE HA RECIBIDO MI NACIÓN ES: leer la Biblia. Por esta lectura muchos han llegado a amar a Dios y a imitar a Cristo Jesús **(Reina Victoria de Inglaterra).**

PROMETÍ A MI MADRE: leer una página de la Biblia cada día, y siempre lo he cumplido con notable consuelo y provecho **(Rey Jorge V).**

En verdad y en belleza, nunca hallaremos algo semejante a este Libro Santo **(Reina Isabel de Rumania).**

QUEREMOS RECOMENDAR LA COSTUMBRE TAN PROVECHOSA de leer y meditar los S. Evangelios. Hay que leer y meditar con gran respeto pero con mucha frecuencia las Sagradas Escrituras. En estas páginas se ha de buscar EL ALIMENTO QUE SE NECESITA para obtener la perfección del Espíritu **(Pío XII D. Aflante).**

La Biblia es **EL DOCUMENTO MÁS PRECIOSO** de toda la historia de la raza humana **(General Smuts).**

LA PELÍCULA DE LAS MANOS VACÍAS

Una de las películas moralizantes más hermosas que se han filmado en España se llama "CON LAS MANOS VACÍAS". Allí se cuenta la historia de una mujer recién casada que al atravesar imprudentemente una gran avenida es arrollada por un automóvil que se movilizaba a altísima velocidad. Cuando los amigos y familiares llegan a prestarle sus primeros auxilios, la muchacha grita: "Me voy a morir y **tengo miedo de presentarme a Dios, con estas manos!** – Los otros mirando sus manos ensangrentadas le responden: "Pero ¿por qué? ¿si tú no tienes la culpa de que tus manos estén ensangrentadas?". – Y ella exclama: "No, lo que me asusta no es que mis manos estén ensangrentadas, lo que me asusta es... que ESTÁN VACÍAS! Yo me imaginaba que todavía me quedaban muchos años de vida y me dediqué únicamente a cuidar mi egoísmo y no repartí nada a los pobres, ni visité enfermos, ni consolé tristes, ni ayudé a huérfanos, ni auxilié ancianos. **Oh Dios: qué vergüenza tener que presentarme ante TI CON LAS MANOS VACÍAS de buenas obras".** Y diciendo esto queda muerta. Y la película va mostrando cómo esas manos vacías se van cerrando lentamente con la sensación de la inutilidad.

Cuando uno termina de ver esa película siente deseos de mirarse sus propias manos y exclamar también: "¿Estarán vacías?". ¿Estaré yo creyendo que todavía me queda mucho tiempo para hacer obras de caridad, cuánto me puede quedar ya muy poquito? ¿Qué me dirá mi Dios cuando mire mis manos y cuente las ayudas que ellas repartieron? Yo abundando en bienes, y muchos pobres pasando el día sin comer y la noche a la intemperie, ¿peor que muchos gatos?

AUNQUE SEA SÓLO POR HOY

Por Og Mandino

1º **Sólo por hoy me consideraré feliz.** La sicología enseña que la mayoría de las personas son tan felices como se imaginan serlo. No me voy a imaginar que soy alguien triste y con la vida llena de derrotas. En cambio me imaginaré que pertenezco al grupo de los que Dios ha destinado para triunfar y ser felices, y obtener muy buenas realizaciones en la vida.

2º **Sólo por hoy aceptaré la vida tal como ella es y como llega** y no me encapricharé en tratar de que todo sea como a mí se me antoja. Aceptaré mi físico, mi familia, mi situación económica, mis vecinos y compañeros como son, esforzándome por adaptarme a la vida y a las personas aceptando que sean así como Dios ha permitido que hayan llegado a ser.

3º **Sólo por hoy cuidaré de mi salud y de mi organismo,** haciendo suficiente ejercicio físico, tomando los alimentos que más vitaminas me proporcionen; respirando hondo, saliendo a dar un pequeño paseo, y no abusando ni por el trago, ni por fumar, ni por exceso de trabajo, ni por descansar demasiado (el dormir demasiado es tan dañoso como el comer demasiado), ni por vicios o pecados o alimentos que puedan hacer daño a mi salud.

4º **Sólo por hoy, alimentaré mi espíritu para hacerlo más fuerte.** No dejaré pasar estas 24 horas sin leer algunas páginas de un libro formativo. Cuando pase un día sin leer algo espiritual podré escribir en la página de mi diario **"Hoy, día perdido".** No quiero ser un haragán mental, un holgazán que no hace nada por instruirse.

ORACIÓN SENCILLA

OH JESÚS QUE ME ESTÁS VIENDO DESDE EL SAGRARIO:

- Míranos con esos ojos de aprobación y cariño con que miraste al joven del evangelio que te dijo que siempre había cumplido los mandamientos.

  Míranos con esos ojos de misericordia con que mirabas a la multitud hambrienta y a los pecadores.

- Míranos con aquellos ojos de afabilidad y generosidad con que miraste a la hemorroisa que obtuvo de ti la curación; a Zaqueo el que convertiste, y a la viuda que alabaste por ser más generosa que los demás.
- Míranos con los ojos de perdón con que miraste a Pedro, después de las tres negaciones y que lo movieron luego a echarse a llorar.
- Míranos con esos ojos de amor y de predilección con que miraste desde la cruz a tu Madre amantísima y a Juan, el discípulo amado.
- No nos mires jamás con ojos de disgusto como a los vendedores del templo o a los escribas de mala voluntad, ni con aquellos ojos llenos de desilusión con que miraste a Judas al recibir su beso traidor. Haz que nunca seamos del grupo de los que no te aman.
- **Ojos llorosos de Jesús,** que llorasteis sobre Jerusalem porque no quería convertirse solo. Que yo llore siempre mis pecados y no deje un día sin pedir perdón por mis maldades.

POEMA

Señor: si te cierro la puerta
de mi corazón,
derrúmbala te ruego,
pero no te vayas lejos de mí.
Si las cuerdas de mi alma
dejan de vibrar para Ti,
espera un poco Señor,
pero no te alejes de mí.
Si llego a poner un ídolo
para amarle en vez de Ti,
ten piedad de mi locura Señor, pero
no me alejes de Ti.
Si un día al oír tu voz, no te
respondo,
no te alejes Señor. Despiértame y
sigue llamándome
y haz que logre amarte siempre
por toda la eternidad.

(Rabindranah Tagore)

PENSAMIENTOS

Dejar de razonar y de pensar y meditar, es salirse del campo humano y pasarse al campo de los burros y de las bestias. **(P. Gómez)**

Los sentimientos de una persona se reflejan en su rostro. Su alegría interior o su tristeza y frialdad, aparecen en su rostro. **S. Biblia Ecl. 12,2)**

Al sabio Diógenes se le fugó su esclavo Manes que le ayudaba, y la gente preguntaba al filósofo por qué no mandaba a que lo buscaran, y él respondió: "Sería ridículo que pudiendo Manes vivir sin Diógenes, no pueda Diógenes vivir sin Manes". Así tendríamos que decir ante ciertas personas que nos abandonan.

Si en verdad sintiéramos vergüenza por nuestras faltas y pecados, viviríamos toda nuestra vida profundamente avergonzados. **(Dickens)**

Un rostro alegre es señal de un corazón satisfecho. Rostro triste es señal de preocupación y afán. **(Ecl. 13,32)**

Del mal hablador aprendí lo importante que es callar. Del muy áspero y duro, aprendí lo importante que es ser amable en el trato con los demás. De los sufrimientos que me trajo el incomprensivo aprendí que debo ser comprensivo con todos. **(Gibran)**

PIRÁMIDE DE VALORES DE ALGUIEN QUE LEE LA BIBLIA

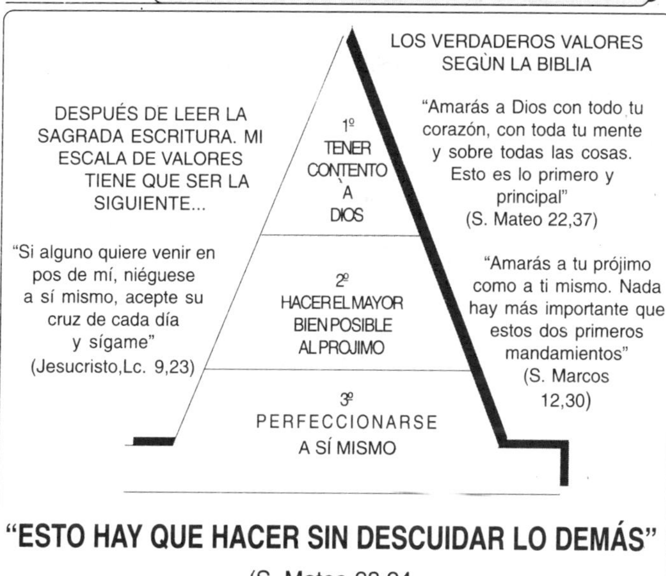

"ESTO HAY QUE HACER SIN DESCUIDAR LO DEMÁS"

(S. Mateo 23,24

****

LA S. BIBLIA:

SI LA LEES: TE HACES SABIO
SI LA CREES: TE HACES SALVO
SI LA PRACTICAS: TE HACES SANTO

****

¿POR QUÉ ES MEJOR SER CATÓLICO QUE SER PROTESTANTE?

1º Porque la religión católica tiene la verdad completa, mientras que la religión protestante tiene apenas una parte de la verdad.

El protestantismo tiene una parte de verdad, mezclada con 11 errores fenomenales. La Religión Católica tiene la verdad completa, sin negar ninguna de las verdades de la fe, y cuando aparece algún error, inmediatamente el Papa y los Obispos están listos a combatirlo, denunciarlo y alejarlo.

2º LA IGLESIA CATÓLICA TIENE UNIDAD, LOS PROTESTANTES ESTÁN DIVIDIDOS. Ellos son 666 y más sectas, y se combaten entre sí y niegan los unos lo que otros afirman. En cambio la Iglesia Católica en los 180 países en donde está fundada tiene una gran unidad de doctrina, de costumbres y de ritos, liturgias y modos de orar. Lo que el Sumo Pontífice y la Santa Sede de Roma ordena y declara, lo aceptan los Católicos de todo el mundo. En cambio los protestantes no tienen más autoridad que los pastores de cada sitio, dispersos, divididos, pensando y opinando cada uno por su cuenta.

3º LA RELIGIÓN CATÓLICA ES LA SOCIEDAD RELIGIOSA MÁS GRANDE Y BIEN ORGANIZADA DEL MUNDO. Mientras las 666 sectas protestantes son pequeñas, independientes y hasta opuestas a veces unas a otras y dependientes de lo que opine cada pastor en cada sitio, en cambio la Religiòn Catòlica con 1.000 millones de fieles, 1 millòn de religiosos, 440.000 Sacerdotes, 4000 Obispos, 500 Arzobispos, 120 Cardenales y el Papa forman una unidad perfectamente bien organizada

ENSEÑANZAS MUY ANTIGUAS
(Del Libro del Eclesiástico en la S. Biblia)

* Como el agua apaga el fuego, así la limosna obtiene el perdón de los pecados (3,32).

* Quien agradece un favor, obtiene que después se le concedan muchos más (3,34).

* Si eres para con los pobres como un padre, serás hijo del Altísimo, y Él te amará más que tu madre (4,11).

* No seas duro ni atrevido en tus palabras, ni perezoso o descuidado en tus obras (4,34).

* No sea tu mano abierta para recibir y cerrada para dar (4,36).

* No te dejes arrastrar por tus pasiones, porque aunque el Señor es paciente, te castigará (5,2).

* No digas: "¿Pequé y qué me ha pasado?". Porque aunque Dios es misericordioso, también castiga (5,5).

* No sigas acumulando pecados. No dejes para más tarde el convertirte de tu mala vida, porque estalla la ira del Señor y perecerás (5,8).

* Tienes que ser pronto para oír y lento para contestar (6,13).

* No ofendas a nadie, ni en mucho, ni en poco (5,18).

* La palabra amable multiplica los amigos (6,5).

* Aunque tengas muchos amigos, uno solo entre mil sea tu confidente (6,6).

* Hallar un buen amigo es hallar un tesoro. Los que confían en Dios lo encontrarán (6,16).

DOS PELIGROS DE ATRACO

El gran sabio que escribió el Libro del Eclesiástico en la Biblia dice: "Hay dos ladrones que te pueden atracar cualquier día y en cualquier sitio y robarte todos los tesoros del alma, son: las bebidas alcohólicas y una amistad sensible con persona que excita tu sensualidad. Si quieres ser libre y conservar tus tesoros espirituales tienes que huir de estos dos temibles atracadores (Ecl. 19,2).

LA LEY DEL COMPLEJO IMPULSIVO

Una vez aceptado el primer impulso, ya la acción llega. Una vez aceptado el mal pensamiento viene fácilmente la mala acción (por ej. la masturbación, etc., etc.) **Una vez que hemos aceptado dar el primer paso ya el pecado viene fácilmente** porque los impulsos van en cadena uno detrás del otro. Por eso es que es muy importante no empezar. Si se empieza a aceptar impulsos hacia el pecado, caeremos en él.

CUIDADO CON EL CINISMO

La palabra **"cinismo"** viene de "cinos" que significa **"perro".** Significa: no tener vergüenza. Ser desvergonzado. No darle importancia a las convenciones sociales ni al parecer ni a la opinión de la gente buena. Para el cínico las prohibiciones de la moral son "tabúes", complejos, prejuicios debidos a una educación exagerada. Pero perdido el asco por el pecado, ya nadie lo detendrá, y hará estragos horrendos en el alma.

EL SUEÑO DEL REY ALFONSO

Alfonso, Rey de León y Galicia, en su juventud llevaba una vida no muy santa. Una noche tuvo un sueño espantoso que vino a cambiar su vida por completo. **Vio que llegaba a la eternidad y al querer entrar al cielo se le impedía la entrada por no llevar "el traje de gracia y buenas obras" que se exige para poder salvarse. En ese momento apareció Nuestro Señor y ordenó que pesaran en una balanza las obras buenas y las obras malas de Alfonso para saber qué destino le correspondía en la eternidad. Echaron al lado derecho de la balanza las obras buenas que había hecho y al izquierdo las malas, y éstas resultaron mucho más numerosas que las buenas. Así que la balanza se inclinó a la izquierda y, mientras los diablos danzaban de alegría, iba a ser dictada la sentencia de condenación contra él. Pero en ese momento apareció** la Virgen María y colocando su rosario en el lado derecho **hizo que la balanza se inclinara totalmente hacia las obras buenas. Los demonios protestaban furiosos gritando que aquello era una trampa, y Nuestro Señor le preguntó a la Buena Madre Celestial: "¿Por qué has hecho esto?" – Y Ella le respondió: "Es que este joven Alfonso ha rezado muchas veces mi rosario, y Yo con esto quiero pedirte que no lo dejes condenar porque es mi devoto". Entonces Jesucristo vuelto hacia el pobre hombre que temblaba de susto, le dijo: "¿Has visto?** Mi Madre te ha salvado porque tú le rezas a Ella con frecuencia. **Te dejo un poco más de vida: pero aprovecha este tiempo para quitar del manto de tu alma la mancha de tantos pecados, y dedícate a echar obras buenas al lado derecho de la balanza, no sea que al morirte encuentres que estás falto de ellas". Este sueño lo convirtió.**

HISTORIAS DE SANTOS QUE AMABAN MUCHO A LA SANTÍSIMA VIRGEN

San Estanislao de Kostka amaba tanto a Nuestra Señora que los que lo escuchaban aumentaban la devoción a la Madre de Dios. Saludaba a las imágenes de la Virgen y cuando le rezaba a la Reina Celestial lo hacía con tal cariño y devoción como si la estuviera viendo a Ella en persona. Durante el rezo del "Dios te salve Reina y Madre" sentía tal emoción que frecuentemente se le enrojecía el rostro. Un sacerdote le preguntó que por qué la amaba tanto y le respondió: "**¿Y no la voy a amar mucho si es mi Madre?**" – Y dice aquel sacerdote que estas palabras las pronunció con tal fervor que parecía un ángel de Dios que estuviera hablando de la Madre Celestial.

San Felipe Neri amaba tanto a la Madre de Dios que reconocía que hablar de Ella era para él una verdadera alegría y un gran consuelo pensar en su protección.

El gran enamorado de Nuestra Señora, **San Bernardo**, la llamaba "Robadora de Corazones", y le decía: "te robaste mi corazón y tuyo será para siempre". **San Bernardino** le daba el nombre de "Dueña de mi corazón y de mi amor". Se llamaba su enamorado y cada día visitaba alguna imagen de la Virgen y le rezaba con el cariño del más agradecido de los hijos. Cuando a veces desaparecía de entre sus amigos y después le preguntaban dónde había ido, respondía: "a visitar a aquella de la cual estoy totalmente enamorado". Había ido a visitar la imagen de la Sma. Virgen.

Tanto la amaba **San Luis Gonzaga** que a veces al oír pronunciar el nombre de la Virgen María se le enrojecía de emoción el rostro y sentía palpitarle muy fuerte el corazón con amor de hijo cariñoso.

LA PELÍCULA DE UNA VIDA

JESÚS, JOSÉ Y MARÍA BENDECID A NUESTRAS FAMILIAS

CASTIGO DEL ORGULLO: LA TORRE DE BABEL

Por orgullo construyeron los hombres LA TORRE DE BABEL, y Dios en castigo les confundió las lenguas y ya no se entendieron unos a otros.

TRES COSAS

1. TRES COSAS QUE DEFENDER:
El honor, el hogar y la patria

2. TRES COSAS QUE CONTROLAR
El carácter, la lengua y la conducta

3. TRES COSAS QUE MEDITAR:
La vida, la muerte y la eternidad

4. TRES COSAS QUE ESTIMAR:
El valor, la rectitud y el agradecimiento

5. TRES COSAS QUE DETESTAR:
El pecado, la ignorancia y la ingratitud

6. TRES COSAS QUE EVITAR:
La pereza, la barbarie y la bufonería

7. TRES COSAS QUE SALVAGUARDAR:
La sinceridad, la libertad y la audacia

8. TRES COSAS QUE DESEAR:
La santidad, la paz y la alegría

9. TRES COSAS QUE ADMIRAR:
La voluntad, la dignidad y la gracia

10. TRES COSAS QUE CULTIVAR:
La razón, la sumisión y la ciencia

1 DE MARZO

LA S. BIBLIA

EN ESTE TIEMPO HAY UN RESURGIMIENTO DE LA LECTURA DE LA SAGRADA ESCRITURA, pues alimentados con este Pan de Vida, todos nos volveremos mucho más robustos para progresar hacia el éxito y la santidad **(Pío XII).**

LA BIBLIA LA ESCRIBIERON HOMBRES QUE HABLABAN CON DIOS **(Miles).**

Cuando leemos la Biblia no lo hacemos sólo para adquirir unos conocimientos más acerca de Dios, sino para que Dios mismo nos hable a nosotros, y nos diga lo que necesitamos saber para serle agradables **(Juan Pablo II).**

Es terrible caer en manos de un Dios disgustado (Hebr. 10,31) pero ES SABROSÍSIMO ENCONTRARSE CON UN DIOS QUE NOS QUIERE GUIAR CON SU PALABRA HACIA EL REINO ETERNO (Prólogo de la primera Biblia editada en inglés).

La Sagrada Escritura es el Camino de la Salvación **(San Alfonso).**

La Palabra de Dios nos ofrece: Luz para dirigirnos en el camino. Alimento para fortalecernos, y consuelo para animarnos **(Bossuet).**

LA BIBLIA ES EL MAPA QUE GUÍA AL VIAJERO HACIA LA ETERNIDAD. Es la brújula que no permite equivocar el camino. Es la cartilla que proporciona instrucciones para lograr el éxito. Es la espada y el bastón para defender al peregrino en su viaje por el desierto de la vida **(Foucauld).**

Al leer el Libro Santo vamos aprendiendo a orar como oraba el pueblo de Dios, y como a Dios más le agrada **(Juan XXIII).**

REMEDIO PARA ALEJAR TRISTEZA Y DEPRESIONES

Un día fui a visitar a San Benito Cottolengo otro notable sacerdote, San Juan Bosco. "Padre Cottolengo –dijo el joven Bosco– vengo a pedirle un consejo: **¿qué remedio debo recomendar a las personas que me vienen a contar que están aburridas de la vida,** desesperadas, y llenas de mal genio y de depresión por la pobreza, por las enfermedades y problemas de la vida o por el mal trato que les dan los demás?

-Mira Bosco -respondió Cottolengo-, el mal del aburrimiento y de la tristeza y la depresión es el mal moderno más común de todos. **Para combatirlo, nos ha mandado Dios un remedio siempre antiguo y siempre nuevo: Pensar en el cielo que nos espera.** No olvides nunca que: "Un pedacito de cielo lo arregla todo".

Se fue el sacerdote Bosco a practicar el consejo recibido de tan popular apóstol, y pronto empezó a notar los maravillosos resultados. Llegaban a su despacho individuos malhumorados y deprimidos que no saludaban a ninguno de los que estaban en la sala esperando turno para ser atendidos. Personas consumidas por la tristeza y carcomidas por la angustia y la depresión. Y el Padre Bosco, recordando que **"Un pedacito de cielo lo arregla todo",** les hablaba del cielo que nos espera, de las alegrías que gozaremos dentro de un poco tiempo y para siempre en la eternidad, y de lo mucho que amaremos y seremos amados eternamente con tal de aguantar ahora un poco y aquellas personas cambiaban su ira y depresión por paciencia y esperanza.

¿DE QUÉ ACTOS SE COMPONE LA CONVERSIÓN?

R: **La Conversión se compone de cinco actos:** 1º **Examen de conciencia.** 2º **Arrepentirse** de los pecados. 3º Hacer **propósito** de empezar a ser mejor. 4º **Confesarse** o reconocer los pecados. 5º **Ofrecer alguna penitencia** por los pecados cometidos.

¿EN QUÉ CONSISTE EL EXAMEN DE CONCIENCIA?

R: El examen de conciencia consiste **en recordar los pecados que hemos cometido,** y las causas o razones por las cuales estamos cometiendo estas faltas.

El examen de conciencia es tan importante que, los santos, como San Ignacio, San Gregorio y S. Francisco de Sales, han declarado que una persona no llegará a ser santa si no hace examen de conciencia cada día.

El examen de conciencia se hace así: Primero pedimos al Espíritu Santo que nos ilumine y nos haga conocer qué es lo que a Dios le disgusta de nuestra conducta.

Segundo vamos recordando cuáles son las faltas que más cometemos, y por qué las cometemos. Por ej. ¿he sido de mal genio? ¿Cuántas veces? ¿Por qué (será porque no descanso, o porque me preocupo mucho, como si Dios no cuidara de mí, o porque me disgusto por pequeñeces, etc.?). ¿Hablé mal de los demás? ¿Cuántas veces? ¿Por qué? (Será que vivo juzgando y condenando en mi mente, sabiendo que Jesús dijo: "¿No juzguéis, y no condenéis?" (Mt. 7).

¿CUÁLES SON LOS ERRORES DE TODOS LOS PROTESTANTES?

Las 666 sectas de protestantes se diferencian en muchas cosas una de otra, y unas afirman lo que otras niegan. Pero todas profesan los siguientes errores.

1º NO ACEPTAN QUE LOS SACRAMENTOS SON SIETE. Unos aceptan sólo tres y otros sólo uno. El único sacramento que aceptan todos los protestantes es el Bautismo.

2º NIEGAN 7 LIBROS DE LA BIBLIA. No aceptan sino 66 de los 73 libros de la S. Biblia. Los libros que ellos niegan son: Tobías, Judit, La Sabiduría, El Eclesíastico, y los 2 de los Macabeos y Baruc.

3º ATACAN EL CULTO A LAS IMÁGENES. Ellos toman a la letra una frase de la Biblia que dice: "No te harás imágenes ni te postrarás ante ellas" (Éxodo 20,4) y de ahí concluyen que es pecado tener cualquier imagen. No se dan cuenta de que lo que la Biblia, prohibe es **adorar** las imágenes, (o sea tratarlas como si fueran un dios) pero que no prohibe **venerar,** o sea rendirles respeto. Los católicos **no adoramos** las imágenes (o sea no las tratamos como si ellas fueran Dios o tuvieran poder como el de Dios) pero sí las veneramos, o sea les rendimos honor como al retrato de seres muy queridos y muy santos que rezan por nosotros en el cielo.

4º SON ENEMIGOS DE LA DEVOCIÓN A LA VIRGEN.

5º NO ACEPTAN QUE EN LA CONFESIÓN SE PUEDAN PERDONAR LOS PECADOS.

6º DICEN QUE LA BIBLIA LA ENTIENDE CADA UNO COMO A ÉL LE PAREZCA.

EL MÉTODO DE FRANKLIN

Cuenta este gran hombre que él en su juventud se consiguió una libreta y en cada página fue escribiendo un mal hábito que quería abandonar y una cualidad contraria que deseaba conseguir. Y cada día anotaba un signo más (+) enfrente de este título, por cada vez que lograba dominar el mal hábito, y un signo menos (-) por cada vez que el hábito malo lo dominaba. Así por ej. dominio de los ojos... dominio de la lengua, para no decir lo indebido... dominio del gusto para no tomar bebidas embriagantes o no comer más de lo debido... respeto al propio cuerpo... no perder tiempo... lecturas... anotando cuántas veces + y cuántas veces – menos.

Este método que era el que el gran sabio Pitágoras empleaba para hacer de sus discípulos verdaderas personalidades, le dió tal resultado a Franklin, que en su autobiografía le dedica 15 páginas a explicarlo y a recomendarlo. Dice que cada día señalaba un signo más por cada victoria que obtenía y un signo menos por cada derrota y contaba el número de fallas y de triunfos.

Y los biógrafos de este hombre, que al principio era mediocre y de no muy santas costumbres, dicen que "Norteamérica no ha producido un hombre más grande que él" (Og Mandino). Lo que se logra luchando contra los malos hábitos!

¿HAZ VISTO A UNO QUE SE ESFUERZA POR CUMPLIR BIEN SUS DEBERES DE CADA DÍA? ESE NO QUEDARÁ ENTRE LOS ÚLTIMOS. ESE ESTARÁ ENTRE LOS PRIMEROS

(S. BIBLIA PROVERVIOS)

AL SENTIR EL ATAQUE PEDIR REFUERZOS

¿Qué diríamos de un capitán que al sentirse atacado por enemigos superiores en número y en armamentos, pudiendo pedir auxilio a los comandos superiores, no los pidiera y se quedara allí dejándose derrotar y masacrar idiotamente por sus adversarios? ¿Y qué decir también de un alma que al sentirse atacada por las tentaciones y los peligros de pecar, no pide auxilio insistentemente **al Dios del cielo que puede enviarle más de 12 ejércitos de ángeles a defenderle?** (Mt. 26,53). **En las tentaciones no hay personas débiles y personas fuertes, sino personas que no rezan lo suficiente** y personas que sí rezan a tiempo y con fervor pidiendo ayudas al buen Dios (San Alfonso).

LOS REMEDIOS DE SAN BERNARDINO

San Bernardino fue un famosísimo predicador del año 1400. En sus sermones daba siempre estos remedios para conservarse castos: "Entre santa y santo, pared de calicanto. Nunca habrá castidad si no hay oración y mortificación. **La llama de la pasión de la impureza sólo se apaga con estos tres medios: oración, mortificación y huir de la ocasión.**

Sólo vencerás si sabes huir y no exponerte, porque **en llegando la ocasión y en agradándote, caerás** (Kempis).

LO QUE VIO EL FUNDADOR LA ÚLTIMA VEZ QUE VISITÓ LA CASA

En 1885 visitó por última vez a las Hermanas Salesianas de María Auxiliadora, su Fundador San Juan Bosco. Estaba ya muy enfermito y le faltaba poco tiempo para morir. Su voz era muy débil y sólo era escuchada por los que estaban muy cerca. Cuando todas las hermanas estuvieron a su alrededor, el gran Santo les dijo: "Veo que la Virgen María se pasea por esta casa y la cubre con su manto. La Santísima Virgen está aquí con vosotras y os ama mucho". –El sacerdote que lo acompañaba quiso explicar esto a las que no alcanzaban a oír la voz de San Juan Bosco y les dijo: "Él les quiere decir que la Virgen está contenta con Uds.". –No, no, respondió el santo, lo que os he dicho es que la Virgen María está aquí realmente, que María Santísima se pasea, por esta casa y la cubre con su manto y os ama mucho", y hacía señas como si la estuviera viendo. –Este fue el dulcísimo e inolvidable recuerdo que el Fundador dejó en Nizza, la Casa Madre de la Comunidad, el último y sagrado recuerdo, pues a la mañana siguiente partió para no volver nunca más. Pero en todos quedó grabada una noticia formidable. Que la Virgen María se pasea por las casas donde la aman, y las protege con su manto. Qué maravilla! (MB 17,557).

"La Virgen María nos puede dar todo lo que Dios pide de nosotros. Si no nos va mejor es porque no nos encomendamos más a Ella

(San Monfort).

CUIDADO CON LO QUE LLEGA AL CEREBRO

Lo que piensa y habla y desea una persona se graba en su cerebro como en una cinta y estas impresiones archivadas y grabadas aparecen para incitar los estímulos cuando llega la ocasión. Las imágenes indecentes se van asociando y producen ideas indecentes. Dime qué imágenes observas, o miras o recuerdas y yo te diré qué piensas.

Algunos dicen: "Yo pienso cosas malas pero no hago cosas malas". Cuidado: porque la acción sigue al pensar como la sombra al cuerpo cuando hace sol. Si tenemos un hotel y allí hospedamos toda clase de ladrones y atracadores, aquello se convierte en un hotelucho de mala muerte. Si a nuestro cerebro dejamos llegar y estarse a los malos pensamientos y malas imaginaciones, el pobre se convierte en un sucio albergue lleno de alimañas. Es necesario echar fuera toda imaginación mala, para que nuestro cerebro sea pulcro y no un sepulcro.

Las ideas vienen en cadena. Una idea buena puede traer otra idea buena. Pero una idea mala trae casi siempre otra mala idea. Basta ir tolerando malos pensamientos, para que éstos vayan trayendo otros pensamientos malos, y éstos irán aumentando los estímulos hacia la sexualidad.

Cuidado con lo que pensemos. Pues nuestro modo de comportarnos dependerá en mucho del modo como pensamos (Kempis).

SALMO 123

NUESTRO AUXILIO ES EL NOMBRE DEL SEÑOR

Si el Señor no hubiera estado de nuestra parte
-que lo diga Israel-,
si el Señor no hubiera estado de nuestra parte,
cuando nos asaltaban los hombres,
nos habrían tragado vivos:
tanto ardía su ira contra nosotros.

Nos habrían arrollado las aguas,
llegándonos el torrente hasta el cuello,
nos habrían llegado hasta el cuello
las aguas espumantes.

Bendito el Señor, que no nos entregó
en presa a sus dientes;
hemos salvado la vida como un pájaro
de la trampa del cazador:
la trampa se rompió, y escapamos.

Nuestro auxilio es el nombre del Señor,
que hizo el cielo y la tierra.

SALMO 124

EL SEÑOR VELA POR SU PUEBLO

Los que confían en el Señor son como el monte Sión:
no tiembia, está asentado para siempre.

Jerusalén está rodeada de montañas,
y el Señor rodea a su pueblo
ahora y por siempre.

No pesará el cetro de los malvados
sobre el lote de los justos,
no sea que los justos extiendan
su mano a la maldad.

Señor, concede bienes a los buenos,
a los sinceros de corazón;
y a los que se desvían por sendas tortuc
que los rechace el Señor con los malhec
¡Paz a Israel!

ABRAHAM E ISAAC: PREMIO A LA GENEROSIDAD

Por amor de Dios Abraham estuvo dispuesto a sacrificar a su muy amado hijo Isaac, y Dios en premio le concedió que su familia durara para siempre en la tierra.

Moisés salvado de las aguas

Cuando Moisés era niño fue salvado
de las aguas del río Nilo.
Cuando fue mayor dedicó toda su vida
a servir a Dios y a propagar
la verdadera religión.

SALMO 24

HUMILDE PETICIÓN DE AYUDA Y PERDÓN

A Ti Señor levanto mi alma y dirijo mi oración:
Dios mío en Ti confío, no quede yo defraudado.
Que no triunfen de mí mis enemigos,
pues los que esperan en Ti no quedan defraudados,
mientras que el fracaso acompaña a los que son infieles.

Señor: enséñame y muéstrame tus caminos,
instrúyeme en tus sendas, guíame por tus senderos.
haz que camine con lealtad, según la verdad;
enséñame porque tú eres mi Dios y Salvador.
y todo el día te estoy esperando.

Recuerda Señor que tu ternura y
tu misericordia son eternas
no te acuerdes de los pecados ni de las
maldades de mi juventud.
Acuérdate de mí con misericordia por
tu bondad Señor.

El Señor es bueno y es justo,
enseña el buen camino a los pecadores
y dirige a los humildes hacia la santidad.

Los caminos del Señor son misericordia y lealtad
para los que cumplen sus pactos y sus mandatos.
Por el honor de tu nombre, Señor,
perdona mis culpas que son muchas.

CONVIENE TENER UN IDEAL

El ideal es un **valor que atrae** y, esa atracción o fascinación que ejerce sobre la voluntad, lleva a la persona a esforzarse y esmerarse más por conseguirlo.

El cerebro necesita siempre un ideal que lo atraiga, que lo mueva a progresar y a no dejar de luchar por obtenerlo.

El ideal eleva los actos humanos a un nivel superior al de los animales, pues éstos obran simplemente por el instinto, mientras el ser racional obra porque le atrae algo superior que le entusiasma.

Quien obra por un ideal **se llena de ilusiones que le entusiasman,** y siente un optimismo que lo mueve a actuar.

El ideal proporciona **una dirección** a nuestro obrar. Ya no obramos sólo por instinto, sino por convicción.

Roosselvet, el Presidente, repetía: "Una persona vale menos y obtiene muy poco, si no se entusiasma por un ideal que desea conseguir".

Lo que no conozco no me atrae, dicen los alemanes. Si no tengo en mi mente un ideal que deseo obtener con mi obrar, ya no sentiré ese deseo ferviente de actuar con entusiasmo.

La voluntad necesita que el pensamiento le muestre lo que conviene conseguir. Y cuanto más luminoso y atrayente sea el ideal que se le presente, mayor será la fuerza que la voluntad ofrezca para tratar de conseguirlo.

CONDICIONES PARA MANTENERSE EN PAZ

1º **PREGÚNTESE: ¿QUÉ ES LO QUE MÁS ME PREOCUPA?** ¿Qué es lo que más me perturba? Encare ese problema de frente y verá que lo que parece una selva impenetrable no es sino un bosque ordinario que tiene caminos para llegar al otro lado.

2º **DISTINGA ENTRE: INDUDABLE, PROBABLE Y POSIBLE.** ¿De veras el mal que teme es INDUDABLE? Quién sabe si no. Puede ser sólo PROBABLE y eso ya es mucho menos. ¿Pero y si solamente es POSIBLE? Ahí ya todo el mal disminuye.

3º **PIENSE: ¿ESTO QUE ME AFLIGE ES VERDADERAMENTE TAN IMPORTANTE?** ¿Tan importante que merezca afectar mi salud mental y emocional por afanarme? ¿Qué su importancia no es mucha? ¿Y entonces por qué tanto afán? ¿Es que esta era la única oportunidad que había en el mundo y no hay más? ¿Es que con esa persona no me volveré a encontrar jamás ni en esta vida ni en la otra? ¿De veras?

4º **MEJORE SUS PENSAMIENTOS Y MEJORARÁ SUS ACCIONES.** Si piensa positivamente actuará positivamente. Si piensa alegremente obrará alegremente.

5º **EXTERIORICE EL AMOR QUE HAY EN SU INTERIOR.** No se limite a amar a los demás. **Demuéstreles que los ama.** Un estrechón de manos, una felicitación, una sonrisa amable, un "¡Hola!" con todo el corazón. **Prodigue palabras de cariño** y aprecio a familiares y compañeros.

¿QUÉ SE ENTIENDE POR CONVERSIÓN?

R: Por conversión o penitencia se entiende en la S. Biblia: ir por un camino equivocado y volverse al buen camino. Tener una conducta indebida y empezar a portarse bien. Haberse alejado de Dios por las malas obras, y acercarse otra vez a Él, por medio de la oración, y el arrepentimiento y la buena conducta.

La imagen más perfecta de la conversión es: la del hijo pródigo. También es imagen muy perfecta de conversión la de la pecadora convertida, narrada por S. Lucas. Cap.7.

¿POR QUÉ SERÁ TAN IMPORTANTE LA CONVERSIÓN?

R: Una cosa es muy importante si Dios la considera muy importante. Y en la Sgda. Escritura se enseña que **para Dios, lo más importante que puede hacer una persona es convertirse de su vida** de pecado y empezar una vida llena de buenas obras.

IMPOTANCIA QUE DIOS LE DA A LA CONVERSIÓN

Todos los Profetas del Antiguo Testamento: Jeremías, Isaías, Ezequiel, Daniel, Amos, Jonás, Oseas, Miqueas, etc. etc). Insisten en **que lo que Dios más desea de nosotros** es que abandonemos nuestra vida de pecado y empecemos a portarnos de la mejor manera posible. Eso se llama: Conversión o penitencia.

¿POR QUÉ BAUTIZAN LOS NIÑOS SIN PEDIRLES PERMISO?

Respuesta: Es que para hacerle un gran favor a un menor y librarlo de un gran mal no es necesario pedirle permiso. ¿O es que alguno se pone disgustado porque un antepasado suyo que murió cuando él estaba chiquitico, le dejó una gran herencia sin pedirle permiso? ¿O es que le tenemos que pedir permiso al niño para vacunarlo contra la viruela, o para inscribirlo en el Registro Civil para que pueda tener después sus papeles ante el Gobierno? ¿O le pedimos permiso para curarle sus enfermedades o enseñarle el cómo debe portarse en la vida? Para lo que es absolutamente bueno y muy necesario no es necesario pedirle permiso al menor de edad.

¿Y SI CUANDO LLEGA A GRANDE NO LE GUSTA SER CRISTIANO?

Respuesta: ¿Qué hace uno si al llegar a la mayoría de edad no le gusta que le hayan dejado en herencia una gran cantidad dinero? Puede renunciar a esa riqueza y seguir viviendo como miserable mendigo. Eso es según lo que él quiera ser. Pero no porque a él no le guste recibir la herencia y dejar de ser pobre, podemos decir que obró mal el que por amor y compasión le dejó semejante tesoro cuando él estaba todavía pequeñito.

¿Que una persona al llegar a su mayoría de edad no acepta nuestra patria donde lo inscribieron cuando estaba recién nacido? Pues libre es de nacionalizarse en otro país. Pero no por ello podemos decir que obraron mal los que cuando él estaba recién llegado al mundo lo inscribieron allí.

EL ALACRÁN Y LA TORTUGA

La fábula antigua contaba que un día el alacrán le pidió a la tortuga que lo trasladara al otro lado del río. La tortuga le contestó: "No quiero llevarlo porque Ud. me pica. Ud. es agresivo y pica hasta a los que lo quieren ayudar". ¿Cómo se le va a ocurrir semejante barbaridad? –le respondió el alacrán– lléveme señora tortuga y verá que le sabré pagar muy bien." La tortuga le creyó y lo trasladó a la otra orilla, pero el desagradecido alacrán antes de descender a tierra picó a la pobre tortuga. Ella mientras se quejaba adolorida le preguntó por qué se portaba así, y el animalejo le respondió: "Perdón pero es que **al que nació alacrán le es imposible no picar".**

Esta es una frase mentirosa que algunas personas andan repitiendo para no luchar contra sus pasiones. **"Yo soy así y no soy capaz de ser mejor".** Esta frase fatalista y derrotista paraliza las energías de quien pudiera ser mucho mejor de lo que es. NO es que necesariamente tendremos que ser siempre gente pecadora y mala. También para nuestra personalidad hizo Dios los éxitos con tal de que creamos en Él y confiemos en nuestras capacidades para triunfar. **Cada uno puede triunfar en aquello en que cree que puede triunfar. Dios hizo los éxitos, y se los regala a los valientes que no se cansan de luchar.**

TODO LO PUEDO EN CRISTO
QUE ME FORTALECE

(San Pablo)

REMEDIOS PARA DEJAR UNA MALA COSTUMBRE

1º **Reconozca que solamente Dios puede curarle de este vicio y apartarle de esta mala costumbre.** ("Pobre de mí. ¿Quién me libertará de la esclavitud de este cuerpo de pecado? Solamente Dios, por medio de Jesucristo. Y le doy gracias por ello" Rom. 7,24).

2º **Recuerde que para dejar el vicio necesita robustecer su voluntad.** La voluntad se robustece haciendo lo que no agrada y dejando de hacer lo que agrada mucho. Eso se llama **"vencerse o dominarse a sí mismo".** Y Jesús dijo: "La primera condición para seguirme será ésta: vencerse y dominarse a sí mismo" S. Mateo 16,24).

3º **Lo que lleva a la falta es el primer paso.** Después del primer trago o de la primera cerveza, ya no será capaz de no emborracharse. Después del primer paso en la impureza, ya no será capaz de no cometer pecado impuro. El secreto es: **"no empezar"**.

El 4º remedio es huir de los peligros. Si no se aparta de esa mala amistad; no deja aquella mala lectura o ese espectáculo malo; si no deja de ver esas escenas indecentes, si no se aparta de aquel sitio de diversiones peligrosas, si no deja de escuchar esas conversaciones corrompidas, se cumplirá lo que decía San Gregorio Magno: "Llevaba todos sus tesoros a la vista de todos y se imaginaba ¿qué nadie los iba a robar? Pues sí, se los robaron".

EL LIBRO SANTO

La ventaja que yo encontré en la lectura del Libro Santo es que nos enseña a vivir mejor cada día, nos da la fortaleza de Dios y nos anima a seguir adelante confiados en la Bondad del Señor (Isabel, Reina de Inglaterra)

¿Quieres saber cuál es el alimento que más le aprovecha a tu alma? La lectura de la Sagrada Escritura (Orígenes).

Mi larga experiencia me enseña que nada hay más útil para que un niño o un adulto lleguen a ser personas verdaderamente buenas, como leer y practicar la Biblia (León Tolstoi).

El Evangelio ha sido y será siempre EL MEJOR AUXILIAR PARA CUMPLIR BIEN LOS DEBERES SOCIALES (Taine).

He leído muchísimo, pero la lectura que mayor bien me ha hecho en toda mi vida ha sido la de la S. Biblia (Novelista Concha Espina).

Tres favores produce la lectura del Libro Sagrado: a) Provecho intelectual: por los nuevos conocimientos que proporciona. b) Provecho moral: porque mejora las costumbres. c) Provecho espiritual: porque eleva mucho el modo de pensar y juzgar (José Flores).

"Yo soy la luz del mundo. El que me sigue no anda en tinieblas." Al leer el Evangelio recordemos que allí habla el que hizo esta bella promesa (Bossuet).

Para nuestra enseñanza fueron escritas estas cosas, para que por la paciencia y por la consolación de las Escrituras tengamos esperanza (Romanos 15).

UN SALUDO QUE JAMÁS DEJA DE RESPONDER

Santa Brígida oyó en una revelación que hay una frase o saludo que jamás deja la Sma. Virgen de responder, y es este: **"Ea pues Señora, Abogada nuestra, vuelve a nosotros esos tus ojos misericordiosos".** Y que María no deja nunca de enviar especiales auxilios a quien la llama con tan bella oración.

Un día en que Santa Gertrudis decía a la Sma. Virgen: "Vuelve a nosotros esos tus ojos misericordiosos", le pareció que la imagen de Nuestra Señora la miraba con especial cariño y oyó que Ella le decía: "Siempre inclino amorosa mi mirada a favor de los que me invocan con fervor".

Y esta santa en una visión le pareció oír que Jesús decía a María: "Oh madre, todo poder se me ha dado en el cielo y en la tierra; te concedo el permiso de que envíes con toda abundancia tu misericordiosa ayuda a todos los pecadores que deseando salvarse, invoquen con fe tu auxilio".

UNA OFENSA QUE A ELLA LE DISGUSTA

San Buenaventura dice que a la Virgen Santísima no sólo la ofenden los que hablan contra ella (que gracias a Dios, entre los católicos serán siempre poquísimos) sino que **para Ella es una verdadera ofensa no pedirle nada, o pedirle muy poco, o pedirle con poca confianza de ser escuchado y atendido.** Porque su misericordia y el poder que ha recibido de Dios son capaces de llenar toda la tierra.

SI HONRO A LA VIRGEN MARÍA
ESTOY SEGURO DE MI SALVACIÓN
(SAN JUAN BERCHMANS)

NOTICIA SERIA

UN SOCIO FORMIDABLEMENTE ACTIVO Y BUENO

Nuestro amigo Raúl cometió el error de hacer una sociedad con un tramposo, el cual se fugó robándole los ahorros de toda una vida. Muy angustiado vino a preguntarle a un sacerdote qué debería hacer para recuperar su economía.

Búsquese un socio rico y poderoso –le dijo el padre.

-¿Pero dónde voy a conseguir un socio así, yo tan pobre?

-Yo se lo consigo –le dijo el sacerdote–. Venga mañana.

Al día siguiente Raúl preguntó:

-¿Cómo se llama el socio que me recomienda y dónde vive?

-Se llama... **Dios, y vive junto a Ud. las 24 horas del día.**

-Y el Padre le aconsejó: ofrézcale a Dios la décima parte de lo que gane, y no faltar jamás a la santa misa los domingos y confesar y comulgar, y propóngale que sea su Socio, ¡y después viene y me cuenta cómo le ha ido!

Tres meses después don Raúl volvió a decirle: -Padre: nunca me imaginé que Dios fuera tan buen Socio. Me ilumina buenas ideas, me consigue formidables amigos y me llena de entusiasmo para actuar. Todo anda mejor ahora.

¿Quién quiere buscar como Socio a Dios? ¿Quién?

ORACIÓN PARA TIEMPOS DE TENTACIÓN Y PELIGRO

SALMO 140

A voz en grito clamo al Señor,
a voz en grito suplico al Señor;
desahogo ante él mis afanes,
expongo ante él mi angustia,
mientras me va faltando el aliento.
Pero Tú conoces mis senderos,
y que en el camino por donde avanzo
me han escondido una trampa.

Me vuelvo a la derecha, y miro:
nadie me hace caso:
no tengo a dónde huir,
nadie mira por mi vida.

A Ti grito, Señor;
te digo: "Tú eres mi refugio
y mi heredad en el país de la vida".

Atiende a mis clamores,
que estoy agotado;
líbrame de mis perseguidores,
que son más fuertes que yo.

Sácame de la prisión,
y daré gracias a tu nombre:
me rodearán los justos
cuando me devuelvas tu favor.

Gloria al Padre...

VIDA

Muy cerca de mi ocaso, yo te bendigo, Vida!
Porque nunca me diste ni esperanza fallida
ni trabajos injustos, ni pena inmerecida;
Porque veo al final de mi rudo camino:
que yo fui el arquitecto de mi propio destino;
que si extraje las mieles o la hiel de las cosas
fue porque en ellas puse hiel o mieles sabrosas:
cuando planté rosales siempre coseché rosas.

Cierto: a mis lozanías va a seguir el invierno:
Más tú no me dijiste que Mayo fuese eterno!

Hallé sin duda, largas las noches de mis penas
mas no me prometiste tú sólo noches buenas!
Y en cambio tuve algunas santamente serenas.
Amé. Fui amado. El sol acarició mi faz.

VIDA: NADA ME DEBES!
VIDA: ESTAMOS EN PAZ

Amado Nervo

Donde hay fe, hay amor,
donde hay amor, hay paz
donde hay paz, está Dios
y donde está Dios.
hay felicidad

NOTICIA PARA HORAS AMARGAS

"Si se levanta la tempestad de las tentaciones, si caes en el escollo de las tristezas, eleva tus ojos a la Estrella de la Mar: invoca a María! Si te golpean las olas de la soberbia, de la maledicencia, de la envidia, mira a la estrella, invoca a María! Si la cólera, la avaricia la sensualidad de tus sentidos quieren hundir la barca de tu espíritu, que tus ojos vayan a esa estrella: invoca a María! Si ante el recuerdo desconsolador de tus muchos pecados y de la severidad de Dios, te sientes ir hacia el abismo del desaliento o de la desesperación, lánzale una mirada a las estrellas e invoca a la Madre de Dios. En medio de tus peligros, de tus angustias, de tus dudas, piensa en María, invoca a María! El pensar en ella y el invocarla, sean dos cosas que no se aparten nunca ni de tu corazón ni de tus labios. Y para estar más seguro de su protección no te olvides de imitar sus ejemplos. Siguiéndola no te pierdes en el camino! Implorándola no te desesperas! Pensando en Ella no te descarriarás! Si Ella te tiene de la mano no te puedes hundir. Bajo su manto nada hay qué temer. Bajo su guía no habrá cansancio, y con su favor llegarás felizmente al puerto de la Patria Celestial! **Amén.**

(San Bernardo)

¿QUÉ DEBE HACER UNA PERSONA, SI QUIERE AUMENTAR SU FE?

R: El Concilio Vaticano (o sea la reunión de todos los obispos del mundo, junto el Papa, 1965) dijo:

LA PERSONA QUE DESEA AUMENTAR SU FE, DEBE HACER CUATRO COSAS.

a) **Pedirla mucho a Dios.** La fe se aumenta cuando se la pide a Dios. Por eso nuestra oración debe ser la que los apóstoles le dirigieron a Jesús: "Señor: auméntanos la fe".

b) **LEER LA SAGRADA. ESCRITURA**. El fruto principal que obtiene la persona que lee cada día alguna página de la S. Biblia es que su fe va aumentando sin que siquiera uno se dé cuenta. Leer con atención la S. Biblia es aumentar la fe.

c) **Asistir a la EUCARISTÍA Y RECIBIR LA COMUNIÓN.** El Concilio Vaticano dijo lo que todos los santos han experimentado: la Eucaristía bien recibida es el mejor remedio para aumentar la fe. Una Misa vale más que todas las oraciones del mundo.

d) **ASISTIR A CATEQUESIS O CONFERENCIAS RELIGIOSAS.** San Pablo decía: "¿Cómo van a creer si no hay quién les predique?". El Apóstol sabía muy bien que las personas que asisten a conferencias o catequesis acerca de la religión, van aumentando su fe.

FELICITACIÓN DE ISABEL A MARÍA SANTÍSIMA

"Dichosa tú, oh María, porque has creído.
Pues se cumplirán en ti
todas las promesas que te hizo Dios".

Los ángeles dijeron a los pastores:
"ENCONTRARÁN AL NIÑO EN UN PESEBRE Y ENVUELTO ENTRE PAÑALES".
Ellos fueron y encontraron a María, a José y al Niño recostado en el pesebre.

UN SACERDOTE

Es una Misa cada día durante 20, 30 o 50 años...

Es una multitud de niños bautizados, una multitud de jóvenes instruidos en la religión y una multitud de ancianos llevados hacia la santidad.

Es un sinnúmero de enfermos visitados, consolados santificados y salvados.

Es una muchedumbre de pecadores convertidos y de desesperados librados de su desesperación.

Es un hombre ante quien van los pecadores a depositar los más íntimos secretos de su alma para ser perdonados, y a compartir sus lágrimas y pesares. Es un hombre que por oficio y por estado es el consolador de todas las miserias del alma.

Es el intermediario entre el rico y el pobre. A él viene el rico a traer sus limosnas secretas, y llega también el pobre a recibirlas sin ser humillado.

Hace de intermediario también entre el hombre y Dios. Al Señor ofrece cada día el Santo Sacrificio y sus oraciones por los pecadores, y a éstos les habla continuamente de los deberes que tienen para con su Creador.

Es un hombre que sin pertenecer especialmente a ninguna clase social especial, pertenece a todas. A la clase pobre porque trata de vivir sencillamente, y porque en muchísimos casos, él viene también de una familia pobre. Y a la clase culta porque por sus estudios y por sus altos sentimientos tiene un modo de proceder propio de clases elevadas.

ESE HOMBRE ES EL SACERDOTE

EL RETRATO DE LA VIRGEN MARÍA HECHO POR SAN AMBROSIO

San Ambrosio es uno de los santos más famosos de la antigüedad. Gran sicólogo, es uno de los escritores más originales e influyentes de la Iglesia. Era gobernador de la gran ciudad de Milán, cuando por aclamación del pueblo fue elegido obispo de esa misma ciudad. En el año 377 escribe a su hermana, religiosa en Roma, lo que se ha llamado "**El Retrato de la Virgen, escrito por San Ambrosio".** Dice así:

¿"**Quién más noble** que la Madre de Dios? ¿**Quién más esplendorosa** que Aquella a quien ha elegido por madre el que es el esplendor eterno? ¿**Quién más casta** que la madre que ha traído a su Hijo al mundo permaneciendo Virgen? Ella era **virgen pura** no sólo en el cuerpo sino también en el espíritu. A ella nunca **ningún pecado consiguió manchar su pureza:** era **humilde** de corazón; **reflexiva** en sus resoluciones; **prudente; discreta** en palabras; **ávida de leer** y de oír la palabra de Dios; **no ponía su esperanza en las riquezas** sino en la oración y en los favores que Dios concede a quienes ayudan a los pobres; **aplicada al trabajo; tomaba por juez de su alma** no lo que opinaran los demás sino **lo que opina Dios; no trató nunca mal a nadie; era amable** con todos; **llena de respeto** por los ancianos, **sin envidia** con los de su edad; modesta, razonable, amaba la virtud. **Jamás ofendió a sus padres** ni siquiera en su actitud. Nadie la veía en desacuerdo con sus parientes. No rechazaba al humilde, ni se burlaba del débil, ni evitaba al miserable. **Solamente asistía a aquellas reuniones a las que** le aconsejaba asistir la caridad y en las cuales no tuviera ningún peligro su modestia y castidad. Jamás nadie vio una dureza en su mirada, **ni una falta de medida en sus palabras,** ni una imprudencia en sus actos. **No demostraba contrariedad en sus gestos**, ni insolencia en su voz; **su actitud exterior** era la imagen de la santidad de su alma".

REMEDIOS DE LOS ALCOHÓLICOS ANÓNIMOS

Si quiere curarse del vicio y llegar a ser una persona virtuosa:

1º **Considérese un enfermo** ("En mi ser tengo esa ley: que queriendo hacer el bien, lo que vivo haciendo es el mal". San Pablo, (Los Romanos 7,18).

2º **Reconózcase totalmente débil al respecto.** (Soy de carne. Vendido al pecado. No hago el bien que quiero sino el mal que no quiero (Rom. 7,14)

3º **Quítese la ilusión de que basta decir: "no lo volveré a hacer nunca".** Esto es totalmente irrealizable por Ud. mismo solo. (El querer y el desear depende de mí, pero el realizarlo no. Pues no hago el bien que quiero sino el mal que no quiero" (Romanos 7,19).

4º **Sólo debe proponerse: "No lo haré por 24 horas".** Es inútil andar haciendo propósitos por muy largo tiempo, si ni siquiera por unas horas se logra cumplir. Por un día sí hay más esperanza de portarse bien, y de aguantarse sin caer.

5ª **Trate a los demás que están en el vicio, no como culpables sino como enfermos;** no como gente mala que merece antipatía, sino como gente débil que merece compasión y ayuda.

6º **El mejor remedio será siempre orar.** Orar siempre sin cansarnos de orar (Luc. 18,1). Jesús dijo: "Ciertos espíritus malos no se alejan sino con la oración" (S. Marcos 9,29).

¿POR QUÉ EL LIBRO DEL ECLESIÁSTICO HA SIDO TAN ESTIMADO EN LA IGLESIA?

EL ECLESIÁSTICO: UN LIBRO DE LA BIBLIA CON MIL CONSEJOS PRÁCTICOS:

El Eclesiástico, o Libro de Ben Sirá, es una colección de más de mil consejos muy prácticos para triunfar en la vida y tener paz y felicidad.

Lo escribió un gran sabio llamado Ben Sirá, unos 200 años antes de Cristo, y ha sido tan estimado en la Iglesia Católica, que en las misas antiguas, el libro del Antiguo Testamento que más se citaba era éste, por lo fáciles que son sus consejos, y lo prácticos y agradables.

He aquí algunos de los SABIOS CONSEJOS DEL LIBRO DEL ECLESIÁSTICO:

* Quien honra a sus padres, recibirá alegrías de sus hijos, y cuando haga oración, Dios lo escuchará (Ecl. 3,6).
* De obra y de palabra honra a tus padres, y vendrá sobre ti la bendición (3,14).
* Aunque tu padre al volverse viejo se vuelva caprichoso, no lo trates mal, porque la bondad para con el padre no será echada en olvido por Dios (3,15).
* Pórtate con humildad y amabilidad, y serás amado más que el que da muchos regalos (3,19).
* Cuanto más grande seas, humíllate más, y hallarás gracia ante el Señor (3,20).
* El que ama el peligro, en él perece (3,87).

EL HIMNO MÁS ANTIGUO AL ESPÍRITU SANTO

(Lo rezan desde hace siglos, el Papa y todos los sacerdotes en la Misa del día de Pentecostés).

Ven Oh Santo Espíritu,
y desde el alto cielo,
un rayo de luz dígnate enviar
Ven Padre de los huérfanos,
Ven dador de dádivas,
Ven nuestros corazones a inflamar.
Huésped de las almas
Dulce refrigerio.
Óptimo y eficaz Consolador,
Consuelo en el llanto,
Descanso en el trabajo,
Plácida sombra en el tenaz calor.
Oh luz dichosísima,
llena lo más íntimo
del corazón en todo pueblo fiel.
Pues nada en el hombre,
sin tu excelsa ayuda,
inculpable ni justo puede haber.
Doblega lo que es rígido,
Calienta lo que es gélido
Lo descarriado ven a gobernar.
Lava todo lo manchado,
riega lo que es árido
Sana lo que sufrió golpe mortal
Concede a tus hijos fieles
que siempre en ti confían
Tu sagrado y septenario Don
Dales gracia y mérito
Dales feliz éxito
Y el celestial eterno galardón. **Amén.**

EL ÚLTIMO SUEÑO DE UN SANTO

En el siglo pasado hubo un santo que tuvo 159 sueños misteriosos en los cuales el cielo le enviaba mensajes y noticias que luego se cumplían admirablemente. Ya sabemos que ese hombre se llamó San Juan Bosco. Pues bien, el último sueño de este santo sucedió el 4 de junio de 1887, apenas unos meses antes de su muerte (que sucedió el 31 de enero de 1888). En este Último Sueño, oyó Don Bosco que la Sma. Virgen le decía: "**¿Por qué te callas acerca del deber tan grande que tiene la gente de dar limosnas que les cuesten?** ¿Por qué temes que te critiquen por hablar demasiado de la limosna? **¿No ves que a varios sacerdotes les da miedo insistir en su predicación acerca del grave deber que tiene cada persona de regalar para los pobres lo superfluo, lo que no necesita para su subsistencia?** ¿No te das cuenta de que por callarse los sacerdotes y por dejar ellos de insistir a la gente en la obligación de dar limosna, hay muchos ricos que amontonan riquezas en bancos y lujos, y no dan lo suficiente a los necesitados?".

Y la Virgen terminó dándole esta **terrible noticia: "Mira, aunque uno sea sacerdote o persona muy piadosa, puede condenarse si vive cometiendo uno de estos dos pecados: o faltas contra la pureza, o no dar a los pobres la limosna que les podía dar".**

El santo quedó muy impresionado por este Sueño. Es que muchas personas lo criticaban porque él dizque pedía demasiado para los pobres. Y lo acusaban de esto. Entonces se calló por un poco tiempo. Hasta que la Virgen María vino a llamarle la atención diciéndole que aquellos que tienen que hablar en la predicación **deben decir claramente a la gente el deber de dar limosnas que cuestan.**

HUMILDE PETICIÓN

OH JESÚS estoy aquí en tu presencia.

*** **Como un pobre** ante el Dueño de cielos y tierra y de todo lo que existe. **Socórreme.**

*** **Como un enfermo,** ante el médico que no ha venido a buscar a los que están sanos sino a los que están enfermos. **Cúrame.**

*** **Como un discípulo,** ante el que ha dicho: "Uno sólo es vuestro Maestro, Cristo", **Enséñame.**

*** **Como una oveja extraviada,** ante el Pastor que deja las noventa y nueve y va a buscar a la oveja perdida y se pone muy contento cuando la encuentra. **Conviérteme.**

*** **Como un siervo o empleado** a quien su jefe le ha dicho: "Estar alerta porque vendré a la hora menos pensada". **Que me encuentres preparado a la hora de tu venida.**

*** **Como el hijo pródigo,** ante su padre a quien abandonó y ofendió. **Acéptame en tu amistad y perdóname.** Amén.

JESÚS: TÚ ME OBSERVAS DESDE EL SAGRARIO. Sabes mis virtudes y mis pecados. ¿Cómo me estás contemplando?

*** ¿Como a las muchedumbres que te encontrabas en Galilea las cuales te inspiraban tristeza porque estaban **abandonadas espiritualmente y andaban como ovejas sin pastor**? ¿Estará abandonada y poco cuidada mi vida espiritual?

SECRETOS SICOLÓGICOS

DECLARACIONES DE UNA PERSONA QUE FUE CONTRARIADA EN SUS PLANES Y DESEOS

- PEDÍ A DIOS QUE ME HICIERA FUERTE PARA SOBRESALIR y permitió que siguiera siendo débil para que me conserve humilde.
- PEDÍ A DIOS AYUDA PARA HACER OBRAS GRANDES Y PASAR LA VIDA GOZANDO y me dio también penas y sufrimientos para que con ellos lograra la salvación de muchos y fuera pagando mis pecados.
- LE PEDÍ RIQUEZAS, PAZ, HONORES Y COMODIDADES PARA OBTENER LA FELICIDAD AQUÍ EN LA TIERRA y me dio también pobreza, angustias, humillaciones e incomodidades, para que no perdiera la felicidad del cielo.
- NO RECIBÍ TODO LO QUE PEDÍ pero se me dio lo que necesitaba.
- MIS ORACIONES FUERON ESCUCHADAS CONTRARIANDO MIS PROPIOS DESEOS, para que yo logre ser una persona plenamente realizada.

"TODO REDUNDA EN BIEN
DE LOS QUE AMAN A DIOS"
(S. Biblia Romanos 8)

(Cartel que se encuentra a la entrada de una casa de Reuniones Internacionales).

ORACION DE LOS AMIGOS

Señor, haz que yo comparta
la vida con mis amigos.
Qué yo les dé lo mejor de mí,
Que los acepte y los ame como santo,
con las riquezas y limitaciones que tienen.
Que yo crezca con ellos,
con lo que tienen de bueno,
y con ellos cargue el peso de sus faltas,
animándolos a mejorar
con mi fraternidad.

Señor, que yo sea todo
para cada uno de ellos,
que a todos les brinde mi simpatía,
mi solidaridad,
mi tiempo, mis atenciones.
Que ellos siempre encuentren en mí
al verdadero amigo,
pues no quiero dar otra cosa
a no ser: TU.

Señor, que siempre estés con nosotros,
y así siempre seremos verdaderamente
amigos.

1 DE ABRIL

LOS GRANDES DEVOTOS DEL NIÑO JESÚS

1º El año 1111 (el año de los 4 unos) **SAN BERNARDO** entró de religioso. Y un día estando rezando ante una imagen de la Sma. Virgen vio que la Madre celestial colocaba en sus manos al Divino Niño y le decía: "Ámelo mucho y hágalo amar por los demás". Desde entonces San Bernardo recorrió campos y ciudades por varios países tratando de hacer amar a Jesús. Y en verdad que lo consiguió en gran manera.

Probablemente ese es el mensaje que la Virgen María nos quiere decir hoy a cada uno de nosotros, señalando al Niño Jesús "Ámelo mucho, mucho y hágalo amar por los demás". **(Ella decía a Sta. Matilde: Mi más grande deseo es que la gente ame a mi Hijo Jesús).**

2º **SAN ANTONIO,** Hacia el año 1222 San Antonio de Padua deseaba mucho ver cómo fue Jesús en su infancia. Y de un momento a otro, estando rezando junto a una ventana vio al Divino Niño. Desde ese día quedó totalmente enamorado de Jesucristo. Junto a esa ventana se halla una lápida y un cuadro recordando tan bella aparición, y en las imágenes pintan a San Antonio abrazando al Divino Niño, porque lo amaba muchísimo y era muy amado por Él.

3º **SANTA ROSA.** Hacia el año 1600 Santa Rosa de Lima estando rezando junto a una imagen del Niño Jesús, oyó que Él le decía: "Rosa: tiene que amarme mucho y hacer que otros me amen mucho también". Qué bello mensaje para cada uno de nosotros. Jesús quiere que lo amemos y que lo hagamos amar de nuestros familiares, amigos, clientes, vecinos y cuantas más personas podamos (por eso hay que repartir estampas, novenas, 9 Domingos, revistas del Niño Jesús, etc. Eso hará que la gente lo ame más). ¿Cuántas veces le voy a decir a Jesucristo esta semana que sí lo amo? ¿muchas veces?, y cuántas más sean, más contento estará.

4º **SANTA TERESA.** Esta gran Santa había oído hablar del hecho tan maravilloso que le había sucedido a San Antonio y deseaba, y pedía que ella también lograra ver cómo era Jesús cuando niño, y un día subiendo por una escalera vio allí al Divino Niño. Desde entonces el regalo que llevaba a los conventos que visitaba era una imagen del Niño Jesús, las más bellas que encontraba. Esta costumbre la han seguido los devotos del Niño Jesús en todo el mundo: regalar imágenes suyas, porque la imagen aumenta el amor.

PLEGARIA PARA OBTENER SERENIDAD

Oh Jesús: Tú eres el Rey de la Paz, ayúdame a aceptar, sin amarguras las cosas que no puedo cambiar.

Tú eres la fortaleza del cristiano; dame valor para transformar aquello que en mí debe mejorar.

Tengo mil dificultades: ayúdame.
De los enemigos del alma: sálvame.
En mis desaciertos: ilumíname.
En mis dudas y penas: confórtame.
En mis soledades: acompáñame.
En mis enfermedades: fortaléceme.
Cuando me desprecien: anímame.
En las tentaciones: defiéndeme.
En las horas difíciles: consuélame.
Con tu corazón paternal: ámame.
Con tu inmenso poder: protégeme.

Y en tus brazos al expirar: recíbeme.

Amén.

PENSAMIENTOS

Los éxitos los regala Dios. El pesimismo de algunos se debe a que han olvidado que Dios intervendrá positivamente a favor de los que lo invocan. Cuidado: que no tengamos vocación de sepultureros de esperanzas y de anunciadores de desastres. **(L.C. Riveros)**

Señor Dios Omnipotente: no permitas que yo tenga altanería. Aparta de mí las pasiones sensuales y las malas inclinaciones. Que los malos deseos y la impureza no se apoderen de mí. No me entregues a las pasiones impuras. **(Sagrada Biblia Ecl. 23)**

El consejo más bello que oí a mi padre cuando yo era niño fue éste: "Lo que Dios manda nunca es demasiado y lo que Él permite es para nuestro bien". **(P. Viganó)**

De la gente quizás logres ocultarte al pecar. **Pero Dios ve una hormiga negra en una tela negra, en una noche negra.** **(Barklay)**

El fariseo fracasó porque vivía preocupándose solamente por lo que opinaban de él los de abajo. El publicano se salvó porque le dio importancia a lo que opinaba el que está allá arriba.

PENSAMIENTOS

No dejes que te domine la tristeza, ni te atormentes con recuerdos tristes del pasado o preocupaciones asustadoras por el futuro, que eso te hace mucho mal. **(Ecl. 30,21)**

CASUALIDAD es un seudónimo que usa Dios para aquellos casos en los que nos quiere ayudar de manera admirable, pero sin que en la ayuda recibida aparezcan directamente su firma y su nombre. **(Mandino)**

Una persona tiene un carácter tanto más pequeño y débil cuanto más pequeñas son las cosas que le hacen ponerse de mal genio. **(Pascal)**

Hijos míos: si alguno peca, recuerde que tenemos un Abogado que ruega por nosotros al Padre Dios. Ese abogado es Jesucristo el Redentor. **(San Juan Cap. 1)**

Yo no me afano, por el futuro ni me pongo a decirle a Dios qué debe hacer por mí, porque sé muy bien que Dios gobierna el mundo y me ama y cuida de mí, y que Él no necesita de mis consejos. **(Henry Ford)**

La insistencia inteligente, sistemática e incansable, es la llave segura para encontrar el éxito. **(Schwartz)**

EL SUEÑO DEL ROSAL

Lo señaló la Sma. Virgen a San Juan Bosco en un sueño profético, uno de los mayores peligros que se les pueden presentar a los educadores y a los apóstoles. **Le presentó la labor del apostolado y de la educación como un cultivo de rosas que el educador y el apóstol deben atravesar. Pero vio el santo que muchos se** detenían a causa de las muchas espinas que habian a lado y lado. **Y una voz del cielo le explicó:** "Esas espinas **que impiden a muchos avanzar en el camino hacia la perfección,** son las amistades sensibles, las simpatías **exageradas, las aficiones y apegos sensibles que distraen y alejan a educadores y apóstoles del verdadero fin que** deberían buscar; **les impiden ejercer bien la misión de santificar y educar bien a los demás, y no les dejan progresar en perfección y no les permiten conseguir las maravillosas coronas de premios eternos que estaban preparadas para ellos".**

Y un personaje misterioso le presentó unas defensas: unas botas de cuero duro, para protegerse; y quienes se calzaron aquellas defensas, lograron llegar al final del espinoso rosal y recibir el premio. Y la voz celestial le explicó al santo: "Ese calzado protector es la mortificación. **El saber mortificar las simpatías exageradas y las aficiones y apegos sensibles".**

Cada persona tiene que esforzarse por cumplir lo que dijo el Apóstol San Pablo: "Domino mi cuerpo y lo reduzco a servidumbre".

UNA FÓRMULA CON TRES REMEDIOS

Un gran especialista en moralidad recetaba a los que le consultaban tres remedios para conservar la castidad: matar, sustituir, sublimar.

MATAR los estímulos y los malos deseos haciéndolos morir por hambre. Si no se les alimenta con miradas sensuales, con acciones atrevidas, con bebidas alcohólicas, con oír lo que excita la sensualidad, etc., los estímulos se sienten más débiles y atacarán mucho menos. De los estímulos hay que decir como de las moscas: "Por cada una que matas, evitas que lleguen mil más".

SUSTITUIR: cambiar ese pensamiento sensual por un pensamiento más noble. Sustituir esas acciones que llevan a la maldad por otras ocupaciones benéficas para la humanidad y que lo hagan sentir a uno más realizado y más útil. Cuando un recuerdo morboso llega a la mente, no retenerlo ni siquiera con pretexto de que es para arrepentirse del mal que se ha cometido.

SUBLIMAR: es el remedio que el científico Freud les daba a quienes le preguntaban qué hacer para dejar de ser simplemente un animal sexual y convertirse en seres pensantes, de ideales elevados: "sublimar lo que se siente".

Reemplazar los pensamientos que inspiran las pasiones carnales por pensamientos nobles y elevados que inspire nuestro cerebro.

LOS TÍTULOS MÁS ANTIGUOS Y MÁS BELLOS QUE SE LE HAN DADO A LA MADRE DE DIOS

San Efrén compuso ya en el año 333, en verso, una lista de los más bellos títulos que los cristianos han reconocido en la Madre Santísima. Él descubre que la bondad de Dios entiende bien la necesidad que tiene nuestro corazón de encontrar en la vida espiritual una madre, así como la que tuvimos en la vida material. Sabe que el Salvador es también Juez, mientras que María es sólo misericordia, y que por tanto nos atrae con gran esperanza de salvación. Estos son los títulos que San Efrén recogió de lo que pensaban de la Virgen María la gente de los primeros siglos.

"Señora Nuestra Santísima, Madre de Dios, llena de gracia: Tú eres la gloria de nuestra naturaleza humana, el canal por donde nos llegan los regalos de Dios, el ser más poderoso que existe, después de la Santísima Trinidad; la Mediadora de todos nosotros ante el Mediador que es Cristo; Tú eres el puente misterioso que une la tierra con el cielo, eres la llave que nos abre las puertas del Paraíso; nuestra Abogada, nuestra intercesora. Tú eres la Madre de Aquel que es el ser más misericordioso y más bueno. Haz que nuestra alma llegue a ser digna de estar un día a la derecha de tu Único Hijo Jesucristo. **Amén.**

ORACIÓN AL ESPÍRITU SANTO

Para pedirle luz, fortaleza y verdadero amor

(El Santo Padre, el Papa, la reza cada día)

Ven Creador Espíritu
de los tuyos la mente a visitar
a encender en tu amor los corazones
que de la nada te gustó crear.

Tú que eres gran Consolador,
y Don Altísimo de Dios.
Fuente Viva, y Amor, y Fuego ardiente,
y Espiritual unción.

Tú, tan generoso en dádivas.
Tú, poder de la diestra paternal;
Tú, Promesa magnífica del Padre
que el torpe labio vienes a soltar.

Con tu luz ilumina los sentidos,
los afectos inflama con tu amor
con tu fuerza invisible fortifica,
la corpórea flaqueza y corrupción.

Lejos expulsa al pérfido enemigo,
danos pronto tu paz,
siendo tú nuestro guía,
toda culpa logremos evitar.

Denos tu influjo conocer al Padre
denos, también al Hijo conocer,
y en Ti, del Uno y Otro, Santo Espíritu
para siempre creer. **Amén.**

El Dar

Toda persona que me busca viene a pedirme algo: el aburrido, la amenidad de mi conversación; el pobre, mi dinero; el triste, mi consuelo; el débil un estímulo; el que lucha, una ayuda moral.

Toda persona que me busca, de seguro viene a pedirme algo, y yo me atrevo a pensar: ¡Qué fastidio! Más bien, debiera alegrarme porque la Bondad Divina se ha dignado otorgarme el privilegio de los privilegios, la prerrogativa de las prerrogativas: ¡Dar! ¡Yo puedo dar!

En cuántas horas tiene el día yo puedo dar, aunque sea una sonrisa, aunque sea un apretón de manos, aunque sea una palabra de aliento.

Debería caer de rodillas ante el Padre Dios y decirle: "¡Gracias, porque puedo dar!"
Es verdad lo que dijo tu Hijo Jesús:
"Es mejor y produce más alegría
el dar que el recibir".

(Amado Nervo)

SÙPLICA DE UN PECADOR MUY RECAÍDO

Por Michael Quoist

Otra vez he caído, Señor.
Y ya no puedo más. ¿Será que no venceré nunca?
Me avergüenzo de mí y no me atrevo ni a mirarte.
Ese pecado que yo he elegido,
como un cliente que elige sù compra.
Ese pecado que ya no puedo devolver,
porque se ha ido el vendedor.
Ese pecado que quise y que ya no quiero.
Ese pecado que me ha apartado de Ti, Señor,
arrastrándome, destrozando mi corazón.
Ese pecado que me atrapa y me posee,
como tela de araña a una mosca prisionera.
Tú me amabas Dios mío, y yo te he ofendido.
Pensé mucho más en mi cuerpo que en mi alma.
Fracasé por querer servir a dos señores a la vez.
Elegí mal y escogí al que menos me convenía.
Ya no me quedan fuerzas.
Ya no me atrevo a prometerte nada.
Sólo me queda permanecer humilde ante Ti.
HABLA JESÚS
Levanta tu cabeza. ¿No será tu orgullo que te hiere?
Si me amas estarás arrepentido pero no
desanimado.
Recuerda que mi amor no tiene límites.
Lo más grave no es caer sino permanecer caído.
Aún así, débil y miserable como eres,
No dejo de amarte un sólo instante.
Confía en Mí y vencerás un día definitivamente.

ORACIÓN DE LOS ESPOSOS

SEÑOR

Haz de nuestro hogar un sitio de Tu Amor.
Que no haya injuria porque Tú nos das comprensión.
Que no haya amargura porque Tú nos bendices.
Que no haya egoísmo porque Tú nos alientas.
Que no haya rencor porque Tú nos das el perdón.
Que no haya abandono porque Tú estás con nosotros.
Que sepamos marchar hacia Ti en nuestro diario vivir.
Que cada mañana amanezca un día más de entrega y sacrificio.
Que cada noche nos encuentre con más amor de esposos.
Haz Señor de nuestras vidas que quisiste unir,
una página llena de Ti.
Haz Señor de nuestros hijos lo que Tú anhelas:
ayúdanos a educar, a orientar por Tu camino.

Que nos esforcemos en el consuelo mutuo.
Que hagamos del amor un motivo para amarte más.
Que demos lo mejor de nosotros para ser felices en el hogar.

Que cuando amanezca el gran día de ir a
Tu encuentro nos concedas el hallarnos unidos para
siempre en Ti.

Amén.

ARTÍCULO PERIODÍSTICO QUE SE GANÓ UN PREMIO INTERNACIONAL "NO TE PREOCUPES"

Querido lector: por todas partes oirás hablar de guerras, de muertes, de incendios, bombas, tanques, aviones, armas atómicas, terremotos...

"Yo te diré: ¡No te preocupes! Si estalla la guerra en tu país y te llaman a defender la Patria... Puede suceder una de esas dos cosas: Que puedas defenderla o que no puedas.

Si no puedes, no te preocupes, pues no te llamarán.

Si puedes defenderla, puede suceder una de estas dos cosas: Que te llamen al servicio o que no te llamen...

Si te dejan en tu casa, no te preocupes.

Si te mandan al frente puede suceder una de estas dos cosas: Que te manden a retaguardia o a la vanguardia.

Si te quedas en retaguardia, no te preocupes.

Si te mandan a la vanguardia, puede suceder una de estas dos cosas: Que te toque en lugar seguro, o en lugar de peligro.

Si estás en lugar seguro, no te preocupes.

Si te ponen en lugar de peligro, puede suceder una de estas dos cosas: Que te hieran o que no te hieran.

Si no te hieren, no te preocupes.

Si te hieren, puede ser de gravedad o cosa leve.

Si te hieren levemente, no te preocupes.

Si te hieren de gravedad, puede ocurrir una de estas dos cosas: Que te cures o que te mueras.

Si te curas, no te preocupes.

Si te mueres:, "no puedes preocuparte"...

EL PECADO TRAE CASTIGO

Dios dijo varias veces en el Monte Sinaí: "Yo perdono las faltas pero no dejo el pecado sin castigo" (Éxodo 34,7).

La Sagrada Biblia en el Salmo 35 dice que el GRAVE ERROR DEL PECADOR ES IMAGINARSE QUE SU PECADO NO VA A SER CONOCIDO NI ABORRECIDO.

El enemigo del alma dice al pecador: "Peque: que nada malo le va a pasar". **Pero: vayamos a las cárceles y veamos los que se imaginaron que podían robar y nada les iba a pasar. Vayamos a los hospitales de sifilíticos y observemos a los que creyeron que podían dedicarse al vicio de la impureza sin que nada malo les sucediera: ahora sus cuerpos están pudriéndose irremediablemente. Preguntemos a los que en su juventud pensaron que podrían cometer el pecado de perder el tiempo y no hacer nada sin que nada grave les sucediera: hoy son unos fracasados. Digámosle al que desde pequeño se acostumbró a "No dejarse de nadie", y vengarse de toda ofensa", si ha sido feliz en la vida, y nos dirá: "Tengo enemigos por todas partes y he sufrido muchas amarguras, etc. TODO PECADO TRAE SU CASTIGO. ¡TODO!**

EJEMPLO: EL PECECILLO AFORTUNADO

Viajaban los peces por el agua muy contentos: vieron un lindo bocado y se lanzaron a atraparlo. El más veloz le dio un voraz mordisco. Pero... ¡horror! Dentro de la carnada había un anzuelo. La garganta del pez quedó destrozada y, colgando del anzuelo, los sacaron fuera para cocinarlo... Esa es la historia del atractivo del pecado: atrae por los goces que promete y termina destrozando la vida y volviéndola amarga. No hay persona más triste en el mundo que la que vive en pecado mortal. ¡No hay tampoco ser más desdichado que aquel que vive en paz con sus vicios y pecados!

IDEAS

Como un padre se compadece de sus hijos, así Dios se compadece de nosotros y comprende nuestra debilidad, porque sabe de qué barro somos hechos. **(Salmo 102)**

CARTELES. En una **pescadería: "Haga feliz a una res. Consuma pescado".** En una tienda de **antigüedades: "Se compran chécheres viejos. Se venden antigüedades famosas".**

En una carretera:

"Lo que Dios llamó Mandamientos, no los llame Ud. "simples recomendaciones"

¿Dices que eres amigo de Cristo? Pues demuéstralo con una conducta digna. El evangelio bien vivido es la mejor revolución. **(P. Escrivá)**

Es necesario corregir al joven, no darle exagerada libertad y no disimular ni justificar sus faltas, porque si se le deja crecer libremente en sus defectos, se volverá insoportable. **(S. Biblia Ecle. 30,11)**

Dios perdona nuestros pecados, pero el sistema nervioso no los perdona nunca. **(Pardo Murcia)**

Quien reparte sus bienes por amor a Dios, recibirá cien veces más en esta vida y después la vida eterna. **(S. Biblia, S. Marcos 10)**

EL EJEMPLO DE LA GALLINA Y LA ZORRA

(Un santo observó así en una visión lo que sucede a las personas imprudentes)

Una gallina no aceptó una noche entrar al corral y dispuso quedarse fuera, en un árbol. Pero a eso de la medianoche sintió que se acercaba una zorra a devorarla. Inmediatamente la gallina saltó a un árbol algo más bajito. La zorra la siguió hasta allá. La gallina asustada saltó a otro árbol todavía más bajo. Y allá llegó la zorra a perseguirla. Entonces quiso la gallina saltar hacia el corral pero se estrelló contra la pared y cayó, y al día siguiente encontraron allí solamente... un poco de plumas y sangre.

Así les pasa a ciertas gentes. Creen que no tienen que alejarse de los peligros de pecar. Y el pecado de la impureza empieza a perseguirles. Se defienden una vez y quizás una segunda vez, y acaso una tercera y terminan... víctimas de su imprudencia, con el alma desgarrada por los más vergonzosos pecados. Creyeron que podrían **defenderse del pecado de impureza exponiéndose al peligro de pecar y... pecaron.**

"Yo soy yo más mis pasiones y las ocasiones **que se me presentan para pecar, más el atractivo que siento hacia el pecado". Es necesario reducir al mínimo las ocasiones y peligros de pecar, para poder reducir también al** mínimo **el número de nuestros pecados contra la castidad (Hortelano).**

EL REMEDIO QUE EMPLEABA SAN BERNARDO CUANDO LE LLEGABAN LAS TENTACIONES

San Bernardo, predicador famoso del año mil, decía: "Cuando siento el aleteo amenazador de las pasiones que quieren asesinar la pureza de mi alma, hago como la tímida paloma que al sentir llegar al águila asesina, vuela a esconderse entre las hendiduras de la roca. Yo vuelo con la imaginación a las heridas de Cristo y allá me refugio y el pensamiento de lo mucho que Jesús sufrió por mí, logra alejar los pensamientos pecaminosos que me invitan a ofender a Dios. El mundo brama tratando de hacerme pecar. El cuerpo se me rebela y quiere llevarme a la sensualidad. El diablo me prepara trampas, pero contra todo eso yo tengo un remedio a la mano: pensar en la Pasión de Cristo y en lo mucho que Él ha sufrido por mí. Y puedo exclamar con Isaías: "Sus heridas me han curado" (Is. 53).

Ante estos enemigos especializados que nos atacan por nuestros aspectos más vulnerables y débiles, es necesario cumplir el famoso consejo de los sabios griegos de la antigüedad. CONÓCETE A TI MISMO. Estúdiate. Revisa el temperamento en el cual te ha correspondido viajar por la vida. Si no tienes capacidad para pasar por ciertos caminos sin quedarte hundido en el lodo, entonces lo más prudente será no pasar por esos caminos de peligro.

VIGILAR Y ORAR
PORQUE EL ESPIRITU ESTA PRONTO
PERO LA CARNE ES DEBIL

(Jesucristo)

AUTORRADIOGRAFÍA DE SÍ MISMO

- Si no se aprueba a sí mismo, ¿quién lo va a aprobar?
- Si no se interesa por lo que hace, ¿a quién le va a interesar?
- Si no le inspiran respeto sus acciones, ¿a quién han de inspirarle?
- Si no se dispone a perdonar las faltas ajenas, ¿con qué derecho espera que otros perdonen las suyas?
- Si no confía en sus propias decisiones, ¿quién habrá de confiar en ellas?
- Si no tiene fe, ni sueña, ni se esfuerza, ¿por qué acusar al mundo de ser árido, frío y sin bondad?
- Si consiente que la envidia, el rencor y el mal dominen su corazón, ¿por qué no habrá de sufrir el infierno de la desconfianza?
- Si pone hiel en las más puras emociones, ¿por qué se rebela al llevar una existencia amarga?
- Si no cuida el huerto de la amistad, ¿por qué se sorprende cuando germinan decepciones?
- Si destroza todas las avenidas que le traen afecto, ¿por qué lamenta la soledad en que vive?
- Si aún no ha aprendido el verbo comprender, ¿cómo pretende conjugar el verbo amar?
- Si es capaz de engañarse a sí mismo, ¿a quién no engañará?...

REGLAS PRÁCTICAS PARA EL TRATO SOCIAL

1ª **Saludemos a los demás con entusiasmo.** Contestemos el teléfono con verdadero interés. Eso agrada siempre.

2ª **Interesémonos por el nombre de los demás.** El nombre propio es la palabra más dulce que los oídos pueden escuchar. Va ligado a los recuerdos más bellos de la infancia. No llamemos a nadie por el apellido. Aprendamos sus nombres. Hagamos un esfuerzo hasta que lo logremos. La persona que no puede aprender nombres no existe quizás entre nosotros; existen son las personas perezosas que no han hecho ningún esfuerzo por aprenderlos. Aprendamos no sólo el nombre de las personas influyentes, sino también el del señor que nos trae el periódico, el del que nos trae la leche, y el de la señora que viene a refregar los pisos. Sentirán alegría al sentirse llamar por el mismo nombre con el que su propia madre y sus familiares más íntimos les han llamado siempre.

3ª **Conocer la fecha del cumpleaños de las personas.** Quizá sea usted la única persona del mundo que los recuerde ese día, y su tarjeta la única que les llegue en esa ocasión. No lo olvidarán.

4ª **Preste atención a lo que la otra persona dice o cuenta, aunque usted ya lo sepa.** Es tan agradable hablar delante de una persona que está pendiente de lo que decimos. La atención es una de las mejores maneras de manifestar estimación por quien habla. Sea un buen oyente. Anime a los demás a hablar. Muchas personas se hacen simpáticas no por lo que hablan (que quizá es muy poco) sino por la atención que saben poner a lo que dicen los otros. ¿A quién no le gusta que le oigan con interés lo que dice? La persona simpática convierte en oro las palabras que decimos.

CASO CURIOSO
EL QUE NO EVITÓ LA OCASIÓN:

Don Pancrasio pasaba cada semana, cuando le pagaban el sueldo, por frente a la tienda de la Comadre Francisca y allí se encontraba con sus amigos y se emborrachaba. Fue a consultar al sacerdote, y el padrecito le dijo: "Pues no pase por frente a esa tienda porque la ocasión lo vuelve a uno muy débil". Así lo hizo. Cuando ya llevaba cuatro semanas sin pasar por frente a la tienda y sin emborracharse, fue a contárselo al Padre. Él le dijo: "Como usted evita la ocasión, por eso es que evita el pecado". Pero don Pancrasio le dijo: "Ya soy capaz de pasar por frente a la tienda y no emborracharme". El sacerdote le dijo que no, pero el hombre terco se fue a hacer el ensayo y a exponerse a la ocasión. Pasó por frente a la cantina donde estaban los amigotes y ellos lo invitaron: "Venga se toma una cerveza!". –"No señores, no tomo". –"Una sola, don Pancrasio". –"No señores, ni una sola...". Y pasó derecho, feliz de su victoria. Pero cuando iba media cuadra más adelante, exclamó: "Esto es mucha victoria. Esta victoria merece una cerveza"!– Y volvió y se emborrachó... El que se expone al peligro, en él perece.

QUIEN SE EXPONE AL PELIGRO EN ÉL PERECE

(SANTA BIBLIA. PROVERVIOS)

UN DISCURSO DE GHANDI

Ghandi fue el libertador de la India (murió en 1948). Era un hombre queridísimo por su pueblo por el cual vivió, y por el cual se sacrificó y se santificó. Su desprendimiento de los bienes materiales a favor de los demás era verdaderamente admirable.

Un día en 1916 lo invitaron a la inauguración de una gran Universidad en la India y dijo estas palabras a los señores y señoras que con gran elegancia y fastuosidad asistían a la reunión: "Andáis diciendo que amáis mucho a los pobres, pero yo veo que estáis llenos de adornos y de lujos, y con la venta de estas joyas y de estas vanidades inútiles podríamos ayudar a muchísimos pobres. **Decís que os interesan los pobres, pero veo en vuestras casas unos lujos totalmente innecesarios que para lo único que sirven es para alimentar el propio orgullo.** Con la venta de todos esos lujos se podrían solucionar los problemas de tantos pobres que se mueren de hambre. **Yo os digo en voz alta:** si en verdad amáis a los pobres, despojaos de vuestros adornos inútiles y vendedlos para ayudar a los necesitados que son hijos de Dios. **Quitad esos lujos que no os hacen falta y con el producido de su venta ayudad a tantos que padecen necesidad, y entonces sí podréis decir que vuestro amor al pobre es de obras y no sólo de palabras".**

La gente se conmovió hondamente ante las palabras de este gran personaje, y algunos cumplieron sus sabios consejos, y vendieron los lujos y los convirtieron en ayudas a pobres.

¿Quién sabe si a alguno de nosotros no nos haría bien practicar también estas palabras del famoso Ghandi?

CUANDO USTED RECIBA UN CARGO

1º NO EMPIECE A DESTRUIR LO QUE HIZO SU ANTECESOR. Destruir no cuesta nada. Lo que cuesta es construir.

2º NO COMENTE QUE EL OTRO FUE UN INÚTIL Y QUE TODO LO HIZO MAL. Piense que cuando Ud. se vaya otros podrán decir lo mismo de Ud.

3º NO CREA QUE ESTÁ INVENTANDO COSAS NUEVAS. Todo está inventado. "Nada hay nuevo bajo el sol".

4º HABLE DE SU ANTECESOR COMO DESEA QUE SU SUCESOR HABLE DE USTED. Esa es la ley de la vida. "Como cada uno trate, así será tratado". (Proverbios).

5º CORRIJA LO QUE A SU CRITERIO ESTÉ MAL, PERO NO SE IMAGINE QUE TODO ESTÁ MAL. Usted no es infalible. La verdad no tiene propietarios.

6º SU ANTECESOR TUVO LA MISMA BUENA VOLUNTAD QUE USTED TIENE. Júzguelo con la comprensión y bondad con que Ud. desearía ser juzgado cuando se vaya.

7º NO SE CONSIDERE GENIO, NADIE LO ES. Considérese un ser normal. Esa es la verdad.

8º TRABAJE CON TODAS SUS FUERZAS. PERO SILENCIOSAMENTE. El bien no hace ruido.

9º CUBRA CON EL MANTO DE LA BONDAD LOS DEFECTOS Y DESACIERTOS DE SU ANTECESOR. "Quien no tenga pecado que lance la primera piedra al pecador". (San Juan 8).

10º NO POR CRITICAR A SU ANTECESOR, UD. APARECERÁ MEJOR. "Una persona no es más que otra si no hace más que otra" (Cervantes).

(Tomado del "Boletín de Ejecutivos")

CUANDO LA SITUACIÓN SE COMPLICA TE LLEVO EN MIS BRAZOS

Una noche en sus sueños vi que con Jesús caminaba
junto a la orilla del mar, bajo una luna plateada.
Soñé que veía en los cielos mi vida representada
en una serie de escenas que en silencio contemplaba.

Dos pares de firmes huellas en la arena iban quedando
mientras con Jesús andaba, como amigos, conversando.
Miraba atento esas huellas reflejadas en el cielo,
pero algo extraño observé, y sentí gran desconsuelo

Observé que algunas veces, al reparar en las huellas,
en vez de ver los dos pares veía sólo un par de ellas.
Y observaba también yo que aquel sólo par de huellas
se advertía mayormente en mis noches sin estrellas.

En las horas de mi vida llenas de angustia y tristeza
cuando el alma necesita más consuelo y fortaleza.
Pregunté triste a Jesús: "Señor, ¿Tú no has prometido
que en mis horas de aflicción siempre andarías conmigo?

"Pero noto con tristeza que en medio de mis querellas,
cuando más siento el sufrir, veo sólo un par de huellas.
"¿Dónde están las otras dos que indican tu compañía
cuando la tormenta azota sin piedad la vida mía?".

Y Jesús me contestó con ternura y comprensión:
"Escucha bien, hijo mío, comprendo tu confusión.
"Siempre te amé y te amaré, y en tus horas de dolor
siempre a tu lado estaré para mostrarte mi amor.

"Más si ves sólo dos huellas en la arena al caminar,
y no ves las otras dos que se debieran notar,
es que en tu hora afligida, cuando flaquean tus pasos,
no hay huellas de tus pisadas porque te llevo en mis brazos"

Raúl Villanueva

LA SIRVIENTA QUE NO ERA CAPAZ DEACABAR CON UNA TELARAÑA

La señora mandó a la sirvienta que quitara la telaraña que había en un rincón. La sirvienta la quitó.

A la semana siguiente la señora grita a la sirvienta: "¿No le mandé que quitara la telaraña? Mírela ahí está". La sirvienta volvió a quitar la telaraña. Pero ocho días después la señora vuelve a decirle: "Mire la telaraña, ¡ahí está!". La sirvienta le responde: "¡Señora yo la he quitado cada semana!". "Sí, responde la señora: Usted quita la telaraña pero no mata la araña. Por eso no consigue nada. Hay qué matar la araña, ¡si quiere que desaparezca la telaraña!".

"Matar la araña: o sea: evitar la ocasión. Si no evitamos la ocasión de pecado, no evitaremos tampoco el pecado. La experiencia lo dice y no falla. ¡Matar la araña!

LA FÓRMULA QUE LOS SANTOS ACONSEJAN PARA CONSERVARSE EN GRACIA

Los más famosos santos modernos. (San Ignacio, San Vicente, San Alfonso, San Francisco de Sales, San Juan Bosco, San Pío Décimo, San Juan Vianey, San Antonio M. Claret, San Juan B. de la Salle, etc.) no se cansan nunca de aconsejar tres remedios que ellos experimentaron en su vida y en la vida de sus discípulos, y que les dieron siempre, formidables resultados para lograr conservarse en gracia de Dios, sin pecado mortal en el alma: **SON: CONFESIÓN FRECUENTE Y BIEN HECHA, COMULGAR CON FRECUENCIA Y BIEN PREPARADOS; Y UNA GRAN DEVOCIÓN A LA SANTÍSIMA VIRGEN.**

VIEJO Y SUPERIOR, Y SIN EMBARGO...

Al famoso P. Felipe Rinaldi, Superior General de los Salesianos, estimadísimo por su amabilidad y bondad, y que después de muerto ha hecho portentosos milagros, le preguntó un día un joven religioso: "Padre, yo veo que después del almuerzo va cada día y se arrodilla ante la imagen de María Auxiliadora. ¿Qué le pide con esa visita? –Le pido la perseverancia en la vocación. -¿Cómo, ya anciano y Superior General y pide todavía la perseverancia en la vocación? – "Sí, respondió el buen pastor aunque soy viejo y superior general, sin embargo si la Virgen me suelta un sólo día de su mano puedo dejar de perseverar en mi vocación, y puedo perderme. Pero si Ella me protege, nada tengo qué temer acerca de mi perseverancia final, que es la gracia que más deseo".

Donde Jesús no está en la luz, es porque María está en la sombra (P. Faber).

DATOS INTERESANTES DE SAN FRANCISCO JAVIER

LA IDEA DE IRSE DE MISIONERO A LA INDIA. le brotó incontenible en el corazón de San Francisco Javier en una peregrinación que él hizo al Santuario de Nuestra Señora de Loreto (P. Muñana S.J.). Este gran misionero llegó al Japón llevando en sus manos un bello cuadro de la Sma. Virgen con el Niño, el cual impresionó mucho a varios japoneses, que no tuvieron dificultad en empezar a venerarla. Murió San Francisco Javier mirando hacia las playas de China y repitiendo la oración que siempre le decía a la Virgen: "Oh, María, demuéstranos que eres nuestra madre" (A. Drive S.J.).

EL DIÁLOGO

LA GRAN CUALIDAD PARA UN HOGAR FELIZ

PARA QUE EL DIÁLOGO TENGA BUEN RESULTADO se necesita que sea paciente. En un sólo día no se consigue la comprensión total con la otra persona. La paciencia es repetir y repetir, y no cansarse de repetir. Hay consejos y peticiones que hay que hacérselos a la otra persona toda la vida. No es que el otro cónyuge tenga mala voluntad. Es que simplemente se le olvida o no logra formarse la costumbre de hacer eso.

UNA CIRCUNSTANCIA SIN LA CUAL EL DIÁLOGO NO SIRVE: El diálogo hay que hacerlo en momentos de calma. Cuando uno está irritado porque el otro llegó tarde o porque una compra no se pudo hacer o por otras pequeñeces, si se dialoga estalla la ira. El coloquio tiene que ser en calma para que sea fecundo. Ojalá lejos de ruidos. Que los niños chiquitos o el teléfono o los vecinos no vengan a perturbar mientras dialogamos. Nunca jamás en términos agresivos, sino con las palabras más suaves que la caridad inspire. Ya el rey Salomón lo dijo hace 3.000 años "Una palabra suave calma el ánimo".

PARA PODER DIALOGAR SE NECESITA UNA GRAN CUALIDAD: La prudencia. El arte de saber escoger el momento para decir ciertas cosas. Los antiguos decían: "No toda verdad es para ser dicha". Existen algunas que es mejor callar, porque diciéndolas sólo lograríamos herir, sin provecho alguno para el mejor entendimiento. Hay cargas que hay que llevarlas sin pedir ayuda a nadie. Existen silencios que deben ser respetados, secretos que nunca se pueden contar. No todo ha de decirse. No todo ha de preguntarse. Una de las formas en que los cónyuges deben manifestarse el respeto mutuo es: en saber **no preguntar cuando no conviene,** y no decir al otro una verdad demasiado dolorosa.

LA FÓRMULA DE SAN JUAN CRISÓSTOMO

El gran predicador San Juan Crisóstomo propuso en el año 400 una fórmula para conseguir la santidad.

Dice así: "No es suficiente nuestra buena voluntad si nos falta la ayuda de lo alto. Y no es suficiente la ayuda de lo alto si nosotros no tenemos buena voluntad para mantenernos sin pecado. **Así que la fórmula tiene que ser: implorar mucho la ayuda del Dios del cielo, y poner por nuestra cuenta toda nuestra buena voluntad.**

Y el santo pone estos dos ejemplos: **San Pedro en la noche de la tentación, tenía buena voluntad, pero no pidió y** no obtuvo ayuda del cielo, **y cayó miserablemente negando por tres veces a Jesús. Le faltó una de las dos condiciones para no pecar; el recibir una ayuda especial de lo alto. En cambio** Judas **recibió muchas ayudas del cielo durante todos los meses que estuvo junto a Jesús, pero** le faltó la propia buena voluntad **y cayó en el abismo del más tenebroso pecado".**

Por eso los antiguos repetían: "A Dios rogando y con el mazo dando". Lo cual traducía así el sabio Ampère: **"Yo con una mano trato de ir apartando y alejando todo lo que me puede llevar al pecado, y con la otra me agarro muy fuerte de la mano de Dios, o con la oración para que me ayude a salir victorioso contra tantos peligros para mi alma".**

MÁXIMAS

La peor tentación es creer que no vamos a tener tentaciones. Y el peor peligro es imaginarnos que lograremos vencer nosotros solos la tentación sin una ayuda especial de Dios. **(Santo Cura de Ars)**

En el peligro invoqué al Señor y Él me escuchó. Amo al Señor porque escucha mi voz suplicante. **(Salmos 14 y 17)**

Uno que vió a cojos salir corriendo, y oyó cantar a los mudos y presenció cómo los ciegos empezaban a ver cuando los tocaban los dedos milagrosos de Cristo, ése, vendió a Jesús por 30 monedas, ¿y tú qué te crees, que no vas a caer en graves pecados si no pides mucho el auxilio del Señor? **(S.J. Vianey)**

En el día del Juicio **vendrá Dios a tomarle a cada uno su lección.** Por las puertas de la eternidad pasaremos cantando o llorando, a recibir nuestra sentencia. Nuestro gozo o nuestra desdicha dependerán entonces de cómo haya sido nuestra conducta. **(Kempis 3,43)**

¿Orar es un peso? Sí; un peso como **el peso de las alas para el ave,** un peso que hace subir, que libra de peligros y nos lleva hasta muy cerca de Dios. **(San Alfonso)**

MEDIOS PARA GANARSE LA SIMPATÍA

1º UN ROSTRO AGRADABLE:

Lo único nuestro que en verdad no poseemos es el rostro. Nuestro rostro pertenece a los demás. Así que no tenemos derecho a robarles la enorme satisfacción de gozar mirando un rostro amable.

Cada uno tiene un tesoro para ir repartiendo: su sonrisa. Por eso en tantas oficinas vemos una invitación en un cartel: "Sonría". Si lo cumpliéramos habríamos depositado una cucharada de azúcar más, en la olla amarga de este mundo tan agitado y triste.

La sonrisa hace más joven a la persona. Cuando una mujer revendedora quiso hacerse tomar una fotografía, el fotógrafo le pidió que sonriera. Ella le respondió disgustada: "¿Qué, acaso es que soy su novia?". El hombre la fotografió así con ese rostro serio del momento. Pero luego lanzó un chiste y al ver que la mujer sonreía, le tomó una nueva foto. Después le mostró las dos. En la primera aparecía con veinte años más que en la segunda. Sobra decir que ahora esa mujer le sonríe hasta a los postes del alumbrado.

2º Medio para ganarse la simpatía: INTERESARSE POR LOS DEMÁS:

Buscando por meses y meses una frase acerca de la simpatía, me encontré ésta en una biblioteca: "SE OBTIENE MÁS EN DOS MESES INTERESÁNDOSE POR LOS DEMÁS QUE EN DOS AÑOS TRATANDO DE QUE LOS DEMÁS SE INTERESEN POR NOSOTROS". **(Carnegie)**

DETALLES CURIOSOS DE LA GUERRA DE PALONEGRO

La más fiera quizá de todas las batallas libradas en territorio colombiano, ha sido la Batalla de Palonegro, en 1900. Allí lucharon durante diecisiete días, quince mil revolucionarios contra dieciséis mil gobiernistas. Ambos ejércitos estaban muy armados, y el heroísmo brilló día por día en ambos bandos. La gente decía que eran tantos los muertos que ya los cuervos no comían sino cadáveres de capitán para arriba, y que los disparos eran tan numerosos que a un zancudo le alcanzaron a pegar cuatro balazos en una sola pata. Pero la realidad es que los últimos días ya casi ninguno de los combatientes tenía municiones suficientes, y hasta se dijo que a los cañones los cargaban con lo primero que encontraban por ahí, de manera que a veces los llenaban con suelas de alpargatas y cuando uno recibía un cañonazo, en vez de una bala que le atravesara el corazón, lo que recibía era un suelazo de alpargata.

Pero, cuentos aparte, el héroe famoso de aquella batalla, y vencedor finalmente en ella, fue el general Próspero Pinzón. Este valeroso militar era también un ferviente católico. Durante los diecisiete días que duró la batalla, él comulgó fervorosamente cada mañana. Luego, una vez obtenida la victoria, regaló su famosa mula a un instituto de niños pobres para que con el dinero que obtuviera con su rifa dieran nuevas becas a favor de los desheredados. Y al regresar triunfante a Bogotá, después de recibir innumerables homenajes, declaró sencillamente: "Entre todas las distinciones y condecoraciones que he recibido, la que más aprecio es aquel crucifijo que con los dineros de su pobreza compraron las mujeres humildes del servicio doméstico de la capital, y me obsequiaron. Él seguirá siendo mi mejor amigo".

A LA VIRGEN DEL CARMEN

V/. Madre mía atiende a mi socorro.
R/. Señora, ayúdame prontamente
(Gloria al Padre, etc.).

Soberana Señora, hija predilecta del Padre, Tú fuiste designada por el mismo Dios para ser el auxilio poderoso de los cristianos en todas sus necesidades públicas y privadas. Por esto acuden continuamente a Ti los enfermos, en sus enfermedades; los pobres en sus apuros; los atribulados, en sus aflicciones; los náufragos, en las tormentas; los soldados en las batallas; los caminantes; en los peligros los moribundos en las ansias de la agonía... y todos reciben de Ti consuelos y aliento.

Acoge, pues con bondad mis pobres plegarias, Madre de Misericordia, y cobijándome con tu maternal manto asísteme amorosa en mis necesidades, líbrame de todo mal, y alcánzame abundantes gracias para esta vida y sobre todo para la hora de la muerte. **Amén.**

Tres Avemarías y después la jaculatoria, Virgen del Carmen, ruega por nosotros.

PENSAMIENTOS PROVECHOSOS

♦ En Mayo me espera la Virgen. No me pierdo la bendición de María. Le rezaré algo cada día.

♦ Mayo es para: "aumentar mis fuerzas, para seguir luchando contra el demonio, contra mis pasiones, contra las trampas que los demás le ponen a mi virtud.

♦ Pasar Mayo sin confesar o sin recibir a Nuestro Señor, no es piedad cristiana de buena calidad.

♦ En este mes pediré a María Auxiliadora por la conversión de los pecadores. Y quizá por la conversión de alguno de mis familiares.

Mayo
Maravilla
MADRE
MARÍA

¿Mayo en pecado? Nunca...

¿Mayo en gracia? Siempre

♦ Cuando veo en el almanaque Mayo, me acuerdo instintivamente de María Auxiliadora y elevo a Ella una pequeña oración.

♦ Cuando llega Mayo me alegro porque pienso que la Santísima Virgen está atenta desde el cielo para ayudarme en todo lo que necesite.

♦ Mayo es para propagar la devoción a María. Voy a contribuir a ello repartiendo estampas o novenas, o narrando favores que Ella ha concedido.

SEA POSITIVO

RECUERDE QUE

1º EL ENEMIGO más paralizador es... EL MIEDO.
2º EL DÍA MÁS BELLO y más importante es... HOY.
3º LA MEJOR MAESTRA es... LA EXPERIENCIA.
4º LO MÁS PELIGROSO y derrotista es... DARSE POR VENCIDO.
5º EL DEFECTO más dañoso y agresivo es... EL EGOÍSMO
6º LA MEJOR DISTRACCIÓN y la más útil es... EL TRABAJO.
7º LO MÁS MARAVILLOSO es saber AMAR MUCHO Y BIEN.
8º LA PEOR BANCARROTA es EL DESÁNIMO y la tristeza.
9º EL PEOR ERROR y el más fatal es... EL PECADO.
10º EL SENTIMIENTO MÁS NEGATIVO es... LA ENVIDIA.
11º EL REGALO MÁS GENEROSO es... EL PERDÓN
12º EL MEJOR AMIGO y el más grande protector es... DIOS.
13º EL CONOCIMIENTO MÁS ÚTIL es... LEER LA BIBLIA.
14º LA FELICIDAD MÁS DULCE es... LA PAZ.
15º **SÓLO UNA COSA ES NECESARIA... SALVAR EL ALMA.**

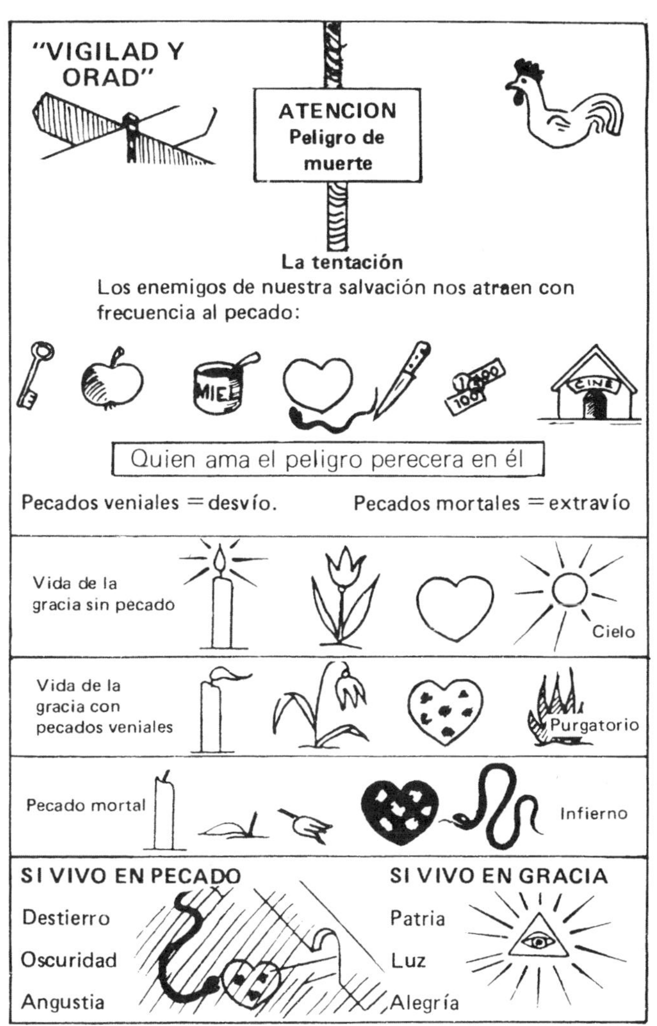
"VIGILAD Y ORAD"
ATENCION
Peligro de muerte
La tentación
Los enemigos de nuestra salvación nos atraen con frecuencia al pecado:
MIEL
100
CINE
Quien ama el peligro perecera en él
Pecados veniales = desvío.
Pecados mortales = extravío
Vida de la gracia sin pecado
Cielo
Vida de la gracia con pecados veniales
Purgatorio
Pecado mortal
Infierno
SI VIVO EN PECADO
Destierro
Oscuridad
Angustia
SI VIVO EN GRACIA
Patria
Luz
Alegría

LA PROMESA DE LOS PRIMEROS SÁBADOS

Dice Lucía, la que vio a la Virgen en Fátima

El día 10 de diciembre de 1925 se me apareció la Santísima Virgen y poniéndome una mano en el hombro me mostró un Corazón que tenía en la otra mano, cercado de espinas.

Enseguida dijo la Santísima Virgen:

Mira, hija mía, mi Corazón cercado de las espinas que los hombres ingratos me clavan continuamente con palabras indebidas e ingratitudes. Tú, al menos, procura consolarme y di que a todos aquellos que durante cinco meses, en el Primer Sábado se confiesen, reciban la Santa Comunión, recen la tercera parte del rosario y me hagan 15 minutos de compañía meditando los misterios del rosario, con el fin de desagraviarme, yo prometo asistirles en la hora de la muerte con todas las gracias necesarias para su salvación.

El día 15 de febrero de 1926, se apareció de nuevo y me preguntó si ya había difundido esta devoción. Le expuse las dificultades que tenía el confesor y que aunque la Madre Superiora estaba dispuesta a propagarla, el confesor había dicho que ella sola nada podía. Respondió:

-Es verdad que tu Superiora nada puede; pero con mi ayuda lo puede todo.

Presenté a Jesús las dificultades que tenían algunas almas de confesarse en sábado y pedí que fuese válida la confesión de ocho días. Respondió.

-Sí, puede ser de muchos días más todavía, con tal que, cuando reciban la Eucaristía, estén en gracia y tengan la intención de desagraviar al Inmaculado Corazón de María".

EL RETRATO DE UN SANTO. UN EJEMPLO PARA NOSOTROS

Los que conocieron a San Juan Bosco y vivieron junto a él por años y años, nos han dejado el siguiente retrato de su castidad.

"Don Bosco era puro como un ángel, en el trato con los demás. **Yo estuve 20 años junto a él (dice su secretario) y puedo atestiguar que la virtud de la pureza en las palabras en las acciones, en las miradas y en el trato, fue verdaderamente heroica en este hombre de Dios. Yo puedo declarar con juramento que de él salía como un poder que alejaba la impureza, y que junto a él, en su presencia, se alejaba de mí todo pensamiento impuro" (Viglietti).**

Era un ángel para amar. **Si se piensa que S.J. Bosco pasó 50 años entre los jóvenes, como padre amantísimo y siendo amado con amor filial ardiente, y que los jóvenes sentían hacia él un afecto y aprecio irresistibles, y que en todo este larguísimo tiempo él no veía en cada uno sino su alma para salvarla, y** no se permitió jamás la más mínima demostración de afecto sensual, **y aquel su exuberante amor que todos sentían que les tenía, jamás lo llevó ni siquiera a la más mínima falta de respeto hacia el cuerpo de alguno, y que esos que él llamaba "mis queridísimos hijos" siempre sintieron que los trataba con un respeto total y admirable, entonces sí se comprende que este hombre** fue un enviado de Dios, **para demostrar que se puede amar intensamente sin sensiblerías dañosas.**

AVISOS PARA LOGRAR CORREGIRSE

1. **Al pecador no se le puede decir: "Este pecado no tiene importancia".** Si se le dice no se cura nunca. ¿Cómo no va a tener una amarga importancia lo que le quita a uno la paz del alma, y lo hace sentirse siempre derrotado y lo hace un miserable esclavo de la mala costumbre? ¿Cómo no va a tener una desastrosa importancia lo que ofende a Dios y trae castigos y tantas malas consecuencias? Que sí, que sí tiene importancia el pecado, y una importancia fatal!
2. **Lo que lleva al pecado son los primeros pasos. Si no se evita la ocasión caerá irremediablemente.** Caerá, se lamentará, hasta llorará, pero ya ha caído. En esto hay que decir lo que repetía aquel pobre vicioso: **"a lo único que yo no soy capaz de resistir es... a la ocasión".** El santo Cura de Ars decía: "Nos dirían que somos unos locos si echamos un poco de ropa a las llamas y exclamamos que no se queme! Quiero que no se queme!. –Por más órdenes que les demos, las ropas se quemarán. Fuego y combustible arden donde quiera que se encuentren... El que no evita el peligro, en él perecerá.
3. **Es necesario repetir: "Es dañoso esto que estoy cometiendo".** Si no se aborrece el pecado se seguirá cometiendo irremediablemente. **Porque lo grave y trágico del pecado y del vicio es que gustan y atraen.** Si no gustaran y no atrajeran no cometeríamos el pecado ni seguiríamos en el vicio. Es necesario clamar al Señor: "Oh Dios: que no me agrade el pecado. Que lo que a Ti te fastidia me fastidie también a mí. Que jamás sienta yo gusto por aquello que a Ti te produce asco!".

EL SECRETO DE TANTOS MILAGROS

En uno de los últimos viajes que San Juan Bosco hizo a Roma, un reportero de un periódico de los Estados Unidos le preguntó: "¿A qué se debe que Ud. haya logrado obtener tantos milagros y tantos éxitos en su labor?" y el Santo respondió: "Yo solamente he tratado de cumplir bien mi deber. Pero he rezado y he hecho rezar mucho a la Virgen María y Ella se ha encargado de obtenernos de Dios todo lo que necesitábamos". Muchas personas triunfan, no porque tengan grandes cualidades, sino porque rezan mucho a la Virgen.

EN UNA TERRIBLE TENTACIÓN

San Antonio Claret, cuando era joven tuvo una espantosa tentación (1831) y vio a la Virgen María que le ofrecía una bellísima corona si vencía. A su lado veía todo un ejército de demonios atacándolo pero con su oración confiada a la Madre de Dios logró alejar la tentación de impureza. En adelante gozó de gran paz respecto a la castidad. Siempre tenía cerca de él una imagen de Nuestra Señora, y exclamaba: "Le rezo a la imagen de la Virgen, con la intención de que esas palabras le lleguen a la verdadera Virgen que está en el cielo". Y propagó por todas partes esta oración que llegó a ser muy popular: "Oh Virgen y Madre de Dios: yo me entrego por hijo tuyo, y en honor de tu pureza te ofrezco mi alma, mi cuerpo, potencias y sentidos y te suplico que me alcances la gracia de no cometer pecado alguno. Madre, aquí tienes a tu hijo (tres veces) En Ti Madre Dulcísima he puesto toda mi confianza. No quedaré nunca confundido. Amén". Muchas personas han experimentado la eficacia de esta bella oración.

ORACIÓN PARA PEDIR A DIOS PERDÓN POR LOS PECADOS

Compuesta por el Santo Rey David
(Tomada de la Santa Biblia. Salmo 50)

Misericordia, Dios mío, por tu bondad,
por tu inmensa compasión borra mi culpa.
Lava del todo mi delito.
Limpia de pecado.

Pues yo reconozco mi culpa,
tengo siempre presente mi pecado.
Contra Ti, contra Ti sólo pequé,
cometí la maldad que aborreces.

Mira, en la culpa nací,
pecador me concibió mi madre.
Te gusta un corazón sincero
lávame: quedaré más blanco que la nieve.
Hazme oír el gozo y la alegría.
Aparta de mi pecado tu vista,
borra en mí toda culpa.

Oh Dios, crea en mí un corazón puro,
renuévame por dentro con espíritu firme;
no me arrojes lejos de tu rostro,
no me quites tu santo espíritu;
devuélveme la alegría de tu salvación,
afiánzame con espíritu generoso.
Enseñaré a los malvados tus caminos,
los pecadores volverán a Ti.
Y cantará mi lengua tu justicia.
Señor, me abrirás los labios,
y mi boca proclamará tu alabanza. **Amén.**

CUALIDADES NECESARIAS PARA TENER UNA GRAN PERSONALIDAD

(Por el Dr. G. Patiño Valencia, Profesor de la Universidad del Cauca)

Para tener una agradable personalidad se requieren tres condiciones: 1º Saber meditar y reflexionar en lo que se hace y se dice. 2ª Dominar sus instintos y sus impulsos, y ser dueño de sus propios actos. 3ª Ser constante en lo bueno que se ha propuesto ser y hacer.

Para tener una recia personalidad se necesitan dos sentimientos: sentimiento del honor, que lleva a obrar siempre con dignidad; y sentimiento del deber, que mueve a ser exacto en lo que tiene que hacer.

Las dotes intelectuales necesarias para tener una verdadera personalidad son: observar, reflexionar, tener amor a la lectura y al estudio, y buenos criterios morales para saber distinguir bien entre lo que es bueno y conviene y lo que es malo y no conviene.

Las cualidades o dotes morales que se exigen para una personalidad bien formada son: amor a la verdad, odio a la mentira, saber dominar sus sentimientos para que no lo esclavicen ni lo lleven a actuaciones indebidas, respetar los derechos ajenos **y sentir veneración por la fama ajena,** como un tesoro que nadie quiere perder. **Y mucha estimación por la dignidad** (por dignidad entendemos sentir un gran respeto hacia sí mismo y hacia los demás, y un intenso temor y asco por todo lo que mancha y deshonra).

Dotes exteriores: ser medidos en la conversación. Tener dignidad en el porte, y amable delicadeza en la conducta.

10 DE MAYO

LO QUE SE CONSIGUE CON UNA BUENA LECTURA

º"Si lees para ganar más, es negocio. Si lees para poder hacer mayor bien al prójimo, es caridad. Pero si lees para volverte mejor, eso es prudencia perfecta y tu más grande inversión". (San Agustín)

Para eso es que tenemos que leer; para volvernos mejores. Y esto se consigue de una manera admirable con los buenos libros. Basta citar **unos ejemplos absolutamente históricos: San Agustín** deja de ser un pecador vicioso y se convierte en el más grande apóstol de su siglo al leer las epístolas de San Pablo. **San Francisco** el más parrandista bailarín de Asís se convierte en el santo más popular de su tiempo al oír el evangelio de San Lucas. **San Ignacio,** un capitán orgulloso lee unas vidas de santos y **experimenta un fenómeno especial:** antes al terminar de leer novelas sentía en su alma inmensa tristeza y desánimo. Ahora, al terminar de leer estas biografías sintió en su espíritu el más grande anhelo de imitar a esos campeones de santidad, y su alma se inundó de agradabilísima alegría. **Santa Teresa** en su juventud se dedicó a leer novelas y su vida de perfección se fue disminuyendo, pero de pronto cambió sus lecturas profanas por libros religiosos y en poco tiempo los progresos que hizo en su santidad fueron tan notorios que la gente se quedaba admirada. **San Juan Bosco** narra que en su juventud era muy orgulloso y malgeniado, pero que leyó el admirable libro: "Imitación de Cristo", y obtuvo un cambio radical en su conducta. **B. Santiago Alberione,** el fundador de la más grande sociedad editorial moderna, la Sociedad de San Pablo, en su bachillerato empezó a leer de todo y su conducta dejó tanto qué desear que no lo admitieron más en el Seminario; cambió entonces sus lecturas y los buenos libros lo llevaron a ser una gran personalidad.

ORACIÓN PARA PEDIR A DIOS QUE NOS LIBRE DE VOLVERNOS MALOS

SALMO 140

Señor, te estoy llamando, ven de prisa,
escucha mi voz cuando te llamo.
Suba mi corazón como incienso en tu presencia,
el alzar de mis manos como ofrenda de la tarde.

Coloca, Señor, una guardia en mi boca,
un centinela a la puerta de mis labios;
no dejes inclinarse mi corazón a la maldad,
a cometer crímenes y delitos;
ni que con los hombres malvados
participe en banquetes.

Señor, mis ojos están vueltos a Ti,
en Ti me refugio, no me dejes indefenso;
guárdame del lazo que me han tendido
de la trampa de los malhechores.

Gloria al Padre, y al Hijo y al Espíritu Santo.

Como era en un principio, ahora y siempr
por los siglos de los siglos. **Amén.**

CONSEJOS PARA CONSERVARSE DE BUEN HUMOR

Recomendados por el sicólogo Florence Wedge

1º **Hay que comer bien. Verduras, frutas, leche, queso, carnes, yogurt, etc.** Muchas veces una persona está triste porque no está bien alimentada. Alimentos pobres en vitaminas traen mal humor y tristeza.

2º **Dormir bien.** "Si quieres acabar con tu compadre, quítale la siesta y llévalo a dormir tarde", decía el antiguo refrán. Dicen los médicos que la tristeza produce sueño, pero también es cierto que el sueño no aceptado produce tristeza. No dormir más de 10 horas pero tampoco menos de 8.

3º Hay que tener el sentido de lo ridículo. **No tomarse tan en serio** a sí mismo, porque esto causa inquietud. Está probado que más de la mitad de las enfermedades tienen por causa a la inquietud.

4º No **buscar los motivos secretos de las acciones** o palabras de los demás. Huyamos de pensar: "¿por qué hizo esto? ¿por qué diría aquello?

5º No **ser exageradamente tímido o susceptible.** Esto eleva un muro en torno a sí mismo, que aísla. Y ya sabemos el adagio latino: "Tristis eris, si solus eris": triste estarás si te quedas solo.

6º **Dedicarse a ocupaciones placenteras.** ¿Quién no tiene predilección por una y otra ocupación? Pues dedicarse a dicha actividad cuando el mal humor quiera asaltar. Ya decía Pío XI: "El diablo le tiene a veces casi tanto miedo al que está ocupado como al que está rezando. Porque el trabajo aleja el aburrimiento".

JUAN PABLO II Y LA VIRGEN DE FÁTIMA

45 minutos estuvo arrodillado ante la imagen de la Santísima Virgen en Fátima dándole gracias.

13 de Mayo de 1981... Juan Pablo II se libra de la muerte ante un terrible atentado. El Sumo Pontífice atribuyó siempre el haberse conservado con vida ante tan gran peligro, a una ayuda especial de la Santísima Virgen.

13 de Mayo de 1982: SS. Juan Pablo II va en peregrinación a Fátima a dar gracias a la Santísima Virgen.

PALABRAS DE JUAN PABLO II, el 13 de Mayo de 1982: "Me siento endeudado con Nuestra Señora de Fátima. ¿Cómo podría olvidarme que el haberme salvado del atentado contra mi vida, sucedió precisamente en el mismo día (13 de Mayo) y en la misma hora (mediodía) en que se conmemoraba la Primera Aparición de la Santísima Virgen de Fátima? en todo lo que me aconteció en ese día yo sentí la extraordinaria protección de la Madre de Cristo y en este primer aniversario vengo a Fátima a darle las gracias".

TENEBROSA DESCRIPCIÓN DEL MOMENTO DE LA TENTACIÓN

Según San Alfonso

"Tan poderosos y terribles son los enemigos de nuestra pureza, que cuando nos combaten se apagan todas las luces **de nuestro espíritu, y** nos olvidamos de todas las meditaciones y santos propósitos **que habíamos hecho, y no parece sino que en esos momentos** despreciamos las grandes verdades de la fe, **y** perdemos el miedo a los castigos divinos. **Y es que la tentación impura se siente apoyada por la fuerte inclinación que el cuerpo siente hacia los placeres sensuales. Quien en esos momentos no acude al Señor con oración humilde y confiada, está perdido.** Es necesario convencernos de que nadie podrá vencer las tentaciones impuras de la carne, si no se encomienda al Señor muchas veces, pero especialmente en el momento de la tentación.

"Y estas tentaciones no desaparecerán mientras estemos sobre la tierra. Dios quiere salvarnos, pero quiere que nos salvemos como vencedores. **Por eso toda nuestra vida estaremos en guerra contra nuestras pasiones, y sólo recibirán la corona del triunfo quienes hayan luchado con valor".**

Con razón el sabio dice en la S. Biblia: "Si buscas la perfección, prepárate para resistir a la tentación". **Pero el Apóstol nos consuela con una hermosa noticia:** "Fiel es Dios que no permitirá que nos vengan tentaciones superiores a nuestras fuerzas".

Es necesario orar, para no caer en tentación, porque el espíritu está pronto, pero la carne es débil (Jesucristo Mt. 26,41).

UN PAGANO CON VOTO DE CASTIDAD

Ghandi, el libertador de la India, hizo voto de castidad. Él mismo narra que en 1906 llegó a convencerse de que si quería hacer algo verdaderamente grande por su patria debería ser casto para conservar la libertad de dedicarse por completo al bien de sus compatriotas. Y de acuerdo con su esposa hizo el voto o juramento de permanecer siempre casto hasta la muerte. (Él mismo decía que se había propuesto evitar todo alimento o bebida que incitara la sexualidad por ej. carnes, bebidas alcohólicas, etc.).

No es que a Ghandi y a muchos más que han hecho este voto de castidad no les hayan atraído las personas de otro sexo. Eso sería no tener hormonas, ser un anormal. El permanecer casto es una elección personal, que se hace para quedar más libre para dedicarse a los altos ideales que se han elegido.

Cristo pudo haber escogido otro modo de vivir, que los hay también muy santos. (Como el del matrimonio de nuestros padres). Pero eligió el de vivir absolutamente puro y casto. Y habla de los que por el Reino de Dios hacen el sacrificio de renunciar a los goces sexuales (Mt. 19,12). Y Jesús sí que conoce bien qué es lo que más vale en este mundo.

"Hay algunos que renuncian a lo sexual, por el Reino de los cielos. Quien sea capaz de entender esto que lo entienda" (S. Mateo 19,12).

SI QUIERE EVITAR PECADOS RECUERDE ESTO

1º **Dado el primer paso ya es el pecado el que controla a la persona.** Mirada, deseo, conversación impura, abrazos, caricias, trato con esa persona... Hay que tratar de evitar dar esos primeros pasos, que llevan al precipicio como un resbaladero. Por eso el pecado impuro se llama "**lúbrico**", que significa: resbaladizo y resbalador.

2º **Hay que admitirlo: soy un enfermo a este respecto, y tengo qué cuidarme.** Por eso no me puedo exponer a las ocasiones porque soy débil. La vida sin recogimiento, sin apartarse de las ocasiones peligrosas, abre el corazón a todas las seducciones y lo entrega sin defensas al enemigo.

3º **Reconocer: tengo una espantosa debilidad para pecar** y por eso tengo que andar con mucho cuidado. Ser puro entre los ángeles del cielo, todo es alegría y gozo. Pero permanecer puro en el ambiente tan corrompido de este suelo, eso ya es algo muy costoso.

4º **Cuando estoy bien no puedo decir: "No lo volveré a hacer".** Ni nadie debe decírmelo porque si doy el primer paso hacia el pecado, ya nadie me detendrá en la pendiente hacia el abismo de la caída. Como San Pablo tengo que "**proceder con temor y temblor** en la labor de mi cambio y conversión" (Efesios 6,5).

5º Es necesario **huir de las ocasiones**. Dios nos dice: **"Líbrate de las ocasiones y yo te libraré del pecado".**

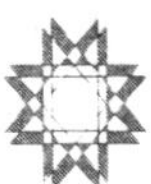

DECÁLOGO DE LOS ESPOSOS

1. Dios ocupará siempre el primer lugar en nuestra vida.

2. Jesús será nuestro invitado permanente.
3. A María le confiaremos nuestro hogar.

4. Cuidaremos con amor a nuestros hijos.
5. Nos comunicaremos en el diálogo y la ternura.

6. Sabremos reconciliarnos y pedir perdón.
7. Viviremos con fidelidad el sacramento del amor.

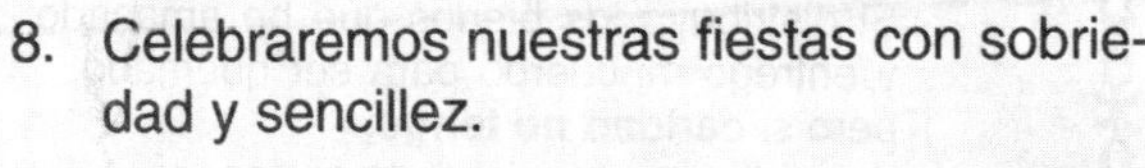

8. Celebraremos nuestras fiestas con sobriedad y sencillez.

9. Acogeremos con alegría a los que buscan bondad.

10. Nunca nos olvidaremos de los más pobres.

Dios ocupará siempre el primer lugar en nuestro hogar

LA CARIDAD

Si en la tierra tuviera todos los poderes,
y me igualara a los angelicales seres
si no tengo caridad
no soy más que nulidad.

Si hablara las lenguas de mundo entero,
y si a los mismos ángeles supero,
pero si mi **caridad** anda mal,
no soy más que vil metal.

Si fuera el más sagaz de los profetas
y penetrara los misterios de los planetas
y poseyera toda la ciencia humana
y tuviera una fe soberana
capaz de trasladar una montaña,
si no tengo **caridad** no soy más que vanidad.

Si distribuyo los bienes que he amasado
y entrego mi cuerpo para ser quemado,
pero si **caridad no tengo,**
de nada me sirve, si todo pretendo.

La caridad es paciente en cualquier ambiente;
La caridad es benigna, nunca denigra.
La caridad no es envidiosa, es siempre
oportuna, jamás se enorgullece.
La caridad no se queja, sus penas en manos
de Dios deja
La caridad no se hincha, si la enfrentan,
humilde se hinca.

(San Pablo 1 Cor. 13)

SALMO 12

PETICIÓN PARA MOMENTOS MUY DIFÍCILES

¿Hasta cuándo Señor seguirás olvidándome?
¿hasta cuándo me esconderás tu rostro?
¿hasta cuándo he de estar preocupado?
¿con el corazón apenado todo el día?
¿hasta cuándo va a triunfar mi enemigo?

Atiende y respóndeme, Señor Dios mío.
Mírame, da luz a mis ojos, llena mis ojos de luz.
Para que no caiga en el sueño de la muerte,
para que no diga mi enemigo: "Le he vencido"
ni se alegre mi adversario de mi fracaso.

Porque yo confío en tu amor y misericordia.
Alegra mi corazón con tu auxilio,
y cantaré al Señor por el bien que me ha hecho.

Amén

Gloria al Padre....

SI DIOS ESTÁ CON NOSOTROS. ¿QUIÉN PODRÁ CONTRA NOSOTROS?

(San Pablo, Rom. 8)

CAMINO DIARIO A LA FELICIDAD

★ **ORAR:**
Es el poder más grande sobre la tierra

★ **AMAR:**
Es un privilegio que Dios nos ha dado

★ **LEER:**
Es la fuente de la sabiduría

★ **PENSAR:**
Es la fuente del poder

★ **AMISTAD:**
Es el camino de la felicidad

★ **DAR:**
Es la forma de recibir

★ **DIVERTIRSE SANAMENTE**
Es el secreto de la perpetua juventud

★ **REIR:**
Es la música del alma

★ **TRABAJAR:**
Es el precio del éxito

★ **AHORRAR:**
Es el secreto de la seguridad

★ **CREER EN DIOS**
Es el camino para llegar a la vida eterna

DIEZ NORMAS INFALIBLES PARA CONSEGUIR UN INFARTO

1º TRABAJAR CON ANGUSTIA Y CON AFÁN. El corazón es el que paga este error.

2º TRABAJAR SIN DESCANSAR. Persona cansada es persona malgeniada. Quien trabaja siete días por semana se enferma de los nervios.

3º LLEVAR TRABAJO A SU CASA y seguir trabajando hasta altas horas de la noche.

4º ACEPTAR TODAS LAS INVITACIONES y no saber decir jamás NO a nadie.

5º FUMAR, TOMAR BEBIDAS EXCITANTES. Cada cigarrillo disminuye siete minutos de nuestra vida.

6º NADA DE PASEOS, NADA DE REUNIONES AGRADABLES EN FAMILIA, NADA DE LECTURAS AMENAS. Creer que salir a pasear es una gastadera inútil de plata y de tiempo.

7º VACACIONES: ¿UNA COSTUMBRE DE VAGOS? Las grandes personalidades las toman porque las necesitan, ¿y Ud. no? ¡Por ahí viene el infarto.

8º NO DELEGAR NINGUNA RESPONSABILIDAD. Pensar que sólo Ud. sabe hacer las cosas bien. (¡No se crea tan necesario!).

9º COMER Y BEBER MÁS DE LO DEBIDO, o comer de prisa y no descansar después de las comidas. Pobre corazón.

10º SI VIAJA: HACERLO SIEMPRE DE NOCHE, o leyendo, sin mirar los paisajes ni charlar con nadie. Así ahorra un día más ahora, pero acorta varios años de los que tenía que vivir sobre la tierra. Sea prudente.

SI QUIERES

SI QUIERES SER GRANDE...
...hazte humilde y pequeño...

SI QUIERES SER INMENSAMENTE RICO PARA SUBIR EL CIELO...
tienes que repartir tus bienes con los pobres de la tierra.

SI QUIERES LLEGAR A LA SANTIDAD TIENES QUE AMAR, AMAR, AMAR.
Amar a tu Dios con todas tus fuerzas y al prójimo como te amas a ti mismo.

SI QUIERES SER SABIO: TIENES QUE NO DEJAR DE ESTUDIAR.
A quien deja de leer y de aprender, se lo lleva la corriente de la mediocridad.

SI QUIERES QUE TE AMEN: TIENES QUE AMAR.
"Como cada uno trate, así será tratado".

"SI QUIERES SER EL PRIMERO, TIENES QUE HACERTE EL ÚLTIMO".
Así lo dijo Jesús.

QUIERES GOZAR PARA SIEMPRE EN EL CIELO tienes que privarte de ciertos placeres sensuales indebidos en la tierra.

SI QUIERES QUE DIOS HABLE BIEN DE TI EN LA ETERNIDAD TIENES QUE HABLAR BIEN DE DIOS EN ESTA VIDA.

Así lo prometió el Evangelio.

¿QUÉ PENITENCIAS DEBEMOS HACER?

R: La Iglesia Católica durante muchos siglos ha venido recomendando tres penitencias, que son las que la S. Biblia aconseja: a) ORAR: la oración desagravia a Dios por nuestras maldades. Moisés, David, Jeremías, Jesús, etc., oraron y el Señor Dios libró de castigos a los pecadores. Nuestra mejor penitencia será siempre llenar nuestros días de pequeñas pero frecuentes oraciones. b) LA LIMOSNA: El Sagrado Libro dice: "La limosna borra muchos pecados" (Tobías). Pero que nuestra limosna sea algo que nos cueste. No hagamos como Caín que decía: "Para el Señor lo peor", y le daba a Dios lo que no le hacía falta, lo que valía poco. Hagamos como Abel que exclamaba: "Para el Señor lo mejor", y daba a Dios lo mejor que tenía, y Dios quedó satisfecho y lo prefirió a Caín. El profeta Zacarías dice: "¿Saben por qué les va mal a Uds.? Porque dan para Dios lo peor que tienen, por eso Dios no los ayuda más". Si damos limosna a Dios o a los pobres, que sea algo que nos cueste, porque si vamos a dar la basura de nuestra cartera o de nuestra despensa, no se nos borra con ello ningún pecado, ni ganamos premios para el cielo. "Para el Señor lo mejor".

OTRA GRAN PENITENCIA ES: HACER SACRIFICIOS, Jesús dijo: "El que quiera seguirme que se niegue a sí mismo" (Lucas 9). Negarse a sí mismo significa hacer sacrificios: hacer lo que no nos gusta. Dejar de comer algo que nos agrada. Tratar bien a quien nos trata mal. Callar cuando estamos encolerizados. Dar y prestar nuestros bienes, aun con peligro de perderlos. Ser más amables en el trato. Gastar nuestro tiempo en visitar enfermos, en asistir a reuniones a favor de nuestro barrio o vereda, o en escuchar a personas angustiadas o en instruir a los niños etc. Los sacrificios fortalecen mucho la voluntad.

NOTICIA AGRADABILÍSIMA: ¡NOS QUEDA MARÍA!

Los católicos, desde que Cristo nos dejó a su santísima Madre como herencia, creemos y estamos convencidos que cuando se agotan todos los recursos humanos...
NOS QUEDA MARÍA!

Es decir, cuando se desvanecen todas las esperanzas y nuestros problemas no tienen remedio...
NOS QUEDA MARÍA!

Cuando nuestro hogar se arruina irremediablemente, la felicidad desaparece, la unión de las almas ya no se recupera...
NOS QUEDA MARÍA!

Cuando nuestras aspiraciones no se logran, las penas íntimas parecen irremediables, fracasaron nuestros ideales, no conseguimos el éxito en lo espiritual y en lo temporal...
NOS QUEDA MARÍA!

Al sentir decepción y dolor, por haber pasado la ocasión, la posibilidad de triunfar...
NOS QUEDA MARÍA!

Para los pobres pecadores, enfermos, tristes, que desfallecen bajo el peso de su Cruz...
LES QUEDA MARÍA!

Para ti, alma querida, que sufres incomprensión, desolación y abandono...
TE QUEDA MARÍA!

En todas las circunstancias desfavorables, en medio del gozo y alegría, siempre...
QUEDA MARÍA!

USTED PUEDE ESCUCHAR MEJOR

1. Dé oportunidad a los demás de explicar su problema.
2. Permita a quien le habla completar sus frases; no lo interrumpa.
3. Nunca termine frases por los demás.
4. Sea atento a lo que le dicen, así nunca hará preguntas que indiquen que no escuchó bien.
5. Sonría; la sonrisa hace sentir bien a quien habla con usted.
6. Cuando hable, mire a quien escucha.
7. Nunca mire el reloj cuando le hablen.
8. No limpie sus uñas cuando le estén hablando.
9. Nunca esquive una conversación con preguntas.
10. Acate las ideas y sugerencias de los demás.
11. Jamás se anticipe a lo que le van a decir.
12. Nunca demuestre que no cree en lo que le dicen.
13. No ponga incómodo o inseguro a quien le habla.
14. No interrumpa a las personas cuando le hablen.
15. Cuando alguien se le acerque para hacerle una pregunta, suspenda lo que hace. Dele importancia.

UN AVISO QUE PUEDE LIBRAR DE MUCHOS MALES

El escritor más popular entre las juventudes católicas en los años 1930 y 1950 fue Tihamer Toth, el autor de libros tan famosos como: "El Joven de carácter" y "Juventud y pureza". Este agradabilísimo educador dejó escrito este aviso que puede hacer mucho bien: **"Si cultivas un pensamiento, tendrás un deseo. Si cultivas un deseo tendrás una acción. Si repites una acción, tendrás una costumbre. Y si adquieres una mala costumbre, tendrás un fracaso para toda la vida".**

Por eso no admitas ningún mal pensamiento, para que no te nazcan malos deseos. No aceptes malos deseos, para que no llegues a cometer malas acciones. Y cuida mucho de no repetir tus malas acciones, para que no vayas a adquirir costumbres impuras que llenen de tristezas, fracasos y derrotas tu existencia. Te lo decimos los que hemos experimentado muy amargas experiencias y decepciones!

LUCHAR CONTRA LOS PENSAMIENTOS

Carothers, el popular escritor norteamericano, enseña lo siguiente:

Quizás lo más difícil para nuestra pureza será lograr dominar los malos pensamientos. Pero esto que es precisamente lo más difícil para nosotros, puede ser precisamente lo que Dios quiere hacer por nosotros.

EL SECRETO DE UN SANTO

San Juan Berchams, joven jesuita, estaba moribundo. El Padre Superior le manda por obediencia: "¿Dígame cuál es el secreto para que la Virgen lo haya favorecido tanto a Ud.? Es para contárselo a los jóvenes religiosos". Y el Santo responde: "El secreto es... ofrecerle cada día algún homenaje a la Virgen María, aunque sea pequeño, pero no dejar ningún día sin hacerlo".

HOMENAJES QUE LOS SANTOS HACÍAN EN HONOR DE LA SANTISIMA VIRGEN

Santo Domingo Savio cada día el mes de Mayo narraba algún ejemplo acerca de la Madre de Dios. Esto lo había aprendido de San Juan Bosco que lo hacía también.

San José Cafasso en las fiestas de la Virgen no negaba los favores que le pidieran aunque le costara bastante. Lo mismo procuraba hacer Santa Teresita.

San Francisco de Sales y San Antonio Claret los sábados y demás días marianos hacían alguna mortificación en la comida o bebida en honor de Nuestra Señora.

San Alfonso le ofrecía leer cada sábado alguna página que tratara de ella.

San Bernardo al pasar por frente a una imagen de la Virgen le decía: "Yo te saludo oh María!, y un día oyó que ella le decía: "Yo te saludo Bernardo".

Que nuestro amor a María provenga de la gran estimación que le tenemos y de la consideración de sus grandezas, y no sólo de la esperanza que tenemos que recibir su ayuda.

EL DÍA DE LA PRESENTACIÓN DEL NIÑO JESÚS EN EL TEMPLO EL PROFETA SIMEÓN DIJO:

"Este niño está destinado a ser luz para todas las naciones y gloria para su pueblo Israel".

El Sermón más famoso del mundo: EL SERMÓN DE LA MONTAÑA

Allí Jesús dijo: "Dichosos los pobres, dichosos los puros de corazón, dichosos los mansos, dichosos los misericordiosos, dichosos los que buscan la paz, porque ellos serán llamados hijos de Dios".

AVISOS DE SAN JUAN BOSCO

1. ¿Cuándo empezarás de veras a corregirte de ese defecto? Prometes y nunca empiezas a hacer lo que debes.

2. No puedes ser el primero en los estudios, pero sí puedes ser el primero en amar a Dios. ¿Por qué no haces la prueba?

3. ¿Por qué te acuerdas tan poco de Dios? Si pensaras más en que Dios te ve, te oye, te ama y te dará premio según sea tu conducta, cambiarías totalmente de modo de ser.

4. Alerta: el demonio te prepara una emboscada. Recuerda: "Antes morir que pecar".

5. Tienes que dedicarte a cumplir mejor tu deber, y hacerlo todo por Dios.

6. El Paraíso no está hecho para los perezosos. ¿Por qué no trabajas un poquito más? ¿Por qué no estudias algo más? Es para tu salvación!

7. Tu corazón está demasiado apegado a las cosas de la tierra. ¿Cómo puede ser feliz el que sólo piensa en lo que es de acá abajo y no piensa en los premios que nos esperan en el cielo?

ANÉCDOTAS DE JOHN KENNEDY

Cuando Kennedy, siendo presidente de los Estados Unidos, visitó a Colombia, después de un grandioso recibimiento, como pocos ha habido en esta nación suramericana, se trasladó al Palacio Presidencial y allí se detuvo por un rato a examinar en detalle el horario que debía seguir en su estadía en Colombia. A poco de observar se dio cuenta de que en el programa no estaba la Misa y llamando al presidente Lleras Camargo le dijo: "Doctor veo que aquí falta una cosa: la Santa Misa". –"Ah, excelencia, repuso Lleras, hay tantos compromisos que no se le encontró tiempo para ella". –"No, no, de ninguna manera, respondió Kennedy, que se quiten otros compromisos y se ponga la misa, porque yo soy católico y estamos en Domingo, y por lo tanto es mi deber asistir a dicho acto religioso"–. Así se hizo, y con edificación de todos, Kennedy asistió luego al Santo Sacrificio.

Poco después visitó a México, y luego de varios actos oficiales preguntó al director de ceremonias: "¿Para qué horas ha sido señalada nuestra visita a la Virgen de Guadalupe?" –Señor Presidente, respondió el director, dicho acto no está incluido entre los que Su Excelencia debe cumplir en este país". "-Pues inclúyalo", respondió el fervoroso presidente norteamericano, "porque sería el colmo que viniéramos a México y nos fuéramos sin haber ido a visitar a la Reina de América". –Inmediatamente quitaron otros actos programados, y colocaron en el plan del viaje presidencial, su visita a la Virgen de Guadalupe. Y allá lo vieron poco después, con su esposa, arrodillado ante la imagen de la Virgen Morena ofreciéndole un hermoso ramillete de flores, Kennedy profesó siempre públicamente su fe católica.

ACTO DE ABANDONO AL PADRE

Padre, me pongo en tus manos,
haz de mí lo que quieras,
sea lo que sea, te doy gracias.
Estoy dispuesto a todo,
lo acepto todo,
con tal que tu voluntad se
cumpla en mí y en todas tus
criaturas.
No deseo nada más;
te confío mi alma,
te la doy con todo el amor
de que soy capaz,
porque te amo y necesito darme,
ponerme en tus manos sin
medida, con una infinita
confianza porque Tú eres mi
PADRE.

ORACIÓN DE SAN IGNACIO DE LOYOLA

Tomad, Señor, y recibid toda mi
libertad, mi memoria, mi
entendimiento, y toda mi
voluntad, todo mi haber y mi
poseer; vos me lo disteis, a Vos
Señor, lo torno; todo es vuestro;
disponed a toda vuestra voluntad.
Dadme vuestro amor y gracia,
que ésto me basta.

SI YO CAMBIARA

Si yo cambiara mi manera de pensar hacia otros, me sentiría sereno.

Si yo cambiara mi manera de actuar ante los demás, los haría felices.

Si yo aceptara a todos como son, sufriría menos.

Si yo me aceptara tal como soy, quitándome mis defectos, cuánto mejoraría mi hogar, mi ambiente.

Si yo comprendiera plenamente mis errores, sería humilde.

Si yo deseara siempre el bienestar de los demás, los haría más felices.

Si yo encontrara lo positivo en todos, la vida sería digna de ser vivida.

Si yo amara al mundo.. lo cambiaría más.

Si yo me diera cuenta de que al lastimar, el primer lastimado soy yo!

Si yo criticara menos y amara más...

Si yo cambiara... cambiaría el mundo.

Tomado de "Dinámica del Éxito"
Autor desconocido

EL HABITO DE LEER

El hombre que no ha tenido el hábito de leer está prisionero en su mundo inmediato en cuando a tiempo y espacio. Su vida cae dentro de una rutina establecida; se limita al contacto y a la conversación con algunos amigos y conocidos, y no ve más de lo que sucede en su vecindad. De esta prisión no hay fuga posible.

Pero en el momento en que se toma un libro entra en un mundo distinto, y si se trata de un buen libro, inmediatamente entra en contacto con uno de los mejores charlistas del mundo. Este charlista lo guía y lo conduce a una nación diferente o a una época distinta, descarga en él algunos de sus remordimientos personales, o lo invita a discutir algún tema especial o un aspecto de la vida de la que el lector nada conoce.

Un autor antiguo lo pone en comunión con un espíritu desaparecido hace muchos años y según el lector avanza, comienza a imaginar la apariencia y el tipo de persona que era el escritor. Los más grandes historiadores, han expresado la misma idea.

Por lo tanto, poder vivir un par de horas en un mundo y alejar nuestros pensamientos de las exigencias del presente inmediato, es un privilegio que deben envidiar aquellos que se encuentran presos en sus cárceles corporales.

LIN YUTANG

Dime que lees
y te diré quién eres...

1 DE JUNIO

HECHOS PARA RECORDAR

EL CASO GALILEO

(por Messori)

Una de las críticas que le hacen los enemigos a la Iglesia Católica es la sentencia que dieron en Roma contra el investigador Galileo por decir que la tierra gira alrededor del sol (año 1622). Pero acerca de esto, hay que recordar lo siguiente:

1º En ese siglo todas las universidades del mundo enseñaban lo contrario. Por lo tanto, no hay que afirmar que fue sólo la Iglesia la que se le opuso a ese sabio.

2º Galileo nunca estuvo en la cárcel. Cuando fue invitado a Roma a dar sus declaraciones, se le recibió en un lujoso castillo y se le dieron 4 habitaciones y todo un personal de servicio a que lo atendiera. En su ciudad estuvo un poco de tiempo encerrado en su propia casa y luego obtuvo libertad para salir por la ciudad y murió plenamente libre.

3º La única prueba que Galileo presentó a la comisión para probar que la tierra se mueve, fue el movimiento de las olas. Los sabios jesuitas le decían que el movimiento de las olas se debe al movimiento de la luna. Él les dijo que eran unos bobos, pero después se comprobó que sí es al movimiento de la luna que se debe el movimiento de las olas.

4º Lo que le pedía la comisión era que declarara que esta afirmación suya era una hipótesis y no una verdad comprobada y que no declarara que la S. Biblia estaba equivocada cuando narra que Josué hizo detener el sol. Sólo cien años después se pudo comprobar la afirmación de Galileo.

5º Galileo no perdió la amistad con obispos o sacerdotes y no se le impidió seguir investigando y publicando libros, y siempre recibió ayudas y honores de las asociaciones católicas.

La Iglesia Católica no es enemiga de la ciencia ni del progreso.

SI CULTIVAS OPTIMISMO OBTIENES ESPERANZA

SIEMBRA ESPERANZA Y OPTIMISMO
para que entre la gente haya más alegría y menos miedos.

CULTIVA OPTIMISMO Y ALEGRÍA
para que los niños puedan crecer felices y se disminuyan las angustias y el temor.

SIEMBRA ALEGRÍA Y ESPERANZA
para que los jóvenes vean con valor el futuro y no se dejen dominar por el desaliento.

SIEMBRA ESPERANZA Y OPTIMISMO
para que las personas mayores acepten la realidad con fortaleza y no pasen esta vida entre quejas y lamentaciones.

SIEMBRA OPTIMISMO Y ALEGRÍA
para que tu barrio, tu ciudad y tu patria crezcan y progresen pujantes con la seguridad de obtener éxitos y triunfos.

SIEMBRA Y CULTIVA OPTIMISMO, ESPERANZA Y ALEGRÍA
para que tú mismo tengas una existencia agradable y placentera y vivas muchos años y los vivas mejor.

"ESTAD SIEMPRE ALEGRES, OS LO REPITO: ESTAD ALEGRES"
(San Pablo)

PENSAMIENTOS

Es mejor tener menos inteligencia y menos cualidades **pero tener un gran temor de disgustar a Dios,** que tener mucha inteligencia y muchas cualidades pero no importarle cumplir los mandamientos del Señor. **(Ecl. 19,21)**

Si reducimos la oración a lo mínimo, recibiremos también lo mínimo. Algunos dicen que no tienen tiempo para rezar pero ven televisión hasta medianoche. El televisor reemplazó a Dios en la vida de esas personas **(P. Vlasic)**

Si empleamos más tiempo para orar a Nuestro Señor, el buen Dios empleará también más tiempo para ayudarnos a nosotros **(Medugorje)**

Hay personas que por saber callar se hacen simpáticas, y hay otras que se hacen antipáticas por hablar demasiado. **(Ecl. 20,5)**

El sólo esfuerzo humano no logra conseguir los éxitos. Y la sola bendición del Señor tampoco nos llevará al éxito si no ponemos nuestro esfuerzo. Dios no lo hace todo Él, para que no nos volvamos perezosos; ni permite que lo logremos todo nosotros solos para que no nos volvamos orgullosos. A San Pedro le permitió renegar por tres veces para que no le viniera el peligro de volverse orgulloso y autosuficiente. **(S.J. Crisóstomo)**

LAS TENTACIONES

Hay tres fuentes de tentaciones: 1ª Nuestro cuerpo con sus pasiones. 2ª El demonio que **"como león rugiente busca a quién devorar"** (1P. 5,8) 3ª **Ciertas personas** que ofrecen peligro a nuestra castidad.

Pero no olvidemos que si la tentación no nos gusta y no es aceptada por nosotros, no es pecado.

Conservar la castidad supone esfuerzos enormes. No es fácil. Hay que batallar a vida o muerte continuamente. Pero **la lucha va formando una actitud heroica** y permite ir adquiriendo una fuerte valentía. Los grandes luchadores se formaron luchando.

No hay que formarse la ilusión de que con el tiempo se verá uno libre de luchas y tentaciones. Aún los santos más ilustres han tenido que luchar hasta el fin de la vida contra los asaltos de la carne y las trampas de sus pasiones.

Cristo puede concedernos victoria también en esto, porque para Él nada es imposible. Si no pudiera darnos la victoria contra nuestras pasiones, ya no sería el Señor y Dueño de todo. Y si no quisiera ayudarnos eficazmente en esto, no sería buen amigo.

Hay que hacer lo posible para ir volviendo más fuerte la voluntad (haciendo lo que no gusta y dejando lo que gusta mucho). Porque si la voluntad se debilita, las faltas se multiplican, pero si la voluntad empieza a volverse más fuerte, las faltas empiezan a ser menos frecuentes.

EL EJEMPLO DEL LEÑADOR IMPRUDENTE

Narra San Antonio Claret en uno de sus sermones que un director espiritual le pedía a Dios que le iluminara **lo que le debía decir a uno que repetía y repetía pecados impuros,** y que una noche tuvo la siguiente visión:

Vio que un leñador recogía leña en el bosque. Hizo un bulto grande y se lo echó al hombro. Más allá descargó el bulto, pero no era para descansar sino para añadirle otro montón de leña que encontró por el camino. Siguió avanzando ya muy fatigado y a la vuelta del camino descargó su pesada carga, pero tampoco era para descansar sino para añadirle otro montón de leña que había aparecido por allí. Y así siguió aumentando una y otra vez el peso de su ya insoportable carga hasta que al fin le salió una hernia en el estómago y se le partió la columna vertebral, por haber abusado de sus fuerzas aumentando imprudentemente la carga que echaba sobre sus hombros.

Y una voz explicó **el significado de esta visión,** diciendo: Esto es lo que hacen los pecadores. Aumentan cada día el número de sus pecados, multiplican sus culpas de impureza, fiados imprudentemente en que sí podrán dejar de cometerlos cuando quieran, sin darse cuenta de que cada vez que aumentan sus pecados disminuyen sus fuerzas para resistir a las tentaciones, y al fin terminan apachurrados por el peso de sus maldades.

**CON CINCO PANES Y DOS PECES
JESÚS DIO DE COMER
A CINCO MIL HOMBRES
Y A UNA MULTITUD DE MUJERES Y NIÑOS,
Y SOBRARON DOCE CANASTOS
DE PEDAZOS.**

DICE JESÚS:

APRENDAN DE MÍ QUE SOY MANSO Y HUMILDE DE CORAZÓN.

CONDICIONES PARA CONSERVAR LA CASTIDAD

Un documento editado en Roma en 1977 aconseja lo siguiente para lograr conservar la castidad:

a) Es necesario **aprender a controlarse; a controlar especialmente los primeros impulsos que se sienten.** Quien se deja llevar por sus impulsos malgasta muchas energías que le iban a servir para triunfar en otros campos. Por ej. hay que dejar de exclamarse a cada rato por todo lo que se ve o se oye. Hay que dejar de acercarse a curiosear todo lo que atrae. Hay que dejar de poner atención a lo que no nos importa... y no acercarse sin más a tratar con quien nos atrae por su simpatía... Si aprendemos a controlar nuestros primeros impulsos, seguramente vamos a ir acumulando mucha fuerza para refrenar después las violentas pasiones y atracciones hacia el mal. No se llega a la castidad sino a base de autocontrol y de negarse a sí mismo.

b) **Hay que cultivar el entusiasmo por la castidad.** Nadie practica con gusto una virtud hacia la cual no siente entusiasmo ni admiración. Es necesario sentir admiración por la virtud de la pureza que tantos y tan grandes bienes y premios nos atrae y que de tantos y tan terribles males nos libra. Si no nos entusiasmamos por la castidad no seremos capaces de practicarla. Por eso San Francisco de Sales repetía: "Hablemos mucho a favor de la castidad y sintamos por ella una gran estimación".

DÉBIL COMO UN CORDERITO Y ATREVIDO COMO UN LEÓN

DE SAN BERNARDO de Claraval (el más famoso santo del siglo doce) dicen los historiadores que, **el secreto por el cual siendo tan débil de salud hizo tantas y tan portentosas obras,** se debe a la inmensa y total devoción que le tenía a la Madre de Dios. Ella le dio fuerzas para llevar a efecto obras muy superiores a las fuerzas que él tenía. (Rops).

Este santo compuso los mejores sermones que se han escrito acerca de la Virgen y andaba repitiendo: "Jesús le dice a su Madre Santísima lo que Salomón le dijo a su Madre Bernabé: "Pídeme lo que quieras que nada te negaré". El enfermo soporta con más paciencia sus dolores cuando la madre está junto a él; por eso en tus momentos de angustia invoca a María, llámala a ella que es Madre dolorosa y que enseña a sufrir por amor a Dios, y te dará fuerzas para resistir tus penas. Cuando Cristo dijo a Juan: "Ahí tienes a tu Madre", no se lo dijo solamente a él, te lo dijo también a ti, porque si una madre tuvimos en el pecado: Eva; una madre tenemos en la salvación: María".

San Bernardo **fue el más famoso orador de su siglo** y tenía que predicar en las plazas porque en ningún templo cabía la gente que deseaba escucharlo. Cuando predicaba acerca de su devoción a la Madre de Jesucristo parecía un ángel y sus palabras tenían una impresionante fuerza que llegaba hasta los corazones más fríos. Él acostumbraba repetir: **"La devoción a la Virgen os ha salvado de muchas desgracias.** Ella ha orado a Dios a favor vuestro y os dice: "Yo os he sustraído de muchas tribulaciones. Sed, pues, agradecidos". "Cuando Ella reza por ti, Dios siempre la atiende".

¿CÓMO SE PUEDE PERDER O DISMINUIR LA FE?

R: La fe se puede perder o disminuir de las siguientes maneras:

a) Por leer libros o revistas materialistas o asistir a películas malas.

b) Por tratar con personas ateas (que no creen en Dios) o asistir a clases o conferencias de gente materialista (por ej. comunistas, masones o descreídos).

c) Por dejar de rezar o de ir a Misa o por no leer nunca nada de la S. Biblia, o de libros religiosos.

d) El medio más peligroso para perder la fe es: **entregarse a los vicios.** Hay dos pecados que apagan mucho la fe: **la impureza y el orgullo.**

Cuando una persona ha caído en estos peligros, debe usar el antídoto, remedio o antiveneno contra los enemigos de la fe: o sea, debe dejar de asistir a películas malas o a conferencias de descreídos, no tratar con quien se burla de la religión, empezar a leer libros buenos, especialmente la S. Biblia, orar mucho, ir a Misa y alejarse de la impureza y del orgullo. Verá que su fe empieza a renacer.

NO DEJES PASAR ESTE AÑO SIN CONSEGUIR Y LEER LA S. BIBLIA: SERÁ EL MEJOR CONSEJO PARA TODA LA VIDA.

LO QUE TODA EMPRESA NECESITA

* Personas que trabajen y no que desaprueben.

* Hacedores y no habladores.

* Individuos que digan "se puede hacer" y no que repliquen "es imposible hacerlo".

* Animadores que inspiren a los demás confianza, y no cuyo oficio sea lanzar un jarro de agua fría sobre todos aquellos que intentan hacer algo bueno.

* Valientes que nos digan lo que está bien y no criticones que nos machaquen lo que esté mal.

* Personas que enciendan una chispa en la oscuridad y no que se contenten con maldecir las tinieblas.

SI USTED TRABAJA PARA UNA EMPRESA...

* Por Dios, trabaje para ella, hable bien de ella y sea fiel a sus intereses.

* Mientras sea parte de la Institución, ¡no la censure ante terceros! Si lo hace, la primera ráfaga de viento contrario que pasa se lo llevará y probablemente usted nunca sabrá por qué...

UN REY QUE PAGA BIEN

Cuentan del rey San Fernando que un día se disfrazó de anciano muy pobre y pasó pidiendo algunas monedas de limosna. Anotaba el nombre de la persona que le ayudaba y la cantidad que le daba cada uno. Al día siguiente invitó a todas aquellas personas a un almuerzo en el Palacio Real, y cada cual **encontró en su puesto en la mesa, cien veces más de lo que le había dado al rey cuando le pidió, vestido de mendigo.**

Cuando lleguemos a la Mesa Celestial en la eternidad encontraremos todo lo que le dimos a Cristo, disfrazado de pobre, pero multiplicado por cien y por mil.

EL CRISTO DE CARTAGENA

En la ciudad de Cartagena hubo un Cristo muy visitado por peregrinos y allí junto a él se obran muchos milagros. Los antiguos narran que la historia de ese crucifijo es la siguiente:

Hace varios siglos iba una noche un hombre por un camino oscuro y de pronto **encontró un pobre herido abandonado en la vía. Sintió compasión y se lo llevó a su casa para atenderlo.** Lo recostó sobre su propia cama y se fue a conseguirle médico y alimentos, pero cuando volvió a ayudarlo, encontró que **sobre el lecho no estaba el pobre herido, sino un hermoso crucifijo** con esta leyenda: "Lo que hicisteis a los demás, a Mí me lo hicisteis". Y ese fué el famoso "Cristo de Cartagena", tan venerado por los peregrinos.

CONSAGRACIÓN Y OFRENDA

Te ofrezco oh Dios mío:
Mis pensamientos para pensar en Ti.
Mis obras para obrar según tu Voluntad.
Mis trabajos para padecerlos por tu amor
y por la salvación de las almas.

Concédeme la gracia de:
Purificar la memoria,
refrenar la lengua,
mortificar los sentidos y
dominar los sentimientos del corazón.

Haz que procure:
Obedecer a los superiores,
atender a los inferiores,
sacrificarme por los amigos,
perdonar a los enemigos
y dar a los demás el trato
que yo quisiera recibir.

Concédeme Dios mío, conocer:
Cuán frágil es lo terreno,
cuán grande lo celestial,
cuán breve lo temporal,
cuán duradero lo eterno,
y cuán digno eres Tú de ser amado con todo
el corazón y toda el alma.

Te lo suplico en el nombre de Jesucristo
Nuestro Señor. **Amén.**

ALGO PARA RECORDAR CADA MAÑANA

Tener fortaleza de ánimo para que nada pueda perturbar mi paz mental.

Hablar de salud, prosperidad y felicidad.

Hacer sentir a mis amigos el alto aprecio en que los tengo.

Pensar solamente lo mejor y esperar solamente lo mejor, trabajar solamente por lo mejor.

Ser tan entusiasta en los éxitos de los demás, como en los propios.

Olvidar los errores del pasado y laborar para el éxito futuro.

Llevar el semblante risueño y mostrarme siempre satisfecho.

Ocuparme lo más posible de mi mejoramiento espiritual de modo que no tenga tiempo de criticar al prójimo.

Trabajo. Ocuparse siempre en algo útil y no desperdiciar el tiempo.

Moderación: Evitar los extremos y no actuar con ira.

Calma: No indisponerse por tonterías, accidentes o problemas.

Castidad: Que el placer esté guiado por el amor y no lleve a perder la paz.

Humildad: Imitar la sencillez de Sócrates y Jesús.

Benjamín Franklin

EL TEOSOFISMO Y EL ROSACRUCISMO

El Teosofismo, fundado por M. Blavastky, en Oriente es una colección de errores gravísimos de herejías atroces, y de afirmaciones gratuitas, sin ninguna base o fundamento. En Colombia un señor llamado Israel Rojas se propuso divulgar todos estos errores con el nombre de ROSACRUCISMO (que es uno de los grados de la masonería), y logró engañar a bastantes personas, especialmente en los campos, en tierra caliente donde la ignorancia religiosa es espantable. Cuando el Rosacrucismo empezó a desacreditarse, vino el señor Víctor Manuel Gómez, en Ciénaga (Magdalena) y con el nombre pomposo de "Samuel Aun Weor" empezó a extender todas estas ideas erróneas con el nombre de **Gnosticismo, o Iglesia Gnóstica".** Se propuso plagiar todas las ceremonias y costumbres católicas, y hasta coloca el nombre de la Virgen del Carmen en sus folletos y una imagen del Corazón de María, para engañar a los incautos. Repite lo que enseña el teosofismo y el rosacrucismo, y le da categoría de divinidad al sexo. Trae blasfemias contra Cristo y la Iglesia, y remeda en sus ceremonias los Sacramentos Católicos. Dice que la Biblia Católica es falsa, y echa contra el Papa y los sacerdotes. Dice errores que a veces producen asco y otras dan ganas de reír, ante tanta ignorancia. El gnosticismo tiene el peligro grandísimo de volver **sumamente engreídos en su falsa ciencia** y orgullosos y llenos de falso aprecio hacia lo poco y falso que saben, a todos sus adeptos. Es más fácil convertir a un Mahometano, (cosa dificilísima) que hacer que deje sus falsas ideas un orgulloso rosacrucista o un gnóstico.

CONDUCTA QUE HA DE OBSERVARSE EN LAS TENTACIONES

(Según San Juan Bosco en su libro "El Joven Instruido").

Lo primero que hay que hacer para no pecar, después de orar con fe al Señor, es apartarse de las ocasiones de pecar. Por eso hay que alejarse de quienes tienen malas conversaciones y de todo espectáculo o representación que vaya contra las buenas costumbres.

Lo segundo para no dejarse vencer por las tentaciones consiste en estar siempre ocupados. San Jerónimo recomendaba: "Que el demonio jamás te encuentre desocupado".

Por eso hay que tener siempre alguna ocupación, algún trabajo, algún deporte o distracción honesta que nos tenga ocupados. Después de hacer bien tus tareas y oficios y de preparar tus próximas lecciones, y de haber ayudado en tu casa en lo más que te sea posible, dedícate a alguna lectura provechosa y amena, o aprender un arte o un oficio que te será útil más tarde; o a arreglar el jardín, o a practicar algún deporte. La ocupación aleja la tentación.

Cuando te lleguen los malos pensamientos no te detengas a darles importancia. Más bien, dedícate a pensar en otros asuntos, y a trabajar y a rezar. Mucho ayuda en los momentos de tentación hacer bien despacio y con devoción la señal de la cruz. Te recomiendo también que para alejar la tentación digas varias veces: "María Auxiliadora, rogad por nosotros".

DECLARACIÓN DE UN MORIBUNDO

A uno que le faltaba muy poco para morir le escuché lo siguiente:

"Mi castidad estuvo en paz y sin incontenibles ataques mientras mis manos no acariciaron a nadie.

Pero el día en que acaricié por primera vez un rostro joven, sentí desatarse una espantosa tormenta en toda mi sensibilidad y nació en mí un insaciable deseo de repetir aquellas caricias. Y después de haber irrespetado 88 personas en mi vida, y de ser horriblemente infeliz por esa mala costumbre, todavía recuerdo la paz deliciosa de que gozaba antes de empezar a acariciar, y la agonía espantable que he sufrido cada vez que les di gusto a los deseos impuros de mis manos. Mi impureza nació y creció por no haber refrenado los deseos de mis manos sensuales".

LA NOTICIA DE UN CONFESOR

El P. Roberto Pardo, gran orador, le decía un día a un penitente que se acusaba de pecar y pecar contra la pureza: "Yo te perdono, Dios te perdona, **pero la naturaleza nunca te perdonará".** Esta frase le impresionó mucho al penitente.

EL PODER DE LOS PENSAMIENTOS

Pedir éxitos a quien sólo espera fracasos es como pedir rosas a una mata de repollos. Quien vive pensando que va a fracasar va creando dentro de sí unas condiciones que le inclinan al fracaso y que se oponen al triunfo.

Nos codeamos con personas que tienen quizás menos cualidades que nosotros y no mayor fuerza de voluntad que la nuestra, y que han triunfado en esto. Y entonces **¿por qué nosotros vamos a tener el "destino" de fracasar?**

La autosugestión de que **"sí puedo triunfar"** es una fuerza poderosa para formar una gran personalidad y para superar cualquier tentación por feroz que sea.

Nadie escapa a la acción de su pensamiento. Todos somos tales como son nuestros pensamientos. Por eso San Pablo recomendaba: **"Piensen siempre en lo honesto, en lo que es puro, en lo que es amable".** Porque si pensamos en lo impuro y en lo odioso, maleamos nuestro carácter y echamos a perder nuestra personalidad.

El pensamiento impuro forma personas impuras. Si tus pensamientos son impuros, tú serás impuro. Cada uno es lo que piensa y lo que ama.

Los malos pensamientos forman una reja que encarcela a la persona, una cadena que le ata al barro del basurero más infame.

FRASES DE GRANDES PENSADORES

Un famoso escritor, al ser felicitado por sus éxitos exclamó: "he sido más afortunado de lo que merezco. Dios sea bendito".

Casi nunca el fracaso es tan grande como la víctima se imagina (Schlínder).

Quien mira al pasado como totalmente perdido es el más infeliz de los mortales (Marden).

Un día que pasa sin una ilusión de hacer o conseguir algo que valga la pena, es un día emocionalmente malo (Smiles).

Nadie se siente feliz si en sus horas libres no siente que hace algo que sea útil (Jagot).

Una felicitación es una flor en el árido desierto de la vida (Schlinder).

De cada fracaso hay que sacar algunas conclusiones útiles (Joubert).

Solamente la perseverancia es coronada con el éxito (Sta. Catalina).

CONDICIONES PARA SABER SI SE TIENE VOCACIÓN

1ª **Cierto aprecio por la eternidad,** y deseo de obtener una eternidad feliz. Que no sólo le atraiga lo que es terrenal y que se acaba con esta vida, sino lo que dura eternamente. A San Luis Gonzaga le ayudaba mucho en su vocación, el preguntarse de vez en cuando: **"¿De qué me sirve esto para la eternidad?**

2ª **El no sentirse plenamente satisfecho con lo temporal y material.** El sentir que lo que es solamente material y terrenal le deja como un vacío en el alma y no le colma plenamente sus anhelos e ideales.

3ª **Cierta facilidad para desprenderse de las cosas materiales por conseguir los bienes espirituales.** Se necesita ser capaz de independizarse un poco de deseo de poseer y tener. No vivir esclavo del poseer y del tener. (Esta santa independencia se irá consiguiendo cada vez más y mejor a medida que la persona vaya progresando en su vocación en la casa religiosa o seminario donde se forma).

4ª **Inclinación a trabajar por la salvación del alma de los demás.** Que no sea una persona que sólo se preocupa de sí misma con egoísmo exagerado, sino que le interese también contribuir a que otras personas lleguen a la santidad y a la salvación.

5ª **Deseo fuerte de salvarse y temor de condenarse.** Esto ha llevado miles y miles de personas a la vida religiosa. La lectura de ciertos libros como los de San Alfonso y San Juan Bosco y otros, produce en el alma un fortísimo deseo de salvarse y un temor de perderse para siempre, y le lleva a consagrarse a Dios por medio de una vocación santa.

ANÉCDOTAS DE SIMÓN BOLÍVAR

El nombre completo del Libertador era: Simón José Antonio de la Santísima Trinidad Bolívar. Y en honor al nombre que llevaba desde su bautismo, Bolívar durante los últimos diez años de su vida costeó de su propio bolsillo la fiesta de la Santísima Trinidad, con toda pompa y esplendor, cada año, en la Iglesia Principal de la ciudad donde tenía residencia.

Al llegar al Cuzco, la ciudadanía le obsequió una valiosísima llave de oro, y el gran general llamando al capellán mayor de su ejército le dijo: "Padre, mande fundir esta llave y que con ese oro hagan una patena para la Santa Misa, porque quiero que en el altar haya siempre un objeto de Bolívar, junto a Cristo".

Cuando los terribles días de la Convención de Ocaña en la cual los adversarios insultaron feamente al Libertador, éste, triste y desilusionado, se vino desde Bucaramanga hacia Bogotá por el larguísimo camino de Chiquinquirá. En la primera parte del viaje Bolívar no dijo una sola palabra. Venía lleno de melancolía y abatimiento. Pero al llegar a Chiquinquirá, entró al templo a visitar al famosísimo y milagroso cuadro renovado de la Virgen. Allí, de rodillas, se estuvo como un cuarto de hora, con las manos sobre la frente. Al quitarse las manos de sobre los ojos, su edecán notó que las tenía empapadas de lágrimas. Más, al salir del templo, todos notaron que Bolívar era otro. Ahora estaba de nuevo alegre y comunicativo.

Y en adelante durante todo el viaje estuvo charlador y jovial. Había ido a contarle sus penas a Nuestra Señora y ella que es "Causa de nuestra alegría", lo consoló.

DIJO JESÚS:

"VENGAN A MÍ TODOS LOS QUE ESTÁN CANSADOS Y ANGUSTIADOS Y YO LOS ALIVIARÉ".

SAN PEDRO Y LA MIRADA DE JESÚS

Después de las tres negaciones Jesús miró bondadosamente a Pedro y éste empezó a llorar de arrepentimiento.

LA PARÁBOLA DEL RICO Y EL POBRE LÁZARO (Lucas 16,19-31)

Había un hombre rico que se vestía de púrpura y lino finísimo y cada día hacía espléndidos banquetes. A su puerta, cubierto de llagas, yacía un pobre llamado Lázaro, que ansiaba saciarse con lo que caía de la mesa del rico, y hasta los perros iban a lamer sus llagas. El pobre murió y fue llevado por los ángeles junto a Abraham. El rico también murió y fue sepultado.

En la morada de los muertos, en medio de los tormentos, levantó los ojos y vio lejos a Abraham, y a Lázaro junto a él. Entonces exclamó: "Padre Abraham, ten piedad de mí y envía a Lázaro para que moje la punta de su dedo en el agua y refresque mi lengua, porque estas llamas me atormentan". "Hijo mío, respondió Abraham, recuerda que has recibido tus bienes en vida y Lázaro, en cambio, recibió males; ahora él encuentra aquí su consuelo, y tú el tormento. Además, entre ustedes y nosotros se abre un gran abismo. De manera que los que quieren pasar de aquí hasta allí no pueden hacerlo, y tampoco se puede pasar de allí hasta aquí". El rico contestó: "Te ruego entonces padre, que envíes a Lázaro a casa de mi padre, porque tengo cinco hermanos: que él los prevenga, no sea que ellos también caigan en este lugar de tormento". Abraham respondió: "Tienen a Moisés y a los Profetas, que los escuchen". "No, Padre Abraham, insistió el rico. Pero si algunos de los muertos va a verlos, se arrepentirán". Pero Abraham respondió: "Si no escuchan a Moisés y a los Profetas, aunque resucite alguno de entre los muertos, tampoco se convencerán".

SECRETOS SICOLÓGICOS

TRABAJA

- SI ERES POBRE TRABAJA. SI ERES RICO: SIGUE TRABAJANDO. Dios vende los triunfos al precio del trabajo (Da Vinci).

- SI TE ABRUMAN PREOCUPACIONES Y ANGUSTIAS: TRABAJA! El trabajo aleja muchas tristezas (S. Felipe).

- SI TIENES ALEGRÍA Y BUEN HUMOR: TRABAJA! Los éxitos se logran trabajando, trabajando mucho.

- ¿SUFRES DECEPCIONES? DISÍPALAS TRABAJANDO! La tristeza y la laboriosidad no logran vivir juntas.

- ¿SE ACABAN TUS ESPERANZAS Y EL ÉXITO PARECE ABANDONARTE? DEDÍCATE A TRABAJAR! "El Señor recompensará a cada uno según el trabajo que haya hecho (Salmo 61).

- CUANDO SE DESVANECEN TUS MEJORES ILUSIONES: DEDÍCATE A TRABAJAR con más perseverancia. "El trabajo es padre de la fortuna" (Franklin).

- T R A B A J A COMO SI ESTUVIERAN EN PELIGRO TU VIDA Y TU FUTURO, que en realidad lo están si no trabajas. "Los que no trabajan son por lo general muy desdichados" (Schlinder).

"Señor hazme instrumento de tu paz.
Donde haya odio, siembre yo amor.
Donde haya injuria, perdón.
Donde haya duda, fe.
Donde haya desaliento, esperanza.
Donde haya sombra, luz.
Donde haya tristeza, alegría.

¡Oh Divino Maestro!
Concédeme que no busque ser consolado,
sino consolador.
Que no busque ser comprendido,
sino comprender.
Que no busque ser amado,
sino amar.

San Francisco de Asís

EL PEOR ERROR DE LA ACTUALIDAD: EL SECULARISMO

El gravísimo y más dañino error que existe actualmente es el SECULARISMO y **consiste en no darle ninguna importancia a Dios, y vivir sin contar para nada con Dios y con sus santas Leyes.**

EL INDIFERENTISMO Y EL MATERIALISMO: son los errores más graves que le pueden suceder a una persona. Indiferente es el que no se le da nada ser de la religión o no ser. "Ni Fa ni Fu, ni chicha ni limonada". El materialista es aquél a quien no le interesa nada lo espiritual ni lo eterno, sino sólo lo material y terrenal. La S. Biblia los llama **"IMPÍOS"**, o sea: Los que no les interesa nada Dios ni sus leyes, ni la eternidad.

Y dice el Libro Santo: "No habrá paz para los impíos" (Isaías) y en el salmo primero dice Dios: "Los impíos serán como basura que arrastra el viento".

Jesús dejó una promesa terrible: "Aquel que se avergüence de Mí delante de la gente de este mundo, yo me avergonzaré de él ante el Padre Celestial y los ángeles", pero a los que no se avergüenzan de practicar la religión en esta tierra, Cristo les dejó la más formidable de sus promesas: "Aquel que me proclame delante de la gente de este mundo. Yo lo proclamaré delante de los ángeles de Dios".

RECUERDE:
DIOS PIENSA EN USTED 24 HORAS CADA DÍA; 60 MINUTOS CADA HORA Y 60 SEGUNDOS POR MINUTO

LA CONVERSIÓN DE: RATISBONA, 1842

Era un poderoso banquero judío. Despreciaba a los católicos. Un día fue a Roma como turista a conocer antigüedades. Se hospeda con una familia en donde le prodigan admirables atenciones. Al despedirse les dice: "pídanme un regalo. Quiero hacérselo, aunque sea costoso". Entonces el jefe del hogar le responde: "Mira Tobías: yo Teodoro Bussiere, era protestante. Me volví católico y me encuentro feliz en mi religión. Mi más grande amor después de Dios, es la Virgen María. El único favor que te pido es éste: llevar al cuello esta medallita de la Virgen que te regalo" El judío aceptó solamente porque le daba pena disgustar a esta familia que lo había atendido tan maravillosamente. Como hombre caballeroso que era, llevaba su medalla con mucho respeto. Poco después entró a conocer la Iglesia de San Andrés. Y mientras observaba un altar sintió que todo lo demás desaparecía frente a él quedaba solamente una imagen de la Virgen llena de luz y de dulzura. **La Madre Santísima lo saludó sonriente y desapareció.** Ratisbona cayó inmediatamente de rodillas y se echó a llorar. Se convirtió al catolicismo, y dedicó el resto de su vida a convertir judíos al cristianismo y a propagar la devoción a la Madre de Dios. Fundó en tierra Santa una comunidad religiosa para este fin.

RESPUESTAS DE LA VIRGEN A UN GRAN AMIGO SUYO

San Alonso Rodríguez, el sencillo jesuita que se hizo santo haciendo de portero por 40 años en un colegio (y que envió a Colombia a San Pedro Claver) en una visión le dijo a la Santísima Virgen: "¿Ah, si tú me amaras como yo te amo?". Y oyó que Nuestra Señora le decía: "¿Qué dices Alonso? Entre lo que tú me amas y lo que yo te amo hay tanta desproporción como de la tierra al cielo. Yo te amo mil veces más de lo que me amas tú".

CUANDO SU PRÓJIMO...

Cuando su prójimo NECESITE UN FAVOR,
no se lo niegue si puede hacerlo.
Cuando su prójimo LE QUIERA HABLAR,
escúchelo.
Cuando su prójimo ESTÉ ENFERMO,
visítelo.
Cuando su prójimo ESTÉ EN PELIGRO,
protéjalo y defiéndalo.
Cuando su prójimo SE ENCUENTRE TRISTE,
consuélelo.
Cuando su prójimo SE EQUIVOQUE,
corríjalo con cariño.
Cuando su prójimo LE PIDA ALGO PRESTADO,
ayúdele si puede.
Cuando su prójimo ES CALUMNIADO,
defiéndalo.
Cuando su prójimo LE OFENDA,
perdónelo.
Cuando su prójimo LE QUIERA DISCUTIR,
no le discuta.
Cuando su prójimo SE MUERA,
rece por su eterno descanso.

ORACIÓN PARA HORAS DE TENTACIÓN

Este es el famoso capítulo 29 [L,3] del bello libro: "Imitación de Cristo"

Que tu nombre sea bendito eternamente Señor Dios mío, porque permitiste que me llegara esta tentación, que me humilla y me hace sufrir. No logro alejarla de mi mente. Necesito refugiarme en Ti por medio de la oración, para que me ayudes y cambies en bienes mis males.

Señor: tengo aflicción y mi corazón sufre, porque ésta pasión me acosa mucho.

¿Y qué diré amado Padre Celestial? El combate arrecia. "Sácame triunfante de esta hora" (Jn. 12,27).

"Más para esto llegué a esta hora" (Jn. 12). Para que tú seas glorificado cuando yo haya sufrido profunda humillación y reciba luego liberación de parte de Ti. "Líbrame Señor con tu misericordia" (Salmo 39) porque yo pobre y miserable "¿qué haré y a dónde iré sin Ti?".

Señor: concédeme paciencia y fortaleza, esta vez y siempre. Ayúdame Dios mío para que no tenga que seguir sufriendo derrotas, por más fuertes que sean los ataques de los enemigos de mi salvación y de mi santificación.

¿Qué diré entonces? "Señor hágase tu voluntad" (S. Mateo 6,10).

LOS REMEDIOS DE PÍO DOCE

Este sabio Pontífice que se ganó la admiración universal por su inmensa sabiduría, recomendaba los siguientes remedios para vencer las tentaciones:

a) Es necesario **no aceptar ni aún mentalmente el pecado.** No consentir ni siquiera con el pensamiento, lo que va contra la castidad, y alejar de nuestra vida y de nuestro comportamiento, con toda energía, todo lo que pueda manchar esta bellísima virtud.

b) **En esta materia toda diligencia es poca,** y ninguna severidad es excesiva. Nada nos puede dispensar de vigilar y estar alertas, y de mortificar nuestros pensamientos y deseos, palabras y acciones.

c) Los santos enseñan que para superar las tentaciones y los atractivos del pecado hay que huir de todas las ocasiones de pecar. San Jerónimo dice que en castidad es preferible huir que presentar batalla.

d) **Gravísimo error sería afrontar el riesgo.** El tratar de poner a prueba la propia castidad es destrozarla. El que ama el peligro, en él perece. No se puede leer de todo, y ver toda película y tratar con cualquier clase de personas y querer ser casto. "No me digas que tienes el alma pura si tus ojos ven lo impuro y si vives tratando con gente impura. ¿Qué jardinero expone a altas tempestades una plantica débil?, dice San Agustín. El pudor hace adivinar el peligro y no exponerse a él. Hay que evitar las ocasiones a las cuales se exponen los imprudentes

LE SUCEDIÓ A UN GRAN SABIO

Larrigou Lagrange es uno de los sabios más importantes que la Iglesia Católica tuvo en el siglo veinte. Sus libros muy famosos han servido de texto en muchas universidades. Y este sabio de fama mundial **cuenta lo siguiente:**

"Cuando empecé a escribir acerca de la Madre del Salvador, me inclinaba a venerar y a amar a la Virgen Santa por un sentimiento de piedad y amor filial En la segunda etapa al darme cuenta de algunas dificultades y de las dudas de algunas autores me volví menos categórico (categórico es el que afirma sin dudar). En un tercer período, como tuve tiempo y oportunidad de profundizar en los estudios acerca de la Virgen, volví a mi primer punto de vista, ya no sólo por un sentimiento de piedad y admiración filial, sino con conocimiento de causa, al darme cuenta por los testimonios de la Tradición muy antigua y por la profundidad de las razones teológicas, **que las gracias y cualidades de María,** la Madre del Redentor, **son mucho más ricas y preciosas de lo que se piensa.** Y ahora, como teólogo lo que afirmo acerca de Ella, lo digo no sólo porque es hermoso y porque es generalmente admitido por la Iglesia, sino porque estoy absolutamente convencido de que todo ello es totalmente cierto".

¿QUÉ FUERA DE MÍ SIN ELLA?

Santa GEMMA GALGANI recordando los años de su niñez exclamaba: "Qué bien se ha portado conmigo esta Madre Celestial! ¿Qué hubiera sido de mí sin Ella? Siempre ha venido a solucionar mis dudas espirituales. Me ha librado de tantísimos peligros, me ha salvado de tantas asechanzas del demonio. Oh, querida Madre, te amaré siempre hasta el último instante de mi vida porque si he logrado perseverar en el amor de Dios ha sido por tu ayuda poderosa y amable que nunca me ha faltado".

PRINCIPIOS PARA ATRAER SIMPATÍAS

Ante todo propóngase, con vigorosa decisión, aumentar su capacidad para tratar con la gente. Lea libros al respecto, pero léalos detenidamente, lápiz en mano, subrayando lo que más le gusta, para volverlo a leer luego. Deténgase de vez en cuando en la lectura para pensar en lo que está leyendo. Y trate de ir aplicando en su vida práctica lo que ha leído. Sólo el ir practicando hace que su lectura se vuelva útil.

Observe cómo tratan a los demás ciertas personas que son simpáticas. Y trate de seguir por esos caminos en cuanto de Usted dependa.

Recuerde que el buen trato es cuestión de hábitos. No basta con proponer, ni con leer. Es necesario ejercitarse en tratar bien, hasta que se adquiera ese buen hábito. Va a ser él quizá, el más provechoso de todos los hábitos que Usted adquiera.

Cada vez que se vea ante un problema especial por ej.: corregir a otro, convencer al cónyuge acerca de alguna opinión, atraer a un cliente irritado, etc. vacile antes de hacer lo acostumbrado, eso es generalmente un error. En cambio recuerde lo que acerca del buen trato ha estado aprendiendo, ponga en prueba esos nuevos métodos, y comprobará qué resultados mágicos le van a proporcionar.

(Dale Carnegie en el libro "Cómo ganar amigos")

ADAGIOS

Ilusión: Es imaginar gente sin defectos... En el fondo de los arroyos más cristalinos hay lodo... en el centro de las más ricas frutas puede haber gusanos... y en el corazón mejor formado puede haber todavía egoísmo, hipocresía y frialdad hacia los demás. **(Joaquín Borda)**

Si le concedes a tu cuerpo y a tu egoísmo la satisfacción de tus pasiones y de tus malos deseos, te harás la burla de los enemigos de tu alma. **(S. Biblia Ecl. 18,31)**

Lo que el enemigo de tu alma te presenta en la tentación como algo lleno de dulzura y agradabilidad, lo cambiará después en hiel más amarga que el ajenjo. Al hacerte pecar por prometerte un gozo engañoso del cuerpo, te roba el gozo cierto del alma. **(S. Bernardo)**

A las gentes las ganaremos más con la amistad y la amabilidad que con las discusiones. Más moscas se cazan con una cucharada de miel que con un barril de hiel. **(S. F. De Sales)**

Lo que no hacemos inmediatamente cuando nos viene la idea de hacerlo, puede ser que ya no lo hagamos nunca. El 90% de lo que pudimos hacer y no hicimos, fue porque no lo hicimos inmediatamente.

1 DE JULIO

LAS LEYES DEL VERDADERO AMOR

1. El verdadero amor llega a ser amistad. Y “amistad es amarse en calma”, sin agitación. Amor no es pasión, ni obsesión, ni excitación. Amor es apreciarse, estimarse, desear siempre lo mejor para el otro. Amor es dignidad. ¿Sabemos qué es dignidad? Según Santo Tomas “dignidad es sentir un gran respeto hacia uno mismo y hacia la otra persona”.

2. No buscar como modelos personajes de novela de cine o TV, o extraordinarios. Lo que se necesita para ser feliz no es un “príncipe azul” o una “Miss Universo”. Lo que se necesita es a alguien que sea equilibrado, que tenga “buena personalidad”, un ser comprensivo, que sepa tener un poco de paciencia con los defectos del otro, capaz de dialogar. No hace falta ser rico ni sabio, ni tener gran hermosura para hacer feliz al cónyuge. No! Nunca!

3. La alegría, la paciencia, el optimismo y el modo jovial de ver la vida, son los ingredientes que conservan y aumentan siempre el amor. Saber reír a gusto y ver más las cualidades de las personas y de la vida, que los defectos.

4. Quien sabe callar, sabe amar. Quien mucho habla, mucho peca. Por la boca muere el pez. En muchos hogares ha muerto el amor porque uno de los dos no supo callar a tiempo.

APRENDER DE LAS NEGACIONES DE SAN PEDRO

Pedro cuando negó ya había oído que Cristo le prometía: "Sobre esta piedra edificaré mi Iglesia", y sin embargo no se atrevió a declarar en público que era discípulo de Jesús. Y tú, ¿qué promesas has recibido para que te jactes de lo que no eres capaz de hacer?

Tienes que decir con el santo profeta David: "Oh Señor, **no alejes de mí tu Santo Espíritu". Como Pedro puedes negar,** pero también **como él puedes reparar** con el llanto de tu arrepentimiento, y conseguir la corona.

Tienes qué repetir: "No me dejes Señor, caer en la tentación". Para que Él te haga el favor que hizo a Pedro: "Yo rogaré por ti, para que tu fe no desfallezca, y confirmes a tus hermanos".

Los humildes presumieron de Ti, oh Señor, y **triunfaron. Los orgullos presumen de sí mismos y fracasan.**

Como Pedro, págale a tu Dios con repetidas demostraciones de amor, las negaciones que le has hecho en los malos momentos de tu vida.

Pedro es la prueba de que por nosotros mismos no somos capaces de ser buenos. Si nos viene la arrogancia como a Pedro, nos vendrán las negaciones como a él.

Quiso hacerlo todo él y nada pudo. Recuerda tú, que me escuchas, que **aunque parezca que la barca de tu vida ha llegado a lagos tranquilos, allí también te pueden esperar grandes tempestades** (San Agustín).

EJEMPLO DEL QUE DECÍA QUE LA RELIGIÓN NO SIRVE PARA NADA

En un bus un hombre comunista decía: "La religión es lo más inútil que existe. Los curas no sirven para nada. Lo único que sirve es lo económico". Y al bajarse del bus en una calle solitaria lo siguió otro pasajero y, revólver en mano, le dijo en la oscuridad de la noche: "Entregue todo lo que tiene que lo voy a matar". El comunista, temblando, le dijo: "Por favor no me mate, que soy padre de cinco hijos". Y el otro le dijo: "¿Sabe por qué no lo mato ni le robo? Porque la religión y los curas me enseñaron que Dios prohibe el asesinato y el robo. ¿Se da cuenta de que la religión sí sirve y sí es útil?" y desapareció. Entonces el comunista se fue a la casa pensando: "Verdad que la religión sí es muy útil. Si ese hombre no creyera en Dios me habría quitado mi vida y mi dinero".

¿CUÁLES SON LOS ERRORES QUE ENSEÑAN LOS TESTIGOS DE JEHOVÁ?

He aquí la lista de errores de esta secta:
¡Dicen!:
- Que No existe la Santísima Trinidad.
- Que Jesucristo no es Dios.
- Que el Espíritu Santo no es persona.
- Que la Virgen María no es Madre de Dios.
- Que la Virgen María tuvo más hijos (algunos hasta fijan el número de hijos que tuvo: ¡¡¡9!!!).

Como se ve, es **muy peligroso aceptar las enseñanzas de los Testigos de Jehová, cuando lleguen a su casa.**

PELIGROS DEL ALCOHOL

La persona cuando ha tomado bebidas alcohólicas comete acciones de las cuales tendrá que avergonzarse después toda la vida. Hay papás que irrespetan hasta a sus propias hijas, cuando están tomados. Muchos jóvenes y hombres mayores dignos y muy cuidadosos, que jamás pisarían en sano juicio una casa de citas, sin embargo cuando están borrachos van con mucha facilidad a las casas de prostitución. Allí les roban todo el dinero que tienen y les prenden temibles enfermedades. Estos desastres les vinieron por haber tomado. En la borrachera, las pasiones se desencadenan locamente y entonces **el hombre se vuelve más agresivo** para obtener lo que la pasión le inspira, **y la mujer se vuelve más débil** para dejarse seducir. Por eso el tomar licor es un incentivo que excita hacia la impureza. Con razón el Libro Santo recuerda que "el licor y la castidad no andan jamás juntos".

El ejemplo del prestidigitador. Un prestidigitador hipnotizaba a un tigre, y cuando el tigre estaba hipnotizado, con la bocaza abierta, el hombre metía su cabeza dentro de las fauces de la fiera, y contaba hasta diez. Y el feroz animal no cerraba la boca, porque estaba hipnotizado. Pero un día, el prestidigitador, cometió el error de tomarse un trago de Whyskie antes de hipnotizar al animal, y cuando el hombre apenas había contado hasta cinco, el tigre se despertó y se lo tragó. Es que el cerebro del hipnotizador se había debilitado, y había perdido fuerza a causa del licor. Eso mismo sucede en cuanto a la pureza. El cerebro pierde dominio sobre los instintos sexuales, y éstos se vuelven feroces, como tigres.

FRASES DE SABIDURIA

Cualquier burro puede destruir a patadas un establo. Pero para construirlo se necesita ser un buen carpintero. No nos gloriemos jamás de destruir sino de construir. **(Vilariño)**

No andemos contando a los demás nuestros problemas. A la mitad de la gente no le interesan, y la otra mitad se alegra o nos desprecia. **(Smiles)**

La persona de carácter, bien disciplinada, se contenta con poca alimentación, y prefiere levantarse de la mesa con un poco de hambre, en vez de comer hasta indigestarse. El no comer con exceso evita molestias y pesadillas durante el sueño. **(Ecl. 31,22)**

Señor: dadme una gran dosis de amor para vivir mi vida y una gran dosis de fe para aceptar mi muerte.
(José Eusebio Caro)

San Juan Vianey hizo una peregrinación a un santuario para volverse más inteligente. Y el buen Dios no le aumentó la inteligencia pero sí **le dio un gran gusto por el estudio** y así pudo terminar la carrera que ya creía imposible terminar. Es que el Señor a veces no da lo que se le pide, pero sí da lo que conviene. **(Irribaren)**

TODO LO DEMÁS SERÁ INÚTIL SI NO SE CONSIGUE UNA CUALIDAD MUY ESPECIAL

Aunque se colocaran ejércitos espirituales alrededor de una persona para defenderla en castidad, de nada servirían, si no se le ha formado una **Voluntad Fuerte.**

La victoria es de Dios pero Él se la regala a los valientes. El éxito puede estar a la próxima vuelta del camino, pero hay que nadar unos metros más sin desanimarse por la fuerza de las olas contrarias o por las caídas en el abismo o por los ataques de los enemigos de la pureza. **"Quien perseverare hasta el fin, ese se salvará",** decía Jesucristo (S. Marcos 13,13).

Es lo que decía un campesino experimentado cuando alguien le preguntó qué era mejor hacer cuando un toro bravo atacaba para cornearlo: el viejo sabio le respondió: si quiere librarse de un peligro tan mortal tiene que hacer estas dos cosas: **rece mucho a Dios para que lo libre de tan terrible peligro, y corra mucho, para que el toro no lo alcance".** Fórmula sabia para librarnos de la fiera de la impureza: pedir sin cesar la ayuda del Altísimo y poner por nuestra parte todos los esfuerzos posibles de nuestra buena voluntad. Es una fórmula que no falla nunca. Rezar y correr. Pedir ayuda pero ayudarse uno también.

TRABAJAR COMO SI TODO DEPEPENDIERA DE NOSOTROS, Y REZAR COMO SI TODO DEPENDIERA DE DIOS

(San Ignacio)

PENSAMIENTOS

El mejor modo de llegar a Dios es arrodillándose. **Ciertos problemas solamente se resuelven de rodillas.**

(P. Luis Bonilla)

Una nueva energía se almacena en nuestra personalidad cada vez que dedicamos ratos a la reflexión, sobretodo si acudimos a Dios en busca de ayuda y pedimos al cielo sus luces y sus mensajes. **(García-Salve)**

Orar es clamar al cielo y el cielo no es de bronce. Siempre hay una respuesta generosa de Dios a nuestras plegarias.

(Marmion)

No seas precipitado en tu hablar. Que sean pocas tus palabras. **(Eclesiastés 5,1)**

Cuando uno no desea hacer algo, tiende a dejarlo para más tarde. Pero si se empieza ya a hacerlo, esa tarea empieza a entusiasmarlo desde el momento en que la comienza. **(Jagot)**

El sacrificio más provechoso para una persona es esforzarse por cumplir los mandamientos de Dios y por no pecar. **(Ecl. 35,1)**

Tú dices: "Es mi temperamento, yo no puedo cambiar, yo no soy capaz de no ser asi" . ¿Pero dirías lo mismo de un terrerno estéril al cual puedes abonar y regar?

(Eymi, en el libro El Domino de sí mismo).

8 DE JULIO

DIEZ OPINIONES DE GRANDES PENSADORES

1ª **Todo pensamiento amable** a favor de los demás aumenta la agradabilidad de nuestro rostro (Lacordaire).

2ª Cada uno ante la vida es UN VENCEDOR O UN VENCIDO, según sea alegre y optimista o triste y pesimista (Joubert).

3ª UN SANTO TRISTE ES UN TRISTE SANTO (Sta. Teresa).

4ª El triste o es malo o está malo (S. Juan Bosco)

5ª Pocas desventuras hay tan grandes como la falta de alegría (Quevedo).

6ª SERÍA UN INGRATO QUIEN DIJERA QUE EN SU VIDA HAY MÁS TRISTEZAS QUE ALEGRÍAS. Lo que pasa es que lo alegre se olvida pronto y lo triste no. (S. Juan Crisóstomo).

7ª Después del pecado NO CONOZCO NINGÚN OTRO MAL MÁS DAÑOSO QUE LA TRISTEZA (S.F. de Sales).

8ª Para los que hacen el bien habrá gloria y honor y paz. Para los que hacen el mal, tristeza y angustia vendrán (S. Pablo).

S

9ª Si tienes paciencia en un momento de contradicción, evitarás después muchas horas de tristeza (Og. Mandino).

10ª La conciencia a los culpados
castiga tan pronto y bien
que hay pocos que no estén
dentro de su alma ahorcados (Campoamor).

"ESTAD SIEMPRE ALEGRES.
Si alguno está triste: ore" (S. Biblia).

Hay un libro especial para obtener alegría. Su título es:
"100 FÓRMULAS PARA LLEGAR AL ÉXITO"
Por E. Sálesman
su lectura hace mucho bien

NOVENA DE LAS TRES AVEMARÍAS

Oh María, a tu corazón de Madre yo vengo a confiar (decir qué persona, qué favor, qué necesidad). Me entrego a tu poder...

Confío en tu sabiduría... Me abandono a tu misericordia... Madre de Dios, Tú bien puedes socorrerme.
(Dios te salve María)

Madre mía, Tú sabes cuánto lo necesito.
(Dios te salve María)

Descanso en la ternura de tu amor.
(Dios te salve María)

Oh María tu corredención todo lo merece. Tu mediación todo lo alcanza. Tu amor de Madre todo lo compadece. (Dios te salve Reina y Madre...)

Dulce Corazón de María, sé la salvación del alma mía (tres veces).

OH MARÍA

En las tentaciones y enfermedades, fortalécenos.

En las tristezas y angustias, consuélanos...

En los momentos difíciles y en los peligros, defiéndenos.

En la hora de la muerte, asístenos y llévanos al cielo para siempre. **Amén.**

REFLEXIONEMOS

PIENSE, PIENSE...

P. Jaramillo P.

A los gravísimos males que afectan a nuestra patria, hay que agregar el repugnante vicio de la impureza que ha invadido todos los estamentos de la sociedad.

Lo más grave es que, ahora, pública y privadamente se trata de justificar el pecado impúdico, alegando que la incontinencia es una exigencia del cuerpo humano, que obedece a un desahogo de la naturaleza. Así lo hacen muchos medios de comunicación (cine, televisión, radio, revistas, etc.); la ley de la instrucción sexual (impuesta por el gobierno en las escuelas y colegios), sin referencia alguna a la moral; la desaforada propaganda oficial al condón, que es propia de los más bajos prostíbulos, etc.

La verdad es que la impureza, más que ninguna otra pasión, degrada al ser humano y lo convierte en vil esclavo de los instintos mas brutales.

Nuestro Señor Jesucristo afirma en el Evangelio que ni los adúlteros ni los fornicarios, ni los deshonestos entrarán en el Reino de los Cielos. En la carta a los Romanos S. Pablo llama a la impureza: "ignominia, acción detestable, delito pésimo y abominación". Y a los Efesios les dice que de la impureza ni siquiera debe hablarse... La lujuria ocasionó el diluvio universal y la destrucción de las ciudades de Sodoma y Gomorra.

Por la impureza de Sardanápalo se destruyó la monarquía de los asirios. Baltasar con su lascivia acabó con el reino de los caldeos; la deshonestidad de Cleopatra arruinó el imperio de los egipcios; la corrupción extremada de los Césares hizo perecer el gran Imperio Romano; los vicios impuros arruinaron la maravillosa civilización griega. La impureza trae castigos de Dios.

PLAN DE VIDA

1º Camina alegre entre el ruido y la prisa, y piensa en la paz que se puede encontrar en el silencio.

2º En cuanto sea posible, y sin renunciar a tus convicciones, mantén buenas relaciones con todos.

3º Escucha con atención a los demás, aun al torpe e ignorante, que también ellos valen mucho.

4º Aléjate de las personas negativas, ruidosas y agresivas, porque te pueden contagiar su mal espíritu.

5º Si te comparas con los demás adquieres orgullo o desánimo, porque siempre habrá quien te supere y quien tenga menos cualidades.

6º Disfruta de tus éxitos y agradécelos al Señor. Mantén el interés por tu profesión, porque ella es tu verdadero tesoro. Allí están tus futuros triunfos.

7º Sé prudente en tus negocios. El mundo está lleno de engaños y peligros. Pero tampoco andes dudando de todo y de todos. Hay más gente buena de la que tú crees.

8º Acepta con respeto el parecer de quienes tienen muchos años y consulta con interés también el parecer de la juventud. Lo viejo y lo nuevo dan sabiduría.

9º Cuidado con demasiada soledad, demasiada fatiga o demasiado afán. Muchas angustias y enfermedades nacen de estos tres excesos.

10º Procura estar en paz con Dios, vivir en paz con tu prójimo y conservar la paz de tu alma. Esto te ayudará a ser plenamente feliz.

(Placa de una antiquísima Iglesia)

REFLEXIONES DE SAN AGUSTÍN ACERCA DE LAS NEGACIONES DE SAN PEDRO

"Te seguiré a donde vayas", dice el apóstol. Veía sus propios deseos pero no veía lo pocas que eran sus fuerzas. El enfermo se jactaba de su voluntad, el Médico veía su debilidad. **El uno prometía** (Te seguiré a donde vayas). **El otro preveía** (me negarás tres veces). A cuánto nos atrevemos los humanos mirando sólo a nuestra voluntad y deseo, e ignorando u olvidando nuestra gran debilidad.

Óyeme bien, cristiano presumido: eso es lo que tú eres. Antes de que el gallo cante ya puedes haber negado tres veces a Cristo. Tú que imaginas empresas tan grandes, siendo en realidad tan miserable.

Pedro presumió en su corazón. Creyó demasiado en sí mismo. Se atribuyó triunfos que no era capaz de conseguir, y **si no hubiera sido abandonado, un poco de tiempo por aquel que lo dirigía, no habría comprendido que nuestra fortaleza solamente viene de Dios.**

Amargo es el recuerdo de la negación, pero dulce la esperanza del perdón. Si no hubiera presumido no hubiera sido abandonado, pero **al ser abandonado aprende a no presumir.** Dios tiene antipatía a los que presumen de sus propias fuerzas porque eso es una mentira, y Dios es Verdad. **Y como médico, raja ese tumor con fuertes pinchazos, para que se desinfle el orgulloso de la pus de la presunción.** Este pinchazo causa dolor pero trae salud.

DIARIO DEL ÁNGEL DE UN NIÑO QUE NO PUDO NACER

5 de enero: Hoy ha empezado una nueva vida. Es un ser más pequeño que la punta de un alfiler. Pero ya es personita. Todas sus características físicas y sicológicas están determinadas. Por ejemplo: tendrá los ojos del papá y la sonrisa de la mamá.

21 de enero: Hoy aparecieron sus venas y su sangre. Tiene la forma de una coma (,) en este momento mide dos milímetros. Está adherido a la pared del vientre materno. Y se alimenta con la sangre y las energías de la mamá.

25 de enero: Su boca acaba de formarse. Dentro de dos años podrá hablar. Sus padres se inclinarán sobre su cuna y las primeras palabras que estos labios van a pronunciar serán: "¡Papá mamá!".

29 de enero: Desde hoy su corazón empieza a palpitar y no dejará de hacerlo hasta el fin de sus días. ¡Qué maravilla! Este niño podrá amar a Dios con todo su corazón.

22 de febrero: La mamá ha sentido ya hoy el movimiento de su hijo en su vientre. ¡Debió de ser una gran alegría para ella! La criatura mide ya 12 ctms.

5 de marzo: Se ha definido su sexo. Será un hermoso niño, orgullo de la familia, quizá un héroe de la Patria o un gran científico, o ¡un santo! Quién sabe.

26 de marzo: Hoy la mamá, con el consentimiento del papá y de otros... ha asesinado al niño dentro del vientre materno por medio del ¡¡¡ABORTO!!! ¡Es el mas terrible crimen.!

UN CAPÍTULO IMPRESIONANTE

En el Libro de los Proverbios **hay un Capítulo impresionante acerca del peligro horroroso que es encontrarse con una mujer fácil. Es el capítulo 5.** Dice:

"Hijo mío: te recomiendo que prestes atención a mi sabiduría y a mi prudencia que te van a enseñar cosas que te pueden hacer reflexionar muy útilmente. **Cuídate mucho de la mujer fácil.** Sus labios parecen que destilan miel, pero lo que producirán será algo más amargo que el ajenjo, y más hiriente que espada de dos filos. Si sigues sus pasos, ellos te llevarán a la muerte de tu alma y al abismo de la desgracia. Óyeme hijo: no te acerques a la casa de la mujer fácil. Porque te pueden venir penosas consecuencias como perder tu honor y caer en manos de gentes muy crueles. La amistad con ella puede hacer que tus bienes vayan a manos de personas extrañas, y pierdas el fruto de tus fatigas; y al final tendrás que gemir, llorar y lamentarte, y **tu cuerpo y tu carne pagarán las consecuencias.** Y tendrás entonces que decir: **"Desdichado de mí: desprecié los consejos y avisos que me dieron, y ahora soy plenamente desdichado;** me han llegado las desgracias y he perdido mi honor y mi buena fama entre la gente". **No se te olvide que todo lo que haces está presente y claro ante los ojos de Dios.** Él vigila toda tu conducta. Quien comete maldades de impureza, recibirá el castigo de sus propias maldades; el pecado lo enredará en sus trampas; perecerá por su falta de prudencia, y **por no haber hecho caso a los avisos prudentes se perderá"** (Proverbios 5). Lecciones dignas de volverlas a leer y releer!

PENSAMIENTOS PROVECHOSOS

Dolor, insomnio, fatiga, pesadillas, cólicos y vómitos le esperan a quien come demasiado. **(Ecl. 31,24)**

El Espíritu Santo enviará Mensajeros de intranquilidad y voces de alarma para que los creyentes no nos convirtamos en momias de museo que no progresan en lo espiritual y que se contentan con dormir sobre los laureles del pasado.

(García Herreros)

Jesús, con **un equipo de tercera categoría** (once pobres pescadores) ganó el Campeonato espiritual del mundo, porque tiene **un maravilloso entrenador** que le prepara muy bien a sus seguidores: El Espíritu Santo.

(Wilkerson)

Si has comido demasiado y te vienen molestias durante la noche, levántate, haz un poco de gimnasia y sentirás muy buen alivio. **(Ecl. 31,25)**

Aquel hombre no leía cinco minutos diarios la Biblia porque el único tiempo libre que tenía era el de después de almuerzo y le habían dicho que hace daño leer después de comer. Entonces esa media hora después de almuerzo la dedicaba a... leer el periódico. **Cada uno tiene tiempo para lo que quiere, y no tiene tiempo para lo que no quiere.**

Ninguna obra de importancia puede llevarse a cabo sin abnegación o sacrificio. **(Eckard)**

EL PITO DE FRANKLIN

Uno de los fundadores de la nación norteamericana fue Benjamín Franklin. Él cuenta que de pequeño pagó cinco veces más de lo debido por un pito, para darse el gusto de recorrer la casa pitando. Pero que **el gozo que experimentó pitando aquella mañana fue muchísimo menor que la pena y tristeza que sintió los días siguientes al pensar la cantidad tan exagerada que había pagado por aquel pito...** Algo parecido les sucede a muchas personas: el gozo que sienten al satisfacer sus pasiones sensuales resulta muchísimo menor que las tristezas y sufrimientos que tienen después al considerar las costosas consecuencias que les traen sus pecados de impureza.

Nos conviene en el día de hoy por el afán de satisfacer la sensualidad, **enturbiar el agua de los recuerdos y de las consecuencias que tendremos que beber el día de mañana y muchos días más.** Mejor no darse ese gusto, pero no quedarse con la tristeza de haber pagado demasiado por él. El pecado trae altos costos al alma, y es un gasto inútil.

"Pecadores: reconozcan la miseria a que los ha llevado el pecado, y llórenla" (Santiago 4,8).

PECAR:
REÍR SÓLO UN MOMENTO
PARA LLORAR DESPUÉS
TODA UNA VIDA

JESUCRISTO
CAMINO VERDAD Y VIDA

Me llaman camino:
Sigan mis buenos ejemplos
Me llaman verdad:
Cumplan mis instrucciones
Me llaman vida:
Reciban mi cuerpo en la Eucaristía.
Me llaman Maestro:
Aprendan y practiquen mis enseñanzas.
Me llaman luz:
Pídanme que les ilumine y les guíe.
Dicen que soy justo:
Prepárense para el Juicio que les espera.
Dicen que soy todopoderoso:
Crean que sí les puedo resolver sus problemas.
Dicen que soy sabio:
Déjense guiar por mis consejos.
Dicen que soy rico:
Pídanme con más confianza cuanto necesiten.
Dicen que soy eterno:
Crean que los espero en el cielo.
Dicen que soy misericordioso:
Recuerden que quiero perdonarles sus maldades.
Dicen que soy bondadoso:
Aprendan de Mí a ser amables con todos.

Con amor eterno los he amado y los seguiré amando

LA CARTA DE UN MUERTO

(Carta encontrada en el bolsillo de un soldado muerto en la última guerra). Muchos soldados fueron ateos a la guerra y volvieron creyentes.

"Mira Dios: Yo nunca he hablado contigo, pero ahora quisiera decirte: "¿Cómo estás?". Sabes Dios, me decían que no existías tú, y yo de tonto lo creía todo. Pero en estos meses desde las zanjas de las trincheras en el campo de batalla, vi tu firmamento ¡y comprendí! Que me habían mentido!

Si antes de venir aquí me hubiera detenido a contemplar las cosas que Tú has hecho, hubiera comprendido que los malos me estaban engañando. Dios: ¡quisiera saber si estrecharás mi mano! No sé, pero siento que me comprenderás. Es extraño, ¡pero he tenido que venir a este infierno de batalla para saber que sí existes! ¡Soy feliz de haberte conocido!

Va a sonar la señal de ataque. ¡Te amo inmensamente! Quiero que lo sepas. No temo porque sé que Tú estás cerca. Quizá esta noche llegue a tu casa. Quisiera saber si me estarás esperando. Pero... ¡si estoy llorando! Dios: me gustaría haberte conocido desde hace muchos años. ¡Sonó la señal! Dios: desde que te conocí no temo la muerte. Hasta luego, mi Dios... ¡te amo!".

"Estén preparados, dijo Jesús, porque a la hora que menos piensen vendra el Hijo del Hombre" (Lc. 12,40)

No tengo que quedarme mirando lo que ya pasó ni lo que aún no ha llegado, sino mirar hacia lo alto y pedir auxilios celestiales. (Treviño).

HECHOS MUY DICIENTES

Teddy Green, famoso gangster de Estados Unidos, que asaltó muchos bancos y se fugó de muchas cárceles, al fin, en una terrible prisión, recibió de un policía una Biblia, y la lectura de este libro cambió por completo su vida. Oigamos sus textuales palabras: "La lectura de la Biblia produjo en mí una profunda transformación, convenciéndome de la necesidad de respetar la ley y de vivir en armonía de mis semejantes". Y fue tal el cambio de su vida, desde que empezó a leer este libro sagrado, que la justicia le concedió libertad condicional, y ahora es uno de los más populares vendedores de autos Ford.

A Bernard, el que trasplantó el primer corazón humano, le preguntaron cuál era su lectura favorita, y él respondió: "Mi libro favorito siempre ha sido la Biblia. Y de ella el pasaje que más me gusta leer es aquel del Salmo que dice: "El Señor es mi pastor, nada me faltará. Me lleva a verdes prados, etc., etc.".

A San Antonio Abad le llevaron una vez una carta del emperador Constantino. Como los monjes se admiraran de que el emperador en persona escribiera a un simple monje, san Antonio les respondió: "Nos admiramos de que un emperador escriba a otro hombre. ¿Y cómo es que no nos admiramos más de que Dios nos haya escrito ese mensaje personal y hermosísimo que nos mandó a cada uno y que se llama Sagrada Biblia?

De un cristiano se dijo con tristeza después de su muerte: "Murió sin haber leído ni siquiera una vez la S. Biblia". Pésima recomendación!!!

HIMNO DE ACCIÓN DE GRACIAS
(El FAMOSO TE DEUM)

Señor Dios eterno: alegres te cantamos; a Ti nuestra alabanza.

A Ti Padre del cielo te aclama la creación. Postrados ante Ti los Ángeles te adoran, y cantan sin cesar.

A Ti Señor te alaba el coro celestial de los apóstoles –la multitud de los profetas te enaltece– y el ejército glorioso de los mártires te aclama.

A Ti la Iglesia Santa, -por todos los confines extendida- con júbilo te adora, y canta tu grandeza.

Padre infinitamente Santo.
Hijo eterno, Unigénito de Dios,
Santo Espíritu de amor y de consuelo.

Salva a tu pueblo Señor y bendice a tu heredad.
Día tras día te bendeciremos,
y alabaremos tu nombre por siempre jamás.
Dígnate Señor guardarnos de pecado en este día
Ten piedad de nosotros Señor,
Ten piedad de nosotros.
Que tu misericordia Señor venga sobre
nosotros como lo esperamos de Ti.

A Ti Señor nos acogemos,
No seremos defraudados para siempre. Amén.

LOS 10 MANDAMIENTOS DEL EJECUTIVO

1º PROGRAME Y AHORRE SU TIEMPO. No lo malgaste en charlatanerías y bagatelas. Es un tesoro.

2º TENGA UN GRAN RESPETO A LA DIGNIDAD DE LOS DEMÁS. Trate como deseará ser tratado.

3º GUARDE EQUILIBRIO ENTRE LOS DERECHOS E INTERESES DE SU EMPRESA Y LOS DERECHOS E INTERESES DE LAS PERSONAS QUE VIENEN A PEDIR SUS SERVICIOS.

4º HAGA PLANES PARA EL FUTURO. No sacrifique los éxitos del porvenir por querer obtener triunfos ya inmediatos. La precipitación es señal de debilidad.

5º NO CONCENTRE FUNCIONES, ASUMA EL RIESGO DE DELEGARLAS. Quien centraliza, empequeñece a los otros.

6º QUE PROGRESE SU EMPRESA, PERO QUE PROGRESE TAMBIÉN SU PERSONAL. Esmérese porque se promuevan y estudien y progresen.

7º EL BUEN EJECUTIVO PROCURA ESTAR AL DÍA EN LOS CONOCIMIENTOS DE SU ESPECIALIDAD. Lea. Infórmese. No progresar es retroceder.

8º NO DESPRECIE LO SEGURO Y LO CIERTO POR ANDAR TRAS LO INCIERTO Y LO INSEGURO. Sueñe, experimente, pero no deje los caminos que ya le dieron buenos resultados, por irse por atajos que pueden llevar al precipicio.

9º RECHACE DE PLANO TODO LO QUE VAYA CONTRA LE LEY MORAL, aunque vaya en beneficio de su empresa y aunque el rechazarlo le pueda costar su puesto. Esto es definitivo para su personalidad.

10º NO CREA QUE LO ÚNICO IMPORTANTE ES SU EMPRESA O NEGOCIO. Hay también otros valores: la familia, los amigos, la naturaleza. Sea humano, muy humano.

(Tomado de la "Agenda del Ejecutivo")

LA BONDAD DE MI DIOS

FERVORÍN, muy sentido, compuesto por SAN BERNARDO.

... De tal manera me perdona Dios que hasta hace que de mis pecados obtenga yo provecho. La bondad de Dios sabe servirse de los mismos actos desarreglados y de las faltas para provecho y utilidad de quien los ha cometido. Oh bondad divina que derrama ayudas no sólo sobre los que carecen de méritos sino también sobre los que le ofendemos... Acércate a la misericordia divina para que no tengas que experimentar su ira y su indignación... La infinita misericordia va siempre adelante para que si queremos aprovecharnos de su bondad no tengamos que caer en los rigores de su justicia. Primero nos manifiesta su bondad para que no tengamos que ser castigados por su severidad. Para ser justo, lo que necesito es que Aquel a quien he ofendido tenga mis faltas como si no las hubiera cometido. Si sigues ofendiéndolo, estás despreciando su bondad y misericordia. ¿Te dio esos dones y con esos dones lo ofendes? ¿Él te perdona tanto y tú no quieres perdonar nada al prójimo? Y no olvides que por ser manso no deja de ser justo. Es justo y es manso, porque una mansedumbre sin justicia no sería virtud. Pues **si porque no has experimentado sus rigores sigues pecando creyendo que tus pecados quedarán sin castigo, pronto experimentarás que el que es tan manso es también muy justo.** En muchos pecados caí, pero en muchísimos más hubiera caído si la bondad Divina no me hubiera preservado. Qué bondad la de Dios que **a pesar de que no me cansaba de ofenderlo, Él no se cansaba de ayudarme.**

UN GRAN LEMA PARA TODOS

EN VIDA, HERMANO EN VIDA
Si desea hacer feliz a alguien que quiere mucho.
Trátele bien desde hoy y sea muy amable con él.
No lo deje para más tarde. Empiece ya desde hoy.
En vida, hermano ¡En vida!

No espere a que se mueran para demostrar que los ama.
Si desea dar una flor, mándela hoy mismo con amor.
Demuéstreles su cariño desde ahora mismo.
En vida, hermano ¡En vida!

Si desea, decir: "Los quiero", "los estimo",
a la gente de su casa, al amigo lejano o cercano.
No lo deje para más tarde, empiece a hacerlo ya.
En vida, hermano ¡En vida!

No espere a que se muera la gente para apreciarla
y hacerle sentir su afecto. Hágalo ya desde hoy.
Trate a todos como desearía ser tratado por ellos.
En vida, hermano ¡En vida!

Si quiere ser más feliz y recibir más amor
aprenda a hacer felices a los demás, desde ahora.
Demuestre aprecio a todos los que tiene que tratar.
En vida, hermano ¡En vida!

No sólo visitar panteones de difuntos
y llenar tumbas de flores y suspiros.
Hay que llenar de amor los corazones.
Y esto ya desde este día de hoy y para siempre.
En vida, hermano ¡En vida!

Y DIOS PAGARÁ PARA SIEMPRE EN LA ETERNIDAD

¿PARA QUÉ BUSCAR FELICIDAD DONDE SÓLO SE ENCUENTRA TRISTEZA?

Los santos antiguos decían: **"La persona impura es un animal triste".** Y lo afirmaban porque lo habían comprobado en muchísimos casos.

La verdadera felicidad y la paz verdadera se encuentran en Dios y en el alma que está en buena amistad con Dios, o sea sin pecado mortal. **¿Para qué ir a buscar la felicidad en los gozos sensuales que producen luego tanta tristeza,** tanto complejo de culpa y de derrota?

En quienes buscan la felicidad en los goces sensuales se cumple la profecía de Jeremías: **"Dos gravísimos errores ha cometido mi pueblo: abandonar a Dios, fuente de aguas vivas que producen felicidad, e ir a buscar las aguas para calmar su sed de felicidad en cisternas rotas que dejan resumir y perder toda el agua que reciben** (Jer. 2,13).

San Pablo prometió: **"Para los que hacen el bien habrá gloria, honor y paz. Para los que obran el mal, tristeza y angustia vendrán** (Rom. 2). Si el pecado de impureza va a traer tristeza y angustia, ¿para qué cometerlo entonces?

Una mujer decía después de cometer un pecado de impureza: **"Si colocaran en mi pulso un aparato de medir tristeza, se reventaría. Tan triste me dejó el pecado".**

¿Qué quiero mi Jesús? Quiero quererte
Quiero cuanto hay en mí, del todo darte
Sin tener más placer que el agradarte
Sin tener más temor que el ofenderte.
(Calderón de la Barca)

MEDITACIÓN

SEÑOR JESÚS: Tú te has encargado de mi causa
Tú has alejado muchas espinas de mi camino
Tú has allanado mi senda y nunca te cansas
de demostrarme tu gran amor.
GRACIAS SEÑOR JESÚS:
Tú has llenado mi corazón de calma
Tú le has devuelto la paz a mi vida
Tú has derramado sobre mí una lluvia de bendiciones.
Tus favores me hacen exclamar cada día:
ETERNA ES TU MISERICORDIA

Yo nunca imaginé que Tú pudieras ser tan bueno conmigo
Yo pobre y miserable, sin fuerza suficiente
Manojillo de carne débil,
con un enorme bulto de errores sobre mis espaldas
y mis pies cansados de tanto tropezar en el mal.
Tú te has vuelto un Defensor y Consolador para mí.
Tu palabra ha llenado de luz mi mente y corazón.
Yo pobre oveja descarriada entre despeñaderos
encuentro tu mano de pastor bueno que me guía
para que no perezca entre los desfiladeros.
Tú me conduces como en otro tiempo a tu pueblo santo
Siento alegría porque sé que me amas con verdadero amor.
Vivo en paz porque he llegado a comprender que me aceptas
como a una de tus pequeñas ovejas muy amadas
que quieres llevar al rebaño de la eternidad feliz.
Bendito seas por siempre, Señor.

LA FRASE QUE IMPRESIONÓ A UN GRAN SANTO

El fundador de las Librerías San Pablo, el famoso Padre Alberione, dice en su autobiografía que en su juventud oyó una frase que le animó muchísimo a luchar por conservar la castidad: La frase era ésta: **"En la santidad lo que cuenta no es gozar de la paz de la victoria; es la lucha contínua lo que cuenta".** Con esto vino a comprender que Dios lo que premia no es el no sentir tentaciones sino el luchar valientemente por no dejarse vencer por ellas.

San Francisco de Sales decía que en la guerra las condecoraciones no se conceden a los que se quedaron tranquilamente gozando de la paz de las despensas y de los depósitos, sino a los que tuvieron que combatir feroz y peligrosamente.

Y Santa Teresa afirmaba: "Tendremos más condecoraciones y más felicitaciones de Dios, luchando contra peligrosas tentaciones, que si por falta de peligros de pecar no tuviéramos que luchar.

La ayuda del Señor es auxilio para evitar caídas, guardia y defensa contra los peligros del camino de la vida, elevación de la mente, iluminación del cerebro, salud por el alma y bendición para todos los días de la vida. Y Dios no niega su ayuda a quien se la pide con fe. **(S. Biblia Ecl. 24,20)**

MENSAJES IMPORTANTES

La ociosidad, el estarse sin hacer nada, enseña muchas maldades y es la fuente de muchos vicios.

(S. Biblia Ecl. 33,29)

Para muchas personas es absolutamente necesario **decidir ya de una vez entre un cambio de conducta, una conversión, o una total destrucción** y un fracaso total en el camino hacia sus ideales. **(Peale)**

La persona a quien herí, quedará en agotador verano, y yo con mi remordimiento, en crudo invierno. **(Julio Flórez)**

Quien confía plenamente en el Señor, de nada tiene miedo, es invencible y no se desalienta ni se desanima, porque Dios es su esperanza. **(Ecl. 34,16)**

La juventud vive de la esperanza. La vejez vive del recuerdo. Muy importante es comenzar bien, pero no menos importante es saber terminar también debidamente.

(Gar Mar)

A un gran artista le dijo un admirador: "Yo daría la vida por llegar a tocar tan magistralmente como toca Ud.". Y el artista respondió: **"Yo la he dado".**

CADA CUAL RECIBIRÁ SEGÚN HAYAN SIDO SUS OBRAS, O BUENAS O MALAS

(S. BIBLIA)

Para ingresar al Club de la Simpatía

DIEZ MANDAMIENTOS DE AMABILIDAD

1º **Sonreír siempre,** aun sin ganas y a solas para entretenerse. "La sonrisa dura un instante, pero su recuerdo es perpetuo",

2º **No decir que** "No" a un mandato justo o a una súplica necesaria. "No niegues un favor a quien lo necesita, si puedes hacerlo" (Salomón).

3º **Evitar al prójimo, todos los disgustos posibles.** "Lo que no quieras para ti, no lo hagas a nadie" (Tobías).

4º **Mostrarse alegre y amable,** aunque la procesión de amargura vaya por dentro. "Por dentro mis temores y tristezas. Por fuera mis sonrisas y alegrías" (Sta. Teresa).

5º **Esforzarse por demostrar simpatía aun a quienes nos resultan antipáticos.** "Si amáis sólo a quienes os aman, ¿qué premio vais a tener? Amad a vuestros enemigos y rezad por los que os tratan mal" (San Mateo 5).

6º **Saber mandar, más como quien suplica que como quien exige.** "Tratad a los demás como deseáis que los demás os traten a vosotros" (Jesucristo).

7º **Si hay que reprender, dominar primero el mal genio, y después sí reprender.** "Tienes que ser amable en corregir, porque también tú puedes caer en tentaciones". (S. Pablo Gal. 6).

8º **Hacer agradable nuestro trato a las personas que conviven con nosotros.** El Hijo de Dios dirá en el día del juicio: "Todo el bien que habéis hecho a cada uno de mis discípulos, a Mí me lo habéis hecho (Mt. 25,40).

9º **Usar fórmulas amables con todo el mundo.** "Una palabra amable vale más que muchos regalos" (Proverbios).

10º **Si nos equivocamos, reconocerlo humildemente.** "Quien acepta la instrucción y la corrección, llega a la sabiduría. Quien no acepta la corrección se embrutece" (Proverbios).

UNA PALABRA QUE REÚNE TODO UN ARTE

Todo el arte de la educación se puede resumir en una sola palabra: **Animar.**

Hay que estimular, animar. La razón es esencial: el niño ama y desea por sobre todo crecer, sólo mira al porvenir, al hombre que él quiere llegar a ser. Todo niño quiere aventajarse, se equivoca muchas veces en cuanto a la escala de valores y cree hacerse importante por sus locuras y por sus rebeldías. Con esto quiere falsamente llegar a ser hombre. Aún más, con estos extravíos busca comprensión a sus debilidades en otros frentes.

Un papá que nunca alaba al hijo por nada, lo acompleja. El niño que no brilla por estudio busca brillar por el deporte, por la fuerza, por la habilidad para trabajos manuales, o se hace notar por sus gestos o por su dureza. Esta necesidad de hacerse notar es la revelación del deseo de crecer, de demostrar en algo que algo vale él también.

El deseo de ser tenido en algo, de ser estimado, es la más poderosa palanca para la educación. Con esta palanca sobre el corazón el niño es capaz de todos los esfuerzos y de superar muchas dificultades.

Por eso, antes que represiones, deben tenerse para los niños frases de aliento y de estímulo. No son las expresiones negativas las que ayudan a una persona joven a encumbrarse. Su capacidad de vergüenza es mayor de lo que imaginamos. En vez de echarle de continuo en cara sus defectos lo que debemos es animarle, recordando sus capacidades de superarse.

LA FAMOSA NOVENA DE LA CONFIANZA AL SAGRADO CORAZÓN DE JESÚS

Millones de personas la rezan y obtienen maravillosos favores

OH JESÚS: a tu Corazón confío (tal persona, tal intención, tal pena, tal negocio).
Míranos. Después haz lo que tu corazón te diga. Deja obrar a tu Corazón, Oh Jesús: Yo cuento contigo. Yo me fío de Ti, Yo me entrego a Ti. Yo estoy seguro de Ti.

Padrenuestro, Avemaría, Gloria.

Decir 9 veces:
SAGRADO CORAZÓN DE JESÚS EN VOS CONFÍO.

Oh dulce Jesús que has dicho: Si quieres agradarme confía en Mí.
Si quieres agradarme más, confía más, si quieres agradarme inmensamente, confía inmensamente en Mí.
Ayuda mi confianza. Yo confío inmensamente en Ti y en Ti Señor espero. No sea yo confundido eternamente. **Amén.**

TOMA TIEMPO

Toma tiempo para Pensar
Este es el origen del Poder.

Toma tiempo para Jugar
Este es el secreto de la eterna juventud.

Toma tiempo para Leer
Esta es la fuente de la sabiduría.

Toma tiempo para Orar
Este es el mayor poder de la tierra.

Toma tiempo para Amar y ser amado
Este es el privilegio dado por Dios.

Toma tiempo para ser Amistoso
Este es el camino de la felicidad.

Toma tiempo para Reír
Esta es la música del alma.

Toma tiempo para Dar
Un día es demasiado corto para ser egoísta.

Toma tiempo para Trabajar
Este es el precio del éxito.

Toma tiempo para hacer caridad
Esta es la llave del cielo.

LA VERDADERA AMISTAD

La boca amable multiplica sus amigos,
la lengua que habla bien multiplica sus afabilidades.
Sean muchos los que estén en paz conmigo,
mas para consejero, uno entre mil,
Si te buscas un amigo, que sea alguien seguro,
y no tengas prisa en confiarte de él.
Porque hay amigo que lo es de ocasión,
y no persevera en el día de tu angustia.

El amigo fiel es seguro refugio,
el que lo encuentra ha encontrado un tesoro.
El amigo fiel no tiene precio,
no hay peso que mida su valor.
El amigo fiel es remedio de vida,
los que temen al Señor lo encontrarán.
El que teme al Señor endereza su amistad,
pues como él, será su compañero.

HALLAR UNA BUENA AMISTAD, ES HALLAR UN TESORO

1 DE AGOSTO

CLÍNICA DEL ALMA

Para toda clase de enfermedades

Médico cirujano .... JESUCRISTO
Grado honorífico .... HIJO DE DIOS
Médico auxiliar......................... EL ESPIRITU SANTO
Campo de estudio.............................. EL CORAZÓN
Experiencia .... INFALIBLE Y ETERNO
Residencia y oficina .... EN TODAS PARTES
Su poder .... ILIMITADO
Su especialidad .... LO IMPOSIBLE
Su instrumento.. PODER
Su obsequio.. GRACIA
Su libro de recetas .... LA BIBLIA
Enfermedades para sanar.......................... TODAS
Precio de tratamiento .... LA FE
Garantía .... ABSOLUTA
Quirófano .... EL ALTAR
Hospital .... LA IGLESIA
Dieta .... ORACIÓN Y AYUNO
Ejercicios......................... BUENAS OBRAS Y FRUTOS

ACUDA HOY MISMO

Hora de consulta .... LAS 24 HORAS DEL DÍA

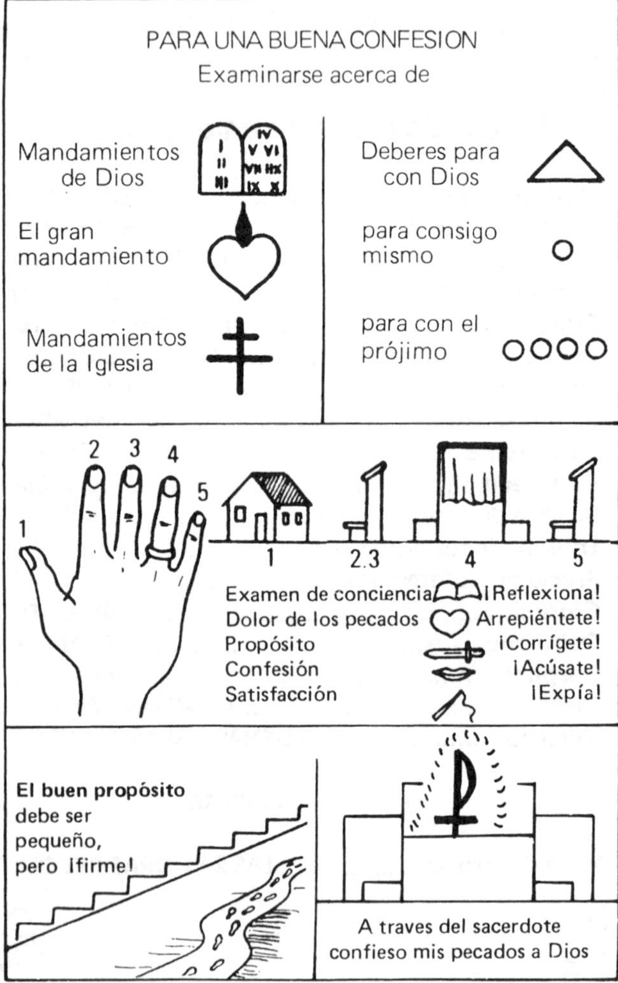
PARA UNA BUENA CONFESION
Examinarse acerca de
Mandamientos de Dios
El gran mandamiento
Mandamientos de la Iglesia
Deberes para con Dios
para consigo mismo
para con el prójimo
2 3 4
5
1
1
2.3
4
5
Examen de conciencia ¡Reflexiona!
Dolor de los pecados Arrepiéntete!
Propósito ¡Corrígete!
Confesión ¡Acúsate!
Satisfacción ¡Expía!
El buen propósito debe ser pequeño, pero ¡firme!
A traves del sacerdote confieso mis pecados a Dios

SALMO 145

ALABANZAS A LOS HECHOS DE DIOS

¡Alabado sea el Señor!
Alabaré al Señor con toda mi alma.
Alabaré al Señor mientras yo viva:
cantaré himnos a mi Dios mientras yo exista.
El Señor es tierno y compasivo;
es paciente y todo amor.
El Señor es bueno para con todos,
y con ternura cuida sus obras.
¡Que te alaben, Señor, todas tus obras!
¡Que te bendigan tus fieles!
¡Que hablen del esplendor de tu reino!
Que hablen de tus hechos poderosos!

¡Que se haga saber a los hombres tu poder
el gran esplendor de tu reino!
Tu reino es un reino eterno,
tu dominio es de todos los siglos.

El Señor sostiene a los que caen,
y levanta a los que desfallecen.
Los ojos de todos esperan de ti
que tú les des su comida a su tiempo.
Abres tu mano y con tu buena voluntad
satisfaces a todos los seres vivos.

HAY QUE MATAR EL DESEO

El Espíritu Santo, para que no deseemos el pecado, nos va a decir. "Es malo, es asqueroso, es feo, va contra Dios, disgusta al Ser que más nos ama, que es Nuestro Señor. El odia al pecado". **Este es el primer paso para no desear pecar: ver el pecado como lo ve Dios. Odiarlo como lo odia Dios.** El Espíritu Santo saca a la luz toda la horrorosidad del pecado impuro y hace que lo odiemos y le tengamos verdadero aborrecimiento, como se aborrece a una serpiente cascabel enroscada, lista a atacar y que nos va a llenar de terribles venenos y dolores espantosos y nos puede llevar a la muerte. Esto nos ayude a matar el deseo de pecar.

El deseo es el capullo de donde sale el pecado. Es como el combustible que aumenta el incendio. Es como un gato furioso que si se le deja subir al hombro, cuando tratemos de bajarlo de allí, preferirá herirnos gravemente antes que irse de donde se ha instalado, y hasta nos puede sofocar.

Con la oración podemos matar el deseo antes de que logre salir de su capullo y convertirse en mariposa que llene de malas plagas nuestro ser. Con la meditación en la fealdad del pecado le vamos quitando combustible al incendio, para que no nos vaya a destruir. Pero si seguimos coqueteando con las ocasiones de pecado, y echando leña al fuego de los deseos y dejamos que el apetito desordenado de goces sensuales siga creciendo en nosotros como gato sobre el cuello, viviremos esclavizados por los hábitos e impulsos de nuestra naturaleza corrompida.

LA ROCA BLANCA

Allá en la altura brillaba una roca blanca. Qué hermosa se veía y qué brillante! Pero empezaron a quitarle tierra de debajo y ella a ladearse y un día se echó a rodar y cayó entre el barrizal y ahora las fieras y las gentes la pisotean al pasar y la desprecian. Esa es la historia de tantas almas. Cómo brillaban ante los demás y qué hermosas eran ante los ojos de Dios por su pureza y su castidad. Pero empezaron a quitarle defensas a su pureza. Comenzaron a ladearse hacia sus inclinaciones sensuales y sin que se notara casi por el momento, se fueron viniendo abajo en virtud y la pobre alma cayó en el lodazal del vicio impuro y ahora Satanás y sus secuaces la pisotean y se burlan de ella, y las gentes buenas la miran con horror! Cuántas y cuántas almas que antes por su pureza brillaban como piedras blancas de una roca en una mañana de sol radiante, ahora producen asco y horror sumidas entre las asquerosidades de sus pecados impuros.

De todo esto líbranos Señor! Si hemos caído te pedimos que nos levantes y nos coloques otra vez en el sitio donde brillan las almas que saben conservar la santa castidad! (Del libro "Momentos").

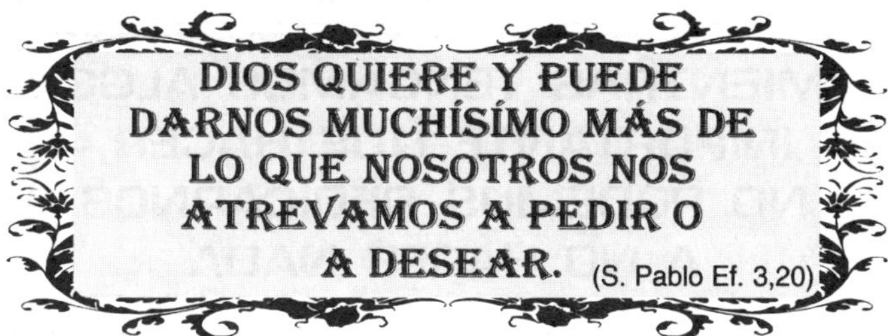

¿Y CON QUÉ TIEMPO?

Llegó un día un joven a contarle a su superior San Juan Bosco, que lo asaltaban continuamente las tentaciones de malos pensamientos contra la pureza.

El santo fundador llamó a varios de los superiores y les encomendó que procuraran asignarle continuos oficios a este muchacho. Y en adelante uno lo mandaba a hacer un dibujo, otro a atender a un enfermo, un tercero lo enviaba a hacer un mandado de urgencia, y así todo el día. Al cabo de un mes llamó Don Bosco al joven y le preguntó: "¿Has tenido malas tentaciones en este mes?". Y él respondio: **"Y con qué tiempo?".** Padre he estado tan ocupado que no he tenido tiempo para que me llegaran tentaciones".

Por eso el santo recomendaba sus discípulos: "Yo no les pido penitencias especiales, ni que ayunen a pan y agua o que se den azotes: la penitencia que nos hará triunfar contra los ataques del mal será dedicarnos con toda el alma a trabajar. El trabajo puede convertirse en un verdadero martirio que nos conservará puros y nos llevará a la santidad. No estemos jamás desocupados ni hagamos de mala gana o con descuido o pereza el trabajo que tenemos que hacer. Trabajemos más y seremos más castos".

MIENTRAS TENGAMOS ALGO IMPORTANTE QUE HACER, NO PODEMOS DEDICARNOS A NO HACER NADA

(Julio César)

TESTIMONIOS DE ALGUNOS GRANDES AMIGOS DE DIOS

SANTA MARGARITA MARÍA DE ALACOQUE estaba rezando un día muy distraída el Santo Rosario y muy aperezada. De pronto le pareció como que la imagen de la Virgen María la miraba con tristeza y le decía: **"¿Así de flojo es tu amor hacia Mí?".** En adelante Margarita tuvo esto siempre presente, y rezaba todo su rosario de rodillas, haciendo gran esfuerzo por no distraerse mientras lo rezaba.

EL FAMOSO SABIO COLUMBA MARMION decía: "Para mí **el motivo por el que más quiero a la Virgen María** es que la naturaleza humana de Cristo, con la cual Él nos salvó, se la dio únicamente a Ella. Por eso **la gracia que más le pido es:** que me alcance de Cristo gran abundancia de esa gracia que Él, con su naturaleza humana, consiguió para nosotros".

SAN ANSELMO enseña: EL SERMÓN DE MARÍA ES: "HACED LO QUE JESÚS OS DIGA". Esto fue lo que Ella dijo en Caná, y esto es lo que Ella tiene para decirnos cada día. "Si queréis tenerme contenta: "Haced lo que Jesús os dice en el evangelio".

¿POR QUÉ EL DEMONIO NO SE APODERA DE LA NACIÓN?

EL SANTO CURA DE ARS preguntó a un demonio de un poseso: "¿Te posesionarás tú de nuestro país?". –Y el diablo respondió: No puedo hacerlo porque esa señora que Uds. llaman Virgen María, se pasea de norte a sur y de oriente a occidente impidiéndome actuar. Y tú, cura, ya serías mi esclavo si no tuvieras a Aquella por protectora".

SEÑALES DE UN CARÁCTER BIEN FORMADO

Por el sicólogo italiano Carlos Flore

1) Hacer las tareas u oficios antipáticos... CON MÁS CUIDADO.
2) Levantarse por la mañana de mal genio y... sin embargo **sonreír a los demás.**
3) Tener razón... y no obstante **ceder en la discusión.**
4) Recibir un regaño... y **dar las gracias.**
5) Sacar una mala nota en estudios y ... **no desanimarse.**
6) Obtener una calificación muy buena y... **no llenarse de orgullo.**
7) Ser insultado y... **dominarse.**
8) Recibir una comida que no gusta y... **comerla sin lamentarse.**
9) Ser víctima de una injusticia... y **no andar quejándose de esto.**
10) Jugar una partida emocionante... y **no encolerizarse.**
11) No decir "estúpido" a quien le dijo "imbécil".
12) Aguardar hasta mañana para leer una carta que se desea leer. Dejar de último en una comida el alimento que más se apetece. Callar un chiste agudo.
13) Rezar... pero... con devoción y recogimiento.

"Sufrimos tontamente

Voltéanos y verás qué alegres nos ponemos.

Quien tiene sus pensamientos elevados y dirigidos a la ciencia y a encontrar nuevas ideas, tiene posibilidad de vivir más años (Marden).

QUISIERA

Quisiera ser, Jesús mío,
Fuego, fuego abrasador
y andar recorriendo el mundo
abrasándolo en tu amor.

Quisiera que todos te amen
porque eres bueno Señor,
con esta gente tan débil,
que guías con tanto amor.

Quisiera que el mundo entero
te proclame su Señor
y declare sin temores
que sólo Tú eres su creador.

Y quisiera que las gentes
comprendan, al fin Señor,
que cumpliendo tu Evangelio
el mundo será mejor.

Y quisiera amarte tanto
que muera por Ti de amor
y vaya después al cielo
a amarte más y mejor.

IDEAS LUMINOSAS

Nada es imposible hasta que no se compruebe que lo es. Y aun entonces puede ser que sólo sea imposible en ese momento **(Marden)**

A nosotros puede ser que nos resulte bastante difícil conseguir cómo hacernos la vida más cara y más insoportable. **Pero al gobierno esto no le cuesta ningún trabajo.**

No respondas al maleducado según su mala educación. Porque entonces te rebajas y te vuelves tan maleducado como él. **(Salomón Prov. 26,4)**

Mejor que vivir de recuerdos, es mejor vivir lleno de planes para transformar el futuro.

Para muchos la experiencia es la costumbre que tienen de equivocarse. **(Oscar Wilde)**

Más vale ser prudente e instruido, que ser valiente y atrevido. Es mejor ser persona de mucha ciencia, que ser persona de mucha fuerza. **(S. Biblia Prov. 24,5)**

Los que ayudan a los pobres serán muy bendecidos por Dios, y los que más dan a los necesitados, más recibirán dèl Señor. **(Salomón Prov. 22,9)**

LEMAS MUY ANIMADORES

Por Og Mandino

1º Yo soy hijo de Dios, y por lo tanto **no nací para el fracaso.**

2º Sea cual fuere mi trabajo y el oficio que tengo que hacer, quiero hacerlo con amor y entusiasmo, y esto me traerá bendiciones del cielo.

3º **Este esfuerzo adicional que haré, hará progresar al mundo.**

4º Mis trabajos y oficios hechos con entusiasmo, harán salir a relucir los tesoros que tengo en la mente.

5º Yo no debo rendir menos de lo que merece la paga que voy a recibir. Y los premios que me esperan son eternos.

6º **El que se dedica a una sola cosa, ese logra triunfar.** Si me dedico a varias cosas al mismo tiempo no podré triunfar en ninguna. Tengo que poner todo mi ser en lo que tengo que hacer.

7º Las capacidades suficientes que tengo, el tiempo de que dispongo, el trabajo hecho con entusiasmo, y la bendición de Dios: esto me bastará para triunfar.

8º **Quien sabe hacer algo y se esmera por hacerlo mejor que otros, logra triunfar.**

9º **Lo bueno que yo busque con todo mi corazón, lo lograré encontrar.** Buscaré perfeccionarme en mis oficios y trabajos y tareas que tengo que hacer.

DISCURSO DE SAN JUAN CRISÓSTOMO

NO TE AVERGÜENCES SINO DE UNA SOLA COSA EN EL MUNDO: DE PECAR. De ayudar al pobre, aun al más miserable y repugnante, no te avergüences nunca.

Jesús nos dejó una promesa formidable. Cuando recomendó "lavar los pies a los demás", o sea prestarles servicios humildes, nos dijo: **"Seréis felices si hacéis esto".** (S. Juan 13,17). Promete felicidad a quien presta servicios humildes a los necesitados, y les dará felicidad en esta vida y en la otra.

Dice el Libro Santo: **"Ayudad a los presos como si fuerais vosotros los que estuvierais presos y necesitados"** (Hebreos 13,3). Si estuviéramos en la cárcel, ¿qué desearíamos que hicieran por nosotros? Pues la ley del Señor nos manda **"amar al prójimo como nos amamos a nosotros mismos"** (S. Lucas 10,26). Llévale al preso las ayudas que desearíais que te llevaran a ti, y con eso ya estás cumpliendo lo que mandan la Ley y los Profetas (S. Mateo 22,40).

DEJADME LLORAR. **"Dejadme llorar, dejadme llorar, viendo lo tacaños que somos para ayudar al necesitado,** y eso que también nosotros somos tan pecadores y tan necesitados de que nuestros pecados sean borrados con limosnas. Dios fue tan generoso para contigo que entregó por ti hasta a su propio Hijo. Y Cristo fue tan generoso con nosotros que derramó por nuestra salvación hasta la última gota de su sangre y tú no quieres dar nada por esos pobres por los cuales murió Cristo, ¿y no quieres dar ni un mercado a esos necesitados a los cuales Dios te manda ayudar? Dios te vende el cielo por unas limosnas a los pobres, y tú te quieres quedar amarrado a esta miserable tierra por no dar lo que puedes y debes dar.?

SALMO 26

El Señor es mi luz y mi Salvación

El Señor es mi luz y mi salvación:
¿de quién puedo tener miedo?
El Señor defiende mi vida.
¿a quién habré de temer?

Se juntan los malvados,
para atacarme y destruirme:
pero ellos son los que tropiezan y caen.

Aunque un ejército me rodee,
mi corazón no tendrá miedo;
aunque hagan guerra contra mí,
permaneceré tranquilo.

Sólo una cosa he pedido al Señor:
sólo una cosa deseo:
estar en el templo del Señor
todos los días de mi vida.
para adorarlo en su templo
y contemplar su hermosura.

Cuando vengan las desdichas sobre mí,
con su sombra el Señor me cubrirá,
me dará abrigo en su templo;
¡me pondrá a salvo, sobre una roca!

Así podré levantar la cabeza
por encima de mis enemigos;
así podré ofrecer sacrificios en el templo.
Y entre gritos de alegría cantar himnos al Señor.

A ti clamo, Señor: escúchame.
Ten compasión de mí, ¡respóndeme! Señor.

¿ES QUE EL PECADO DE LA IMPUREZA PUEDE HACER FELIZ?

El corazón humano busca la felicidad y a veces la busca desesperadamente en la impureza, y lo único que halla entonces son unas pocas migajas de gozos pasajeros y muchas ocasiones engañosas que le llenan de desilusión, porque **en vez de saciar su hambre de felicidad lo que hacen es aumentar su apetito desordenado de goces sensuales,** y cuando no dejan totalmente desilusionada a la persona, por lo menos sí la dejan amargamente insatisfecha, porque son goces demasiado pasajeros y que no traen ninguna paz al alma.

Para que algo produzca verdadera felicidad a un ser humano, tiene que llevarle también alguna alegría a su alma. **Y los pecados sexuales jamás de los jamases llevan felicidad al alma,** sino más bien todo lo contrario, la llenan de infelicidad, de tristeza y de amargura. Entonces ¿qué tanta es la felicidad que producen, si sólo satisfacen a la parte animal y dejan en agonía de angustias a la parte espiritual de la persona?

Pecador impuro: ¿eres realmente feliz? ¿No es cierto que el pecado te ha producido más tristeza y amargura, que felicidad y paz? ¿Entonces para qué seguirlo repitiendo?

QUIEN COMETE PECADO

SE VUELVE ESCLAVO DEL PECADO

(JESUCRISTO)

EL CASO DEL JOVEN DE LA ESTACIÓN

Una noche en la estación de un tren se encontró con Don Bosco un muchachote de 21 años, alto y fornido y le dijo: "Padre: deme un consejo para no cometer pecados de impureza". El santo le aconsejó decir frecuentes oraciones jaculatorias (o sea oraciones breves y cortas) y le recomendó que repitiera varias veces cada día esta oración: "María Auxiliadora, rogad por nosotros". Veinte años después cuando el anciano Don Bosco llegó a esa misma estación a comprar su pasaje, el jefe de la estación le regaló el tiquete y le dijo entusiasmado: "Yo soy aquel joven a quien Ud. le aconsejó hace veinte años que dijera varias veces cada día "María Auxiliadora, rogad por nosotros". Lo hice así y la Sma. Virgen me ha librado de muchos peligros de cuerpo y de alma, me ha concedido un hermoso hogar y este puesto de jefe de estación. Padre siga recomendando a la gente que le recen pequeñas oraciones a la Madre de Dios, porque producen muy buenos efectos.

✿✿✿✿✿✿✿✿✿✿

La Virgen María puede y quiere defendernos de muchos males y pecados .

✿✿✿✿✿✿✿✿✿✿

Recuerda siempre lo que dice Dios en el Salmo: **"Invócame en el día del peligro, y yo te libraré y tú me darás gloria"** (Salmo 49).

A QUIENES DIOS DESEA LLEVARLES A UNA ESPECIAL SANTIDAD, LES CONCEDE UNA GRAN DEVOCION A LA VIRGEN MARIA
(San Alfonso)

EJEMPLO ACERCA DEL VALOR DE LA SANTA MISA

EL JEEP DEL DESASTRE: En la capital de un territorio de Misiones, cada hora salía un jeep para los pueblos vecinos, los domingos. Un domingo por la mañana, cuando repican las campanas de la Iglesia, un joven pasajero recuerda que es domingo y que su deber es asistir a la Santa Misa. Se baja del vehículo, y aunque sus compañeros se burlan de él, les dice: "Voy a Misa y viajaré después en el jeep de 8". Asiste devotamente al Santo Sacrificio y a las 8 sale en el jeep de turno. Al llegar a un riachuelo muy crecido, encuentra un grupo de campesinos con lazos, sacando de entre las profundas aguas los cadáveres de los pasajeros del jeep que había partido a las siete. Los había arrastrado la corriente y todos habían perecido. Nosotros también tenemos un peligro: Que nos lleve y nos ahogue la corriente de nuestras pasiones y de nuestras malas inclinaciones. Afortunadamente Dios ha dejado un medio para no perecer. Y ese medio es la Santa Misa.

San Leonardo decía: "Por experiencia sé que todo el que asiste piadosamente a la S. Misa consigue grandes bienes y se libra de muchos males, aunque no se haya acordado de pedir esto a Dios".

Si la gente supiera lo que gana asistiendo a una Misa, nadie se quedaría sin asistir

(San Leonardo)

ES PRECISO FLORECER ALLÍ DONDE DIOS NOS HA PLANTADO

Este era el lema de **Adela Kam.** Oigamos algunos datos de esta mujer extraordinaria, tal como nos lo narra su historiador: "Nueve años de enfermedad. Pulmones afectados. Corazón averiado. Ojos casi sin luz, Dos mil inyecciones de suero. Diez operaciones, y la muerte a los 29 años. Esa fue la hoja de servicios de esta campeona del dolor. La llevan a Lourdes, donde la Virgen hace tantísimos milagros continuamente. A su alrededor centenares de enfermos gritan con angustia: "Señor, haz que yo vea... Señor, haz que yo oiga... Señor, haz que yo pueda volver a andar". Pero ella solamente repite: "Señor, haz que yo sea capaz de aceptar con alegría mi amarga situación". Y añade para sí misma: "Algún día llegaré a conocer las misteriosas razones que Dios tuvo para permitirme estos males y dolores". Y desde entonces se convierte en la "Doctora del dolor".

Y cuando queda totalmente paralizada exclama: "La enfermedad es una vocación, hay que aprender a ser paralítico como se aprende otra profesión cualquiera". Y seguía sonriendo. Y a quienes la visitaban les repetía su hermoso lema, que llega hoy también a cada uno de nosotros: **"Es preciso florecer, allí donde Dios nos ha plantado". Y seguía sonriendo**

LA LEYENDA DE LOS TRES "VARADOS"

La leyenda antigua cuenta que un día iban Jesús y sus discípulos por el camino y encontraron a tres viajeros, cada uno con su carro y sus caballos enterrados entre un barrizal. El primero maldecía, y echaba fuete a los caballos, pero no se acordaba de implorar la ayuda de Dios. El segundo estaba todo el tiempo mirando el cielo aguardando que le llegara la ayuda celestial, pero no hacía nada por sacar su carro de entre el barro. Y el tercero, mientras imploraba fervientemente la ayuda divina, hacía todo lo que podía por sacar su carro del atolladero. Los apóstoles dijeron al Señor: "¿A cuál le ayudaremos primero?". Y Jesús les respondió: "Ayudemos al tercero, al que mientras implora el auxilio de Dios, pone de su parte todo lo que puede. A los otros dos todavía no ha llegado el tiempo de socorrerlos, no están preparados para ello".

¿Qué nos enseñará esta narración?

¿Cuál de estos tres individuos es el retrato del modo cómo nos estamos comportando nosotros?

"A Dios rogando y con el mazo dando".

CORRECCIONES DEL LENGUAJE

No diga "AIGA". Diga "HAYA".
No diga "ALGOTROS", Diga "ALGUNOS OTROS".
No diga "**A LO QUE".** Diga "CUANDO". Si oye a alguno decir: **A lo que...** respóndale: "Aloque" murió en la guerra y lo reemplazaron por "Cuando".

El aburrimiento empieza a adueñarse del alma en momentos de ociosidad. Por eso nunca hay que estar sin hacer algo provechoso **(S.J. Bosco).**

CASTIGOS QUE SÍ SE PUEDEN PONER

Tratar de educar a base de castigos es querer hacer crecer una mata tirándola por el cogollo.

Pero a veces si no se usan las podadoras del castigo, las ramas inútiles crecerán de tal manera que el hermoso bosque familiar puede convertirse en selva intransitable.

La experiencia de siglos ha enseñado una serie de castigos que sin rebajar al joven le corrigen a tiempo y le libran de muchos males para el futuro. Veamos algunos.

1) **Castigos que hacen bien al cuerpo:** por ejemplo, hacer un oficio no muy pesado. Estar de pie un rato. Un trote moderado. Hacerle madrugar un poco, privarlo por algún rato de una golosina, etc.

2) **Castigos que aprovechan a la inteligencia:** por ej.: pintar algo, aprender una poesía, hacer una plana de caligrafía, copiar unas páginas de un libro, resolver algunos problemas no muy complicados, etc.

3) **Castigos que estimulan:** por ej.: negar una señal de afecto por un día; alabar al que obró bien y en cambio reprender al que obró mal; lanzar una mirada no cariñosa, etc., etc. "El no darle en ciertas ocasiones una muestra de benevolencia es castigo que emula, anima y jamás deprime", decía después de cuarenta años de experiencia pedagógica un gran apóstol.

4) **Castigos que inspiran al muchacho el pesar de haber hecho mal:** Por ej.: privarlo de un regalo que se le iba a dar; o de un permiso que se le iba a conceder. Este castigo va acostumbrando al joven a practicar la virtud de la penitencia para expiar sus culpas.

CONSEJOS QUE HACEN BIEN

Dedíquese a algo que sea provechoso para los demás. Eso le hará sentirse útil y contento. **(Carnegie)**

Hay que poner pocas veces nuestros pies en la casa del vecino, no sea que se canse de nosotros y nos tenga antipatía. **(Proverbios 25,17)**

Recordar que sólo repitiendo, repitiendo, y no cansándose de repetir, se adquiere la destreza y habilidad en cualquier oficio o profesión. **(Napoléon)**

El factor decisivo del triunfo suele ser no tanto el tener un gran talento o una gran inteligencia, cuando el no cansarse de insistir por obtener el éxito. **(Mandino)**

Si tu enemigo tiene hambre, dale de comer y si tiene sed, dale de beber y así conseguirás la bendición y las recompensas del Señor Dios. **(S. Biblia Pr. 25,21)**

Como un loco que lanza llamas o flechas envenenadas, así es quien ofende a otros y después dice: "Lo hice por chanza". **(Proverbios 26,18)**

Las semillas necesitan tiempo para germinar, crecer y producir frutos. Empiece desde ahora a hacer proyectos y a cultivar ideales, y a su tiempo recogerá muchos frutos. **(Guibert)**

VENTAJAS DE LAS DESVENTAJAS

Cuando uno se dedica a estudiar las historias de los más grandes personajes que ha tenido la Tierra, llega a la conclusión de que **gran número de ellos han triunfado porque comenzaron con terribles desventajas en su contra,** y estas desventajas los empujaron a tener heroicos comportamientos, los cuales los llevaron hacia sus grandes triunfos. Veamos unos ejemplos:

Milton poeta inglés, cuando se queda ciego se aleja de la política y se dedica a componer versos, y como autor del famoso libro **"El Paraíso perdido"** se hizo famoso.

Beethoven, queda totalmente sordo, y entonces agudiza de tal manera su entendimiento que llega a producir las músicas más bellas del mundo.

Elena Keller, queda ciega y sorda, pero en adelante la inspiración le llega de tal manera a su cerebro que obtiene fama universal.

Schubert dice: "Las piezas musicales que compuse en los momentos de mayor depresión y de más pavorosas angustias, son las composiciones que más han agradado al público". Su cerebro cuando estaba más agitado produjo mejores armonías.

Tchaikovski tuvo la horrorosa desilusión de que su matrimonio fracasó y en medio de una terrible depresión que casi lo llevaba al suicidio compuso, sus inmortales sinfonías y sus ballets hermosísimos como por ej. Cascanueces.

SERMÓN DE SAN JUAN CRISÓSTOMO ACERCA DE LA LIMOSNA

San Juan Crisóstomo, el más grande orador de todos los tiempos, dice así en un famoso sermón:

RECIBIREMOS MÁS DE LO QUE DEMOS: "Cuando repartes limosnas, **das dinero y recibirás cielo.** Alejas la pobreza de otros y se te acercarán a ti las riquezas de Dios. **Das cosas terrenas y recibirás bienes celestiales.** Siempre y en toda ocasión necesitas que Dios se compadezca de ti, por eso siempre debes compadecerte de los necesitados. Cuando das a los pobres **estás colocando tus riquezas en el banco que más intereses paga: el banco del cielo.** Lo que les das a los pobres lo recibe Dios, y Él se encarga de multiplicarlo por mil y devolvértelo. Y aunque cuando des limosna estés en pecado, no por eso dejarás de recibir premios de Dios. No recibirás tanto como si estuvieras en gracia, pero sí recibirás y mucho. **Cada limosna tuya es una semilla** que esparces y te producirá cosechas abundantes... **Dios permite que otros padezcan necesidad, para que tú puedas ayudarlos y así le vayas pagando tus pecados...** cada pobre que ayudas se convierte en un médico que te trae curación para las enfermedades de tu alma... Las oraciones que los pobres elevan por ti, se convierten en protectores que te libran de los rayos de la justicia divina... No quita tanto el agua las manchas y la mugre de tus vestidos como la limosna las manchas de tu alma... La ayuda a los pobres va volviendo pura y blanca tu alma... ¿Que tienes hijos y familia numerosa? La limosna atrae premios del cielo para ellos y los libra de muchos peligros. La buena tierra te devuelve 40 ó 60 ó 100 granos por cada semilla que allí siembras. En cambio el cielo te devuelve multiplicadas por mil las limosnas que repartes... **Mira al cielo que te espera y cómpratelo, cómpratelo con tus limosnas.**

¿QUÉ ES UN SACERDOTE?

ES UN HOMBRE:

Enviado y representante de Cristo Sumo y Eterno Sacerdote.

Consagrado por Dios para el servicio de sus hermanos, como continuador de la misión salvífica de Jesús.

Hombre de fe y gozosa esperanza que ama como Cristo amó.

Hombre comprometido en la salvación integral de sus hermanos: cuerpo y alma, tiempo y eternidad, con Cristo y como Cristo.

Hombre de entrega generosa al servicio del Señor y de los demás.

Hombre lleno del Espíritu Santo que, dócil a su acción, realiza la obra de Jesús, se identifica con sus sentimientos y es transformado en Cristo.

¿QUÉ HACE UN SACERDOTE?

Junto con su obispo y los demás sacerdotes actúa en nombre de Cristo Pastor, congrega a la comunidad cristiana, comunica la vida de Dios en el Bautismo, proclama la palabra divina, aviva la fe de los cristianos, anuncia con gozo el reino de Dios, invita e impulsa el amor de Cristo, perdona los pecados en nombre de Dios, realiza el Sacrificio Eucarístico, ofrece con la inmolación de Cristo, la oblación espiritual de los cristianos; alimenta a los fieles con la Eucaristía, aconseja y guía. Es una gran benefactor de la humanidad.

MENSAJES DE UN GRAN SABIO

Uno de los libros más bellos y provechosos de la S. Biblia es el que se llama **"Eclesiástico"**, escrito por el gran sabio Ben Sirac hace 2.200 años. Son tres mil consejos para adquirir personalidad y santidad. La gente progresa mucho leyéndolo. Pues bien, allí en tan bello libro hay estos bellos mensajes.

"Los malos deseos pierden a quienes los aceptan, y los convierten en la burla de los enemigos del alma". **(Ecl. 6)**

"No te dejes llevar por los caprichos de tu corazón, porque te destrozarán como un toro feroz". **(Ecl. 6)**

"No siembres en surcos de maldad y de impureza, porque por cada pecado puedes cosechar siete amarguras". **(Ecl. 7)**

"Si te resistes y no aceptas dedicarte a hacer el mal, ni a pensar el mal, entonces lograrás que el mal no te domine". **(Ecl. 7)**

"En todas tus acciones tienes que recordar el fin que te espera al terminar tu vida; si recuerdas el fin que te espera, evitarás muchos pecados". **(Ecl. 7)**

"De hoy en adelante no te enredes ni una vez más en pecados, porque **ni una sola vez quedarás sin castigo**". **(Ecl. 7)**

DAR

¿Olvidar el reír?
¿dedicarse a llorar?
¿Será que no conocemos
la alegría de dar?

Podemos con tan poco
disipar el sufrir
y empezar, nuevamente
a aprender a reír...

¡Ah, si conociéramos
la alegría de dar...!
Ser amable, es... la forma
más hermosa de amar.

Que reciban los otros
siempre nuestra bondad.
Ser fuente generosa
para todos beber.

Reconocerse agua
y darse, sin pensar,
pues las almas son plantas
a las que hay que regar.

Benditos, muy felices
los que logran decir:
"Hoy me he dado";
¡merecen la dicha de vivir!

¡Tanto se puede dar!
¡Tanto se puede hacer:!

A ese niño que pasa,
saludarlo con bondad.
A la mujer que sufre,
tratarla de animar.

Al hombre que trabaja,
se le puede agradecer.
Y podemos alabar
y siempre felicitar.

Y debemos demostrar
que sabemos apreciar;
olvidemos el sufrir
y dejemos de llorar.

Consigamos cada día
¡la alegría de saber dar!

EJEMPLOS INSTRUCTIVOS

San Leonardo oyó decir a un moribundo: "Mi mejor tesoro para llevarme a la eternidad son las misas que he ofrecido".

San Bernardo decía: "Si fueras capaz de ver los espíritus, verías en cada altar a los ángeles de Dios, mientras se celebra el Santo Sacrificio".

Santa Matilde preguntó a Nuestro Señor: "¿Qué método habrá para asegurarme una santa muerte?". Y una voz le respondió: "Asistir devotamente a la S. Misa".

San Juan Bosco repetía muchas veces: "Sed entusiastas por la Santa Misa. **Propagad la devoción a la Eucaristía, y veréis lo que son los milagros".**

A San Luis, rey de Francia, le contaban maravillados que una monjita veía a Jesucristo en la hostia durante la elevación, y él respondió: A mí no me admira esto. Yo estoy tan seguro de que Jesucristo está en la S. Hostia, que no necesito verlo para aceptar que sí está allí presente".

San Leonardo fue un propagandista de la Misa. Él repetía: "¿Por qué la gente no corre en tropel a asistir a la Eucaristía? Porque no tiene ni remota idea de los beneficios que les trae una misa. Si lo supieran correrían todos cada día a asistir a ella. Cien veces más te pagará Dios. Los minutos de tu misa los multiplicará por cien veces más. Los metros que recorres para ir al Santo Sacrificio, las incomodidades que tienes que sufrir, se multiplicarán por cien, y por mil."

LOS GRANDES HOMBRES Y LA VIRGEN

KEMPIS, el autor del famoso libro titulado: "La Imitación de Cristo", decía: "Nada conozco algo más glorioso para Ti, oh Madre de Dios, ni más consolador para mí, que el rezar devotamente el Avemaría". (Recémosla con un poquito más de atención).

HAYDIN: músico de fama mundial, afirmaba: Cuando se me hace rebelde la inspiración y no se me ocurren nuevas melodías, tengo un remedio: rezo atentamente el Avemaría".

EL CÉLEBRE ORADOR SAGRADO PADRE ROH, jesuita dijo una vez: "Tengo 60 años, y cada día noto que necesito más y más de una Madre y esa Madre es la Virgen María".

FELIPE II el rey más poderoso que ha tenido España, le aconsejaba a su hijo: "Reza atentamente tu Rosario y conseguirás ayudas admirables del cielo, e ideas magníficas e inesperadas".

AL POLÍTICO WINHORTZ, gran líder alemán le obsequiaron sus seguidores el dinero necesario para comprarse una lujosa casa. Él gastó ese dinero en construir un templo a la Santísima Virgen.

EL CARDENAL WYSINSKY, el más célebre arzobispo de Varsovia en el siglo XX, declaraba públicamente: "Toda la fuerza que he tenido para resistir y luchar a favor de la religión, la he recibido de Cristo **por medio de la Virgen María**!. Los que piden a Cristo por medio de la Madre Santísima que les dé valor para proclamar y defender su religión, obtienen con seguridad esta gracia maravillosa."

LO QUE UN HIJO PIENSA DE SU PADRE

* **A los siete años:** papá es un sabio. Todo lo sabe.
* **A los 14 años:** mi papá se equivoca en muchas cosas.
* **A los 20 años:** mi papá está atrasado en ideas. Está pasado de moda en lo que piensa.
* **A los 35 años:** si mi padre hubiera tenido las ideas que yo tengo, a esta hora sería ya millonario.
* **A los 45 años:** no sé si ir a consultar con "el viejo" este asunto. Tal vez pudiera aconsejarme.
* **A los 55:** qué lástima que se haya muerto "el viejo". La verdad era que tenia unas ideas muy claras y veía bien lo que se debía hacer. Pobre papá. "Lástima que lo vine a comprender demasiado tarde".

LO QUE UN NIÑO VE EN LA TELEVISIÓN

Los niños que ven una hora diaria en la Televisión, al terminar la primaria habrán visto aproximadamente lo siguiente:

* 2.000 asesinatos.
* 4.000 heridos con armas afiladas.
* 5.000 patadas.
* 10.000 golpes con garrotes o muebles.
* 12.000 heridas con armas de fuego.
* 25.000 heridas con otros objetos.

Y habrán oído:

* 50.000 insultos y agresiones verbales.

Y DESPUÉS LE DECIMOS
"¡PÓRTATE BIEN MIJITO!"
(J. Arango "El Colombiano", Medellín)

Fuera de los vicios no hay nada tan devastador como el ocio, el estarse sin hacer nada. La ocupación continua es factor de longevidad (Marden).

MANERAS DE AGRADAR A LA GENTE

Se puede ganar más amigos en dos meses si se interesa uno por los demás, que los que se ganarían en dos años tratando de obtener que los demás se interesaran por uno.

Los demás no se interesan por Ud. No se interesan por mí. Se interesan en sí mismos mañana, tarde y noche.

Adler, el famoso psicólogo vienés decía: "El individuo que no se interesa por los semejantes es quien tiene las mayores dificultades en la vida, y causa las mayores molestias a los demás. De estos individuos surgen todos los fracasos humanos".

Es posible leer veinte libros sin encontrar una frase más significativa que la anterior. (Carnegie)

Thurston, el decano de los magos, que tuvo el gusto de que más de sesenta millones de personas pagaran boleta en los teatros para verle actuar, decía a un confidente: "El secreto del atractivo que ejerzo sobre el público consiste en que yo me intereso por ellos. Cada vez que entro al escenario me digo: "Estoy agradecido con esta gente que ha venido a verme. Son ellos quienes me permiten ganarme la vida en forma agradable. Por ellos haré esta noche todo lo que pueda". Y añadió que cada vez que subía al escenario se decía a sí mismo: "Adoro a mi público, adoro a mi público".

Interesarse por los demás: este era el secreto de la asombrosa popularidad de T. Roosvelt. Su simpatía por la gente, aún por la más humilde queda demostrada por el hecho de que en la Casa Blanca saludaba uno por uno a todos los sirvientes, hasta el último peón de la cocina.

EL RICO DE LA PÁGINA EN BLANCO
(Un grave peligro)

M. Sablosky fue un católico de Polonia que se hizo célebre por las inmensas obras de caridad y de ayuda a los pobres que hizo durante su vida. Pero él cuenta la tristísima noticia que recibió en sus primeros años de juventud.

Dice Sablosky que él repartía muchas ayudas pero lo hacía todo por aparecer generoso y porque la gente hablara bien de él y lo estimara. Y que **una noche tuvo un sueño:** vió que llegaba al cielo a recibir su premio para toda la eternidad. Y Dios ordenó abrir el Libro de la Vida, donde según dice la S. Biblia está escrito todo lo bueno que uno ha hecho; y que proporciona los datos para que se le pague a cada uno según hayan sido sus obras (Apocalipsis 20,22). Y empezaron a pasar páginas y páginas de su vida y al llegar al título **"obras buenas"**, vio que **todas las páginas estaban en blanco y no había allí nada escrito para que recibiera premio.** Desilusionado preguntó por qué no estaban escritas allí sus obras si eran tantas las que había repartido; y un ángel le respondió: "Es que en el Libro de la Vida no se escriben para que reciban recompensa eterna sino únicamente las obras que se hacen por amor de Dios y del prójimo. Las que se hacen por orgullo y vanidad y por aparecer ante los demás, no se escriben jamás aquí. Y hasta ahora se ha dedicado a hacer sus obras únicamente por ser alabado de la gente, y no por tener contento a Nuestro Dios y Señor".

Cuenta nuestro hombre que cuando se despertó sudaba frío, y que desde ese día en adelante se propuso como único fin en sus buenas obras , tener contento a Dios y ayudar al necesitado, y nunca jamás el satisfacer su propio orgullo ni su deseo de aparecer o de ser estimado por la gente.

DEL MAL SE PUEDE SACAR BIEN

Si **Dostoievsky y Tolstoi** no hubieran tenido que pasar por angustias increíbles y torturantes, es posible que no habrían tenido la inspiración para escribir sus novelas que los han hecho famosos en todo el mundo.

Darwin, célebre sabio y científico, escribía: -"Si no hubiera sido así de inválido, como soy, seguramente no me habría dedicado a los estudios que he logrado hacer. Mis dolencias y mis defectos físicos me han ayudado mucho a dedicarme a la ciencia y a la investigación".

¿Y Lincoln? Si este hombre hubiera nacido de una familia rica y hubiera podido hacer cómodamente sus estudios y su matrimonio hubiera sido feliz, ¿habría acaso sentido la inspiración de liberar a los esclavos de Estados Unidos y de redactar discursos tan famosos como los que él pronunció? Lo dudamos seriamente.

Si San Juan Bosco, no hubiera tenido una niñez espantable pobre y sufrida, ¿se habría dedicado a fundar colegios para educar a los niños pobres y desamparados? Mucho lo dudamos.

Los noruegos, grandes navegantes, tienen este refrán: **"Los huracanes y los feroces vientos contrarios, son los que forman a los buenos marineros".**

¿Dónde podremos apoyar la falsa idea de que la vida cómoda y agradable y la ausencia de dificultades y la abundancia de riquezas son las que hacen que las personas lleguen a ser buenas, felices y santas y provechosas para la humanidad? Todo lo contrario: la fuerza de carácter y la fuerte personalidad se obtienen siempre en medio de las más impresionantes dificultades. Mientras más fuertes sean los vientos contrarios, mejor formado queda el marinero.

EL PLACER DE SERVIR

- Toda la naturaleza es un anhelo de servicio, sirve la nube, sirve el aire, sirve el surco.

- Donde haya un árbol que plantar, , plántalo tú, donde haya un error que enmendar, enmiéndalo tú; donde haya un esfuerzo que todos esquiven, acéptalo tú.

- Sé el que aparte la estorbosa piedra del camino, sé el que aparte el odio entre los corazones y las dificultades del problema.

- Existe la alegría de ser sano y la de ser justo; pero hay, sobre todo, la hermosa, la inmensa alegría de servir.

- Que triste sería del mundo si todo en él estuviera hecho, si no hubiera un rosal que plantar, una empresa que acometer!.

- Que no te arraigan solamente los trabajos fáciles . Es tan bello hacer lo que otros esquivan!

- Pero no caigan en el error de que sólo se hace mérito con los grandes trabajos; hay pequeños servicios: ador nar una mesa, ordenar unos libros, peinar una niña.

- Aquél que es critica, éste es el que destruye, sé tú el que sirve.

- El servir no es faena de seres inferiores, Dios, que da el fruto y la luz, sirve. Pudiera llamársele así; el que sirve.

- Y tiene sus ojos fijos en nuestras manos y nos pregunta cada día: Serviste hoy? A quién? A tu amigo? A tu madre?

GABRIELA MISTRAL

1 DE SEPTIEMBRE

EL VALOR DE UNA SONRISA

No cuesta mucho... pero hace ganar mucho.

Enriquece a quienes la reciben sin empobrecer a quienes la dan.

Se produce en pocos momentos y su recuerdo puede durar por mucho tiempo.

Nadie es tan rico que pueda pasarse sin ella, y nadie es tan pobre que no pueda alegrar con ella a los demás.

Aumenta la felicidad en el hogar, consigue la buena voluntad en los negocios y es el saludo y distintivo de los amigos.

Es descanso para los fatigados, ánimo para los decepcionados, alegría para los tristes, y hasta puede alejar preocupaciones.

Pero no puede ser comprada ni vendida, ni sirve si es postiza, porque es algo que no vale si no se produce espontáneamente.

Si por el cansancio, los empleados que atienden no son capaces ya de brindarle una sonrisa, no deje en cambio de obsequiarles una sonrisa suya.

Porque nadie necesita tanto una sonrisa como quien no tiene ninguna para dar. Quien desea agradar más a los demás que sonría un poco más.

UN DISCURSITO EUCARÍSTICO DE SAN BERNARDO

"Si te hincha el veneno del orgullo, come el Pan Sagrado que es la Eucaristía, y el pan humilde te hará humilde. Si la avaricia se apodera de ti, debes comer el Pan Celestial, la Santa Hostia, y el pan generoso te hará generoso. Si la brisa dañosa de la envidia sopla sobre ti, come el pan de los Ángeles y este Pan te dará un verdadero amor. Si te has entregado al exceso en la comida o en la bebida, debes comer el Cuerpo Santísimo de Cristo en la Eucaristía, y este Cuerpo que ha soportado tantos sufrimientos, te volverá más mortificado en el comer y en el beber. Si te atacan la pereza y la indiferencia y te vuelven frío como el hielo y ya no sientes gusto por rezar ni por hacer obras buenas, fortalécete con el Cuerpo de Cristo y Él te llenará de su entusiasmo para obrar el bien. Finalmente, si te sientes inclinado a la impureza, entonces y principalmente entonces, aliméntate con el Pan más santo que hay en la tierra, el cuerpo de Cristo y Él, completamente puro, te irá llevando hacia la pureza y castidad.

EL QUE COMA DE ESTE PAN VIVIRÁ ETERNAMENTE

PRECES POR LOS SACERDOTES

A nuestro Smo. Padre el Papa...
Dale Señor tu corazón de Buen Pastor.
A los sucesores de los Apóstoles.
Dales Señor, solicitud paternal
por sus sacerdotes.
A los obispos puestos por el Espíritu Santo.
Comprométélos con sus ovejas, Señor.
A los párrocos.
Enséñales a servir y no a ser servidos, Señor.
A los confesores y directores espirituales.
Hazlos, Señor,
instrumentos dóciles de tu Espíritu.
A los que anuncian tu Palabra.
Que comuniquen espíritu y vida, Señor.
A los asistentes del apostolado seglar.
Que lo impulsen con su testimonio, Señor.
A los que trabajan por la juventud.
Que la comprometan Contigo, Señor.
A los que trabajan entre los pobres.
Haz que te vean y te sirvan en ellos. Señor
A los que atienden a los enfermos.
Que les enseñen el valor del sufrimiento, Señor.
A los sacerdotes pobres.
Socórrelos, Señor.
A los sacerdotes enfermos.
Sánalos, Señor.
A los sacerdotes ancianos.
Dales alegre esperanza, Señor.
A los tristes y afligidos.
Consuélalos Señor. **Amén**

REMEDIOS QUE PUEDEN HACER MUCHO MAL

La inclinación sensual en el ser humano es tan fuerte que muchas veces de los mismos remedios para evitar el pecado se toma pie para pecar más. Por eso hay que tener cuidado al hablar de ciertos temas. No hay que emplear ciertos términos o descripciones que en vez de apagar aumentan el incendio sensual. Desde que se empezó a dar iniciación sexual en público a la gente joven, se multiplicaron por cinco los pecados sexuales, porque las descripciones de muchísimos de los que hablan de esto no pretenden sino enseñar "cómo pecar sin infectarse", y encienden en su auditorio muchas pasiones que estaban dormidas.

Siempre es peligroso profundizar en el tema de la generación porque el ponerse a pensar en este tema causa mecánica e involuntariamente la emoción de los sentidos y hace estallar en deseos al corazón. (Entre hablar inconsideradamente del sexo, y callar totalmente, hay un abismo).

Otro peligro es ponerse a pensar o cavilar acerca de lo malo que se ha hecho o que hay peligro de cometer. (Cavilar es fijar el pensamiento en una idea. Pensar y pensar acerca de eso). Aunque se haga para arrepentirse o para buscar remedios, este pensamiento es como un combustible que enciende la pasión y los deseos.

El sabio Foerst decía: "**Un gran peligro para contraer la impureza es vivir pensando constantemente en ella,** el concentrar el espíritu sobre este tema".

CASTIDAD NO EXISTE SIN HUMILDAD

Hace 19 siglos el Papa San Clemente escribía: "**Quien tiene la castidad no se llene de orgullo, porque la castidad es un regalo de Dios.** Y los que se enorgullecen pierden fácilmente la castidad. La castidad va unida a la humildad como la sombra al cuerpo cuando hace sol."

San Agustín decía de una persona: "**Tengo serio temor de que pierda la castidad, porque está perdiendo la humildad,** y las dos acostumbran andar siempre juntas".

Una de las más fieles guardianas de la castidad es la humildad. Si se pierde la humildad, queda la castidad expuesta a grandes ataques de los enemigos del alma.

Y San Agustín nos cuenta una amarga experiencia suya: "**Dios mío: castigabas mi orgullo, dejándome caer en vergonzosos pecados de impureza...** Quien recuerde lo tremendamente débil que es en cuanto a castidad, ¿podrá llenarse de orgullo y atribuir su virtud a sus propias fuerzas?... Gracias Señor por haberme perdonado tantos pecados de impureza y por haber curado mi orgullo con tantas humillaciones (Confesiones).

Por eso el Libro **Imitación de Cristo** dice: "**Cuidado con el orgullo y la vanidad. Por haberse enorgullecido, muchísimos han caído**".

VOY CONTANDO TUS PASOS

En las Vidas de los santos se narra el caso de un antiguo religioso que para que le quedara más fácil asistir a la misa de cada día, puso su cabaña muy cerca de la Iglesia. Y un día oyó una voz desde el Sagrario que le decía: **"Voy contando los pasos que das para venir a la Misa. Cuantos más pasos tienes que dar, más premios vas a recibir".** El religioso volvió a construir su cabaña en la alta montaña, muy lejos de la Iglesia, para que teniendo que dar muchos pasos por caminos difíciles, para ir cada día a su Misa, tuviera también una gran recompensa en la hora del premio en el cielo.

Hoy a muchas personas, parece que Dios les quiera recordar: "Estoy contando tus pasos: estoy llevando cuenta de los sacrificios que te cuesta el ir a la Misa: ¿tienes que madrugar? ¿La Iglesia queda lejos? ¿Tienes que cerrar tu negocio por una hora? ¿Hace frío o mucho calor? ¿Te aburres? ¿Te da mareo?... Ojo: **Estoy llevando la cuenta de los sacrificios que te cuesta asistir a Misa.** A mayores sacrificios mayor será tu premio! Y Jesús nos recuerda sus palabras en el Apocalipsis: "He aquí que vengo: traigo para cada uno su sueldo: el premio de lo que cada cual ha ganado con sus buenas obras". A mayor esfuerzo, más alto sueldo para la eternidad.

"UNA SANTA MISA VALE MAS QUE TODAS LAS ORACIONES DEL MUNDO"

(San Juan Vianey)

APRENDE A DIALOGAR

1. Todos tenemos una porción de verdad. Unirnos para formar una verdad más grande, eso es diálogo.
2. Antes de convencer a otro de tu verdad, convéncele de que crees en su valía y libertad.
3. Habla con claridad de ideas. Lo lograrás meditándolas y viviéndolas con anterioridad.
4. Evita modos violentos. Que tus frases no parezcan órdenes ni definiciones.
5. Sé generoso. Presta atención a las afirmaciones y argumentos ajenos. Regala porciones de razón.
6. Ten simpatía y paciencia. Huye de la discusión y de condenar de antemano.
7. Confía en lo positivo de tu postura. Después, en la capacidad del otro para aceptarla.
8. Atente a las circunstancias. Observa si quien te escucha es joven, adulto, rudo, culto.
9. En un diálogo no debe haber vencedores ni vencidos.
10. La atmósfera para obtener paz es el diálogo.

NO OFENDAS A NADIE NI EN MUCHO NI EN POCO.
(S. Biblia)

Cada día alegremos a los demás con alguna jocosidad y con alguna palabra sobrenatural que le haga bien a su alma (San Felipe.)

Jesús había anunciado:
"EL HIJO DEL HOMBRE SERÁ CRUCIFICADO, MUERTO Y SEPULTADO Y AL TERCER DÍA RESUCITARÁ".
Todo se cumplió como Él lo anunció.

JESÚS RESUCITADO YA NO VUELVE A MORIR. SI ÉL RESUCITÓ TAMBIÉN NOSOTROS RESUCITAREMOS.

EN UNA TENTACIÓN DE DESESPERACIÓN

Cuando San Francisco de Sales era joven estudiante en París, le sobrevino una terrible tentación de desesperación con temor de que se iba a condenar. Perdió el apetito y casi no dormía. Se estaba agotando de debilidad, y la tentación era cada día más fuerte. Un día entró a la Iglesia de San Esteban, y se arrodilló ante una imagen de Nuestra Señora. Vio allí grabada a los pies de la Virgen la famosa oración de San Bernardo: "Acuérdate oh Madre Santa -que jamás se oyó decir que alguno te haya implorado – sin tu auxilio recibir – por eso con fe y confianza – humilde y arrepentido – lleno de amor y esperanza – este favor yo te pido". La rezó con toda fe **y en ese momento la Virgen Santísima le alejó para siempre la tentación** de desesperación. San Francisco de Sales llegó a ser uno de los santos más alegres y de mayor confianza en la bondad de Dios y estas cualidades las recomendaba mucho. Durante toda su vida, en agradecimiento a la Madre de Dios, repartió por doquiera que iba, millares de hojitas con esta oración.

UNA VIDA POR TRES AVEMARÍAS

AL GENERAL ZABALA LO IBAN A FUSILAR, en España, por causa de una revolución. Cuando ya estaban listos los soldados para recibir la orden de dispararle, se oyó en la torre la señal de las campanas que tocaban el Angelus. Conforme a la costumbre de ese tiempo, todos se quedaron un rato en silencio rezando las tres avemarías. Cuando terminaron de rezar, llegó un jinete a todo galope trayendo el decreto del rey por medio del cual le perdonaba la vida a Zabala. El general decía después muy complacido: "le debo mi vida a tres avemarías".

DIEZ MANDAMIENTOS DE LAS RELACIONES HUMANAS

1. Todo el bien que deseamos que los demás nos hagan a nosotros, hagámoslo nosotros a ellos.
2. Amar a los demás como nos amamos a nosotros mismos.
3. Hablar a las personas amablemente, no hay nada tan agradable como una frase alegre al saludar.
4. Sonreír a la gente. Se necesita la acción de 725 músculos para fruncir el ceño y sólo 15 para sonreír.
5. Llamar a las personas por su nombre; la música más agradable para el oído de cualquiera, es el sonido de su propio nombre.
6. Ser amigable y cortés; si se desea tener amigos hay que ser agradable.
7. Ser cordial, hablar y actuar como si todo lo que se hace fuese un placer.
8. Interesarse verdaderamente en las personas; se puede simpatizar con ellas, si nos proponemos.
9. Ser generoso para hacer resaltar las buenas cualidades y cuidadoso al criticar.
10. Tener consideración hacia los sentimientos de los demás.

"LO QUE NO QUIERAS PARA TI, NO LO HAGAS A NADIE" **(Tobías)**

SI QUIERES

SI QUIERES SER GRANDE...
...hazte humilde y pequeño...

SI QUIERES SER INMENSAMENTE RICO PARA EL CIELO...
tienes que repartir tus bienes con los pobres de la tierra.

SI QUIERES LLEGAR A LA SANTIDAD TIENES QUE AMAR, AMAR, AMAR.
Amar a tu Dios con todas tus fuerzas y al prójimo como te amas a ti mismo.

SI QUIERES SER SABIO: TIENES QUE NO DEJAR DE ESTUDIAR.
A quien deja de leer y de aprender, se lo lleva la corriente de la mediocridad.

SI QUIERES QUE TE AMEN: TIENES QUE AMAR.
"Como cada uno trate, así será tratado".

"SI QUIERES SER EL PRIMERO, TIENES QUE HACERTE EL ÚLTIMO".
Así lo dijo Jesús.

SI QUIERES GOZAR PARA SIEMPRE EN EL CIELO.
tienes que privarte de ciertos placeres sensuales indebidos en la tierra.

SI QUIERES QUE DIOS HABLE BIEN DE TI EN LA ETERNIDAD TIENES QUE HABLAR BIEN DE DIOS EN ESTA VIDA.

Así lo prometió el evangelio.

NORMAS QUE HACEN MUCHO BIEN
(Por Og Mandino)

1ª Si concentro todos mis esfuerzos en un punto, como gota de agua que cae sobre una roca, lograré al fin taladrar las dificultades y llegar al éxito.

2ª **No me contentaré con lo que he obtenido.** Buscaré todavía mucho más. Aún no he llegado al número de éxitos que Dios determinó concederme.

3ª **Recurriré a Dios, pidiéndole fortaleza para superar mis debilidades.**

4ª Mis fracasos y debilidades me han hecho caminar con la cabeza baja. De ahora en adelante levantaré la cabeza y pensaré en las oportunidades que me esperan.

5ª **Buscaré ayudas del cielo,** en vez de andar arrastrándome buscando sólo ayudas del suelo.

6ª **Las oportunidades no vienen a llamarme.** Están esperando a que yo vaya a llamarlas y a buscarlas. **"Todo el que busca encuentra"**, dijo Jesús.

7ª **Gracias, Señor, por lo que soy y por lo puedo ser.** Apenas estoy empezando a proyectar los grandes planes de éxitos que Tú has trazado para mí.

8ª **Venga a nosotros la bondad del Señor, y haga prósperas las obras de nuestras manos** (Salmo 90).

NEGAR AYUDA PUEDE SER TAN PECADO COMO ROBAR

Por San Basilio

Negar a los pobres lo que tienes y les puedes dar, puede ser tan pecado como robar lo que no tienes. El pan y alimento que te sobra en tu casa no es tuyo, es de los pobres. Los vestidos que guardas y que no usas casi, no te pertenecen, pertenecen a los necesitados. El dinero que tienes inactivo, allá guardado, debería ser el dinero que ayudara a los presos a solucionar sus penas. No te **condenará quizás Dios por haber robado lo ajeno sino por no haber dado lo propio.** Recuerda la terrible sentencia que va a ser pronunciada. Qué horror te producirá, y qué sudor, y qué tinieblas te rodearán si en el día del Juicio Final tienes que escuchar aquellas tremendas palabras de Jesucristo: **"Id malditos al fuego eterno porque tuve hambre y no me disteis de comer, era pobre y no me habéis regalado vestidos, estaba enfermo y no me fuisteis a visitar, y estando preso no me habéis ido a consolar... Todos los favores que les habéis negado a los otros, aunque haya sido a los más humildes, a Mí me los habéis negado"** (Mateo 25,42).

Me dirás: "Esas recomendaciones que me haces son buenas, pero más sabrosas y buenas son mis riquezas para amontonarlas y no gastarlas". Yo te respondo: "recibirás cien veces más en casas, medicinas, estudios, paz.. y ¡después la Vida Eterna! ¿No querrás poner tus bienes en el Banco de la Caridad que es el que mejores intereses paga?

Pero piensa en otro detalle más agradable todavía: imagínate a toda la multitud de las personas socorridas por ti, rodeando el Tribunal del Dios que te va a juzgar y clamando: "¡Perdónale Señor porque teníamos hambre y nos daba de comer, éramos pobres y nos regalaba, limosnas."

LO QUE DECIDIÓ LA VOCACIÓN DE SAN IGNACIO

San Ignacio de Loyola era un brillante militar, por allá en el año 1500. Pero en una batalla lo hirieron en una pierna y tuvo que quedarse en cama por varios meses. En la aburrición de la quietud pidió que le llevaran novelas para leer, pero afortunadamente no las había en aquella casa. Entonces le llevaron unos libros religiosos. Una Vida de Jesucristo y unas Vidas de Santos. **Y le sucedió algo especial:** antes, cuando leía novelas y libros mundanos se quedaba con una profundísima tristeza en al alma, y ahora al leer la Vida de Cristo y las Vidas de los Santos adquiría un gozo inmenso en su espíritu y una alegría tan profunda como nunca antes la había sentido.

Y de estas lecturas le nació un pensamiento: Y si éstos hicieron tantas cosas buenas a favor de la salvación de los demás, **¿por qué no voy a poder hacerlas yo también?** Si San Francisco, Santo Domingo y otros, dedicaron totalmente su vida a conseguir que Dios fuera más conocido y más amado y que las gentes se volvieran más buenas, **¿por qué no voy a poder yo también hacer lo mismo?**

Y de estas lecturas nació su vocación al sacerdocio, a la vida religiosa, al apostolado. Lo que puede una buena lectura.!

Cuántos jóvenes se han entusiasmado por la vida sacerdotal al leer por ejemplo la Vida de San Juan Bosco, o de San Francisco, de San Vicente, o la de Santo Domingo Savio, la del padre Pio, o la de San Juan Vianey, etc.

LO QUE VIO UN SABIO POR LA VENTANA

En el capítulo 7 del Libro de los Proverbios del rey Salomón, el sabio escritor cuenta con amargura lo que vio desde la ventana.

"Estaba yo en la ventana de mi casa mirando hacia la calle viendo pasar la gente, **y vi llegar a un joven inexperto y sin experiencia ni prudencia. Y de repente le salió al paso una mujer corrompida y corruptora,** de esas que les gusta andar por las calles y que en vez de estar en casa viven casi siempre por fuera. Se puso a hablarle desvergonzadamente al joven, y lo abrazó y le propuso ofender a Dios pecando. Y con sus zalamerías y palabras dulces logró convencerlo, **y como un bobo, el idiota se fue con ella...** y yo pensaba: "**pobrecito: va como un buey al matadero, como un venado atrapado por el lazo del cazador** para que un puñal atraviese su corazón, como un ave que cae en la trampa sin darse cuenta de que allí va a quedar esclavizada su vida... Y por eso yo te digo joven: escúchame con atención: cuídate de la mujer fácil. No andes fijándote tanto en su belleza porque a muchos ha perdido la seducción y el atractivo de la mujer. Cuántos hay que eran robustos espiritualmente y el amor de una mujer les mató el alma".

❁❁❁❁❁❁❁❁❁❁❁❁

La S. Biblia dice: "**Por el atractivo de ciertas mujeres se perdieron muchos, porque junto a ellas la pasión devora como fuego**" Ecles. 9,8).

UN TRAICIONERO DIFÍCIL DE GOBERNAR

Confucio, el famoso sabio y filósofo chino que vivió 500 años antes de Cristo decía: "Si quieres gobernar bien a la nación, tienes que aprender primero a gobernar bien tu casa. Si quieres gobernar bien tu casa tienes que aprender a gobernarte a ti mismo: Si quieres gobernarte bien a ti mismo **tienes que aprender a gobernar tu corazón.**

Y es que no basta con recibir de Dios una gran inteligencia como Salomón, o una descomunal fuerza como Sansón o un atrevimiento heroico para combatir, como David, porque **estos tres no supieron gobernar su corazón** y Salomón a pesar de tanta sabiduría fue víctima de las mujeres que le hicieron perder la fe; y Sansón a pesar de su fuerza increíble cayó en manos de Dalila que le hizo sacar los ojos, y David a pesar de que era invencible en las batallas, se dejó seducir por Betsabé y por hacerla su esposa mandó matar al marido de ella. Qué grandes desgracias trae a una persona el no saber gobernar su corazón. Por eso el Salmo 141 nos manda decir: **"Oh Señor Dios: no dejes inclinarse mi corazón a la maldad, ni a cometer acciones indebidas".** Es una oración que deberíamos repetirle mucho a Dios, porque el corazón puede traicionarnos y llevarnos a cometer impurezas que jamás habríamos creído que llegaríamos a cometer. El corazón es traicionero! No hay que darle demasiados gustos porque se vuelve exigente en demasía y lleva a cometer locuras.

UNA SIMPÁTICA SUPOSICIÓN

Supongamos que Ud. hubiera vivido en los tiempos de Jesús. El Jueves Santo por la tarde oye tocar a la puerta de su casa y abre. Oh! Es María Santísima...! "Buenas tardes – ella dice – les traigo una invitación de mi Hijo para asistir a la Cena que esta noche va a dar a sus discípulos y amigos, como despedida. Convertirá el pan y el vino en su cuerpo y sangre y dará ese manjar a todos los que allí estén. ¿Quieren Uds. asistir?".

¿Qué le hubiera respondido Ud.?

Pues si Ud. va los domingos a Misa le habría respondido: "Oh! Señora: qué gran gentileza tiene Jesús para con nuestra humilde familia! ¿Invitarnos a su Cena? Claro que sí vamos. Claro que sí! Muchas gracias...". Y ni Ud. ni su familia habrían faltado.

Pero si Uds. no fueron el domingo a Misa y no acostumbran ir al Sto. Sacrificio: **¿sabe Ud. qué le habría dicho a Nuestra Señora?** "Siento mucho: en mi casa no tenemos tiempo para esas cosas. Nosotros tenemos tiempo para charlar, comer y dormir, pero para Dios... No tenemos tiempo". Y le habría Ud. echado la puerta a la cara a la Virgen Santa. ¿Le parece terrible eso? No se equivoque: pues eso es lo que Ud. dice y hace cada domingo, cuando Dios lo invita a **la Cena del Señor, que es la S. Misa y no va.**

DOCE REGLAS DE ORO

1. Por estar alegre y feliz, dar gracias a Dios.
2. En la mañana, hacer una oración fervorosa.
3. En el trabajo, poner una buena intención.
4. Si se sufre, luchar y no dejarse abatir.
5. Si uno se siente ofendido, saber perdonar de corazón.
6. Ante un error de los demás, ser indulgente.
7. Si se es culpable, buscar el arrepentimiento.
8. Ante un fracaso, volver a empezar.
9. Ser humilde ante una buena acción.
10. Aliviar el dolor de quien sufre.
11. Y al llegar la noche, olvidar todo lo negativo.
12. Y Agradecer a Dios por un día más.

CURIOSIDADES

DATOS IMPRESIONANTES ACERCA DE LA MÚSICA ROCK

El rock ha recogido algunas prácticas de las tribus africanas, como el vudú, las cuales llevan a quien las escucha **a un estado de máxima excitación sexual.**

El rock es un ritmo que se usa para martillar con insistencia las emociones, **paralizando física y sicológicamente la conciencia,** y produciendo excitación nerviosa y frustración incontrolable.

El rock va acompañado muchas veces de histeria colectiva (histeria es una excitabilidad nerviosa que lleva a desequilibrios sexuales) y esa histeria conduce a ritos sexuales depravados y hasta a la perversión.

En la música rock **se emplean las técnicas más sofisticadas para pervertir la mente y el corazón de la juventud.**

El problema más grave del rock es ese golpeteo rítmico, que produce repercusiones sicológicas en el organismo, aumenta las palpitaciones del corazón, y hace producir más adrenalina (la sustancia que invita a la agresividad).

Otra técnica muy perjudicial son **las luces que lo acompañan,** las cuales al ir cambiando, producen pérdida del sentimiento de profundidad (si varían de seis a ocho veces por segundo) o la pérdida de concentración (si cambian 25 veces por segundo) o la pérdida de toda capacidad de control (si cambian más de 25 veces por segundo) y llevan al individuo a romper todas las barreras morales, y hacen que la persona pierda todos sus mecanismos de defensa, sin darse cuenta.

Médicos muy famosos han demostrado que el **escuchar música rock trae daños al oído, a la vista, o a las vértebras,** agotamiento nervioso, miedos infundados, indigestión, hipertensión e inclinación a la droga.

La música rock puede manipular el cerebro de una manera muy semejante como lo hace la droga, dicen los especialistas.

Así que la música rock **no es un pasatiempo inofensivo;** es algo tan mortal y tan dañino como la droga, el bazuco, la marihuana y puede destruir o disminuir la vida espiritual de quien la escucha.

"Quien se expone al peligro, en él perece".

FÓRMULA MAGÍCA PARAGANARSE LA LOTERÍA

En el siglo pasado vivió uno de los hombres más famosos por sus milagros y sus profecías: San Juan Bosco. Su fama volaba de boca en boca. A unos les anunciaba cuántos años iban a vivir, a otros les decía lo que iban a ser en el futuro, y a muchos les leía los pecados en la frente antes de que se los dijeran en el confesionario. En total hizo más de ochocientos milagros.

Un hombre pobre oyó hablar de las maravillas que hacía este humilde sacerdote y corrió en su busca para preguntarle algo muy importante: LA FÓRMULA PARA SACARSE LA LOTERÍA. Quería que el santo le dijera qué números debía escoger al comprar el billete.

San Juan Bosco meditó un rato y luego le contestó con plena seguridad: "**los números mágicos** para que Ud. se saque la lotería son estos: 10-7-14. Puede conseguirlos en cualquier orden y se la sacará". El hombre se llenó de alegría y ya se despedía para salir corriendo a comprar el billete, cuando el santo, tomándolo del brazo le dijo sonriente: "Un momento, que todavía no le he explicado bien los números ni le he dicho de qué clase de lotería se trata. Mire: estos números significan lo siguiente: 10 significa que Ud. debe cumplir los diez mandamientos. 7 significa que Ud. debe recibir con frecuencia los sacramentos, que son siete. Y 14 significa que Ud. debe practicar las 14 obras de misericordia. Si Ud. cumple estas tres condiciones: observar los mandamientos, recibir bien los sacramentos y practicar las obras de misericordia, se va a sacar **la más estupenda de todas las loterías:** la gloria eterna del cielo".

AHORA QUE ESTOY VIVO

Prefiero que compartas conmigo unos pocos minutos ahora que estoy vivo. Y no una noche entera cuando yo muera. Prefiero que estreches suavemente mi mano ahora que estoy vivo. Y no que apoyes tu cuerpo sobre mi cadáver cuando yo muera. Prefiero que hagas una breve llamada ahora que estoy vivo. Y no que emprendas un inesperado viaje cuando yo muera.

Prefiero que me regales una sola flor ahora que estoy vivo. Y no que me envíes un hermoso ramo cuando yo muera.

Prefiero que elevemos al cielo una corta oración ahora que estamos vivos. Y no unas alabanzas cuando yo muera. Prefiero que me digas unas palabras de aliento ahora que estoy vivo. Y no un desgarrador poema cuando yo muera.

Prefiero escuchar un solo acorde de guitarra ahora que estoy vivo. Y no una conmovedora serenata cuando yo muera.

Prefiero que me dediques una leve plegaria ahora que estoy vivo. Y no un poético epitafio sobre mi tumba cuando yo muera.

SÓLO POR HOY

Por Og Mandino

Sólo por hoy haré algún favor a alguien y no negaré un favor a quien lo necesite, si en mi poder está el poder hacerlo. No quiero ir esta noche al descanso sin haber hecho alguna buena acción a favor de otro. Cristo ha prometido que no dejará sin recompensa aunque sea un vaso de agua que regalemos a los demás, en honor a Él.

Sólo por hoy haré algún pequeño sacrificio. Dejaré de decir una palabra indebida o cerraré mis ojos ante una escena inconveniente en TV o en la calle, comeré algo que no me agrada (pero que no me haga daño) o dejaré de comer algún alimento que me atrae mucho; trataré con cariño a quien me resulta antipático; me dedicaré con mayor entusiasmo a cumplir bien mis deberes, rezaré por quienes me han ofendido, emplearé unos minutos en rezar etc. Cada pequeño sacrificio me fortifica mi voluntad y me trae premios eternos.

Sólo por hoy trataré de ser agradable. Tendré el rostro lo más alegre y amable que pueda (mi rostro no me pertenece a mí. Pertenece a los demás. Quiero regalarles un rostro que signifique alegría y aprecio y bondad). Trataré de que el tono de mi voz sea ni tan bajo que demuestre apocamiento o tristeza, ni tan alto que demuestre altanería o superficialidad. Hoy mis palabras serán generosas en alabar, y mi lengua se callará cada vez que quiera criticar. No me dedicaré hoy a juzgar o a criticar a los demás (porque eso lo ha prohibido Nuestro Señor) pero sí me dedicaré a pensar bien de todos porque esto hace mucho bien.

Discursito animador

¡NO CANSARSE NUNCA DE PROGRESAR!

Llegar es detenerse; detenerse es estancarse; y estancarse, es morir en vida. Desdichado el ser humano que piensa que ha llegado, coronado su obra o terminado su empresa; desventurada la sociedad que cree que ha logrado su objeto o cumplido su fin; desdichado el pueblo que siente que ha alcanzado la meta.

Los hombres, los núcleos sociales y los pueblos nunca deben pensar que han llegado al término, sino en avanzar siempre, en ascender perpetuamente.

Surgir todos los días, con una luz más en el cerebro, con una nueva canción dentro del alma, la vista fija en el confín brumoso y lejano donde sonríen los ideales, con un paso más hacia delante, o a un lado, pero nunca atrás, echando al viento del tiempo que pasa, como hojas secas, ideas y ensueños acariciados ilusoriamente ayer, un día, un año. Tal es la ley de la vida, alta, radiante, serena. **Detenerse, es comenzar a perder.**

¡Jóvenes! La lucha os aguarda en la existencia con todos sus deleites y con todos sus amargores. Seguid luchando firmes y serenos, resueltos y sin desánimos, entusiastas y abiertos de alma y cerebro, hasta la hora de la muerte.

Si alguien no cree en la realidad de su ideal, que le consagre siquiera un minuto cotidiano de esfuerzo heroico y de labor caldeada, y la fe florecerá en su vida como entusiasta sugestión de su existencia, para alegría de su alma y para gloria del Dios que lo creó.

P. Juan Ramón Uriarte

ORACIÓN DE SANTA TERESITA POR LA SANTIFICACIÓN DE LOS SACERDOTES

Oh Jesús que has instituido el sacerdocio para continuar en la tierra la obra divina de salvar a las almas: protege a tus sacerdotes en el refugio de tu Sagrado Corazón. Guarda sin mancha sus manos consagradas que diariamente tocan tu Sagrado Cuerpo; y conserva puros sus labios teñidos con tu Preciosa Sangre. Haz que se preserven puros sus corazones, marcados con el sello sublime del sacerdocio, y no permitas que el espíritu del mundo los contamine. Aumenta el número de tus apóstoles, y que tu santo amor los proteja de todo peligro. Bendice sus trabajos y fatigas, y que como fruto de su apostolado obtengan la salvación de muchas almas que sean su consuelo aquí en la tierra y su corona eterna en el cielo. Amén.

ORACIÓN DE S.S. JUAN PABLO II POR LAS VOCACIONES

Señor Dios, Padre Celestial: la mies es mucha y los obreros pocos. Envía obreros para tu mies. Envíanos muchos santos evangelizadores que anuncien tus mensajes a todas las gentes. Recibe nuestro agradecimiento por las Vocaciones que por medio de tu Espíritu Santo regalas continuamente a tu Iglesia. Te suplicamos que llenes de santidad a los sacerdotes y misioneros, a las personas consagradas en la vida religiosa y a los apóstoles laicos. Concede fortaleza y perseverancia en su vocación a quienes se preparan al sacerdocio o a la vida religiosa. Vuelve también hoy tu mirada hacia la juventud e invítale a seguirte, y concédele prontitud y generosidad para escucharte. Y la fuerza de dejarlo todo para seguir tu llamada. Amén.

SE SOLICITA UNA PERSONA

- ✔ Para un buen trabajo, con mucho futuro.
- ✔ Que encuentre que hacer sin que la tenga que man dar el jefe.
- ✔ Que llegue a tiempo al trabajo todos los días y que no ponga en peligro la seguridad de los de más tratando de ser la primera en salir e irse.
- ✔ Una persona que sea moral, educada y pulcra.
- ✔ Que no se ponga malhumorada porque tenga que trabajar una hora extraordinaria en alguna ocasión.
- ✔ Que sepa escuchar atentamente cuando se le habla y que sólo haga preguntas para estar segura de que podrá cumplir fielmente las instrucciones que ha recibido.
- ✔ Que lo mire a uno a la cara y le diga la verdad cuando sea necesario pero con mucha bondad y amabilidad.
- ✔ Que no se compadezca de sí misma porque tiene que trabajar, sino que se sienta feliz trabajando.

OJALA SEA USTED ESA PERSONA...

En cualquier parte, el mundo busca y necesita urgentemente personas que sean así. QUIEN CUMPLE BIEN SUS DEBERES Y DE CADA DIA TENDRÁ PREMIO EN ESTA VIDA Y EN LA ETERNA

LA NOTICIA QUE TRANSFORMÓ UN BARRIO

Cuentan que uno de los barrios de una gran ciudad tenía el defecto de que sus gentes no eran suficientemente atentas y caritativas unas con otras. Y una vez llegó un santo misionero, el cual reuniendo a toda la población les dijo: en este barrio hay una persona en la cual está encarnado Dios. Así que tengan mucho cuidado en tratarla muy bien. No les digo quién es, pero aquí hay una persona en la cual está encarnado Dios, y es la persona que Uds. menos se imaginan. Fíjense bien cómo la tratan, porque Dios les premiará el buen trato que le den a esa persona".

Desde aquel día todas aquellas gentes empezaron a tener un trato respetuoso y amable con los demás. Subían a un bus y decían: ¿será que Dios está encarnado en este chofer?" Iban por una calle y decian: ¿será en este vendedor en el que está encarnado Dios? y con qué amabilidad los trataban. Los papás veían a sus hijos y se preguntaban: "¿No estará Dios encarnado en alguno?" y se mostraban muy atentos con ellos. Lo mismo los hijos pensaban: ¿y no será que es uno de nuestros papás que está encarnado Nuestro Señor? y así todos los demás.

Al cabo de varios meses volvió el santo misionero y les preguntó: ¿Cómo ha estado el trato y la amabilidad entre ustedes?

Todos respondieron:

-Muy bien. Cada cual ha tratado a los demás con inmenso respeto por si acaso en alguno de ellos estaba encarnado Dios.

Pues sí –dijo el misionero-. Si es verdad que en cada persona que Uds. han tratado, estaba encarnado Nuestro Señor, porque Jesucristo el Hijo de Dios dijo: "Todo el bien que le han hecho a cualquiera de estos, aunque sea al más humilde, yo lo recibo como si me lo hubieran hecho a mí. Pero todo el bien que no han querido hacer a los demás, aunque haya sido al más humilde, yo lo cobro como si me lo hubieran negado a mí en persona" (Mat. 25).Z

Y desde entonces aquellas gentes siguieron tratándose con gran respeto y amabilidad unos a otros porque sabían que el Hijo de Dios está representado y como encarnado en cada uno de los prójimos que tenemos que tratar.

UN TESORO PRECIOSO

Santo Tomás de Aquino dejó escrito: "Cada misa disminuye la fuerza de nuestras pasiones pecaminosas, cada Misa anima a obrar bien y aumenta la castidad, hace más grande nuestro amor a Dios y al prójimo, y nos consigue fuerzas para sufrir con paciencia las adversidades.

San Juan Vianey fue un propagandista incansable de la asistencia al Santo Sacrificio. Él decía a sus discípulos: "La S. Misa es el gran remedio para aplacar la ira de Dios y tener lejos de nosotros los castigos divinos. Cuando deseamos agradecer a Dios por algún favor, el mejor modo es ofrecerle la Eucaristía. Ir a Misa es como recibir de Dios la llave de oro para entrar al depósito donde tiene todas sus bendiciones y sus favores, y sacar cuantos tesoros queramos. Con la misa se puede obtener: Favores para el alma, (progreso en la santidad y buena conducta), salud para el cuerpo, y mejoramiento en la situación económica. ¿Necesitas descanso eterno para el alma del ser querido que ha pasado a la eternidad? ¿Deseas vencer una tentación que te hace ofender al Señor? Vete a la Misa. Ella es como un canal que te trae desde el cielo todos los favores que allá están depositados".

VALE MÁS UNA MISA OFRECIDA EN VIDA, QUE MIL DESPUÉS DE MUERTO

(S. Juan Vianey)

CURIOSIDADES:

La primera nave de Colón se llamaba la "Santa María". La bandera que ondeó por primera vez en América tenía la imagen de la Virgen Santísima. **El día en que Balboa descubrió el Océano Pacífico** llegó a sus aguas con una bandera en la cual iba la imagen de la Inmaculada y el descubridor entró en las olas diciendo: "Oh Madre de Dios: mantened en calma las aguas de este mar".

Santa Teresa consagró a María Santísima todas sus casas y en las reuniones dejaba siempre un puesto libre junto a la superiora para la Virgen María.

Todas las Iglesias que San Bernardo construyó en los numerosos conventos que fundó las dedicó a la Madre de Dios.

El Santo Cura de Ars cuando era joven campesino, para animarse a trabajar en el campo cuando estaba desyerbando, colocaba unos metros más adelante una estatuita de Nuestra Señora y decía: "Desyerbo hasta allá, por amor a Dios", y lo hacía, y luego volvía a colocar la estatuilla un poco más adelante y repetía su frase. Así lograba trabajar horas y horas con gran fervor.

"SOY TODO TUYO OH MARÍA" ESTE HA SIDO EL LEMA DE MI VIDA

Juan Pablo II

PLEGARIA DE LA NOCHE

Padre mío, ahora que las voces se silenciaron,
los clamores se apagaron,
elevo hasta ti mi oración para decirte:
Creo en Ti, espero en Ti, te amo con todas mis fuerzas.
Deposito en tus manos la fatiga y la lucha,
las alegrías y desencantos de este día que quedó atrás.

Si los nervios me traicionaron, si los impulsos egoístas me dominaron, si dí entrada al rencor o a la tristeza, perdón, Señor, ten piedad de mí. Si dejé de hacer el bien, si he sido infiel, si pronuncié palabras vanas, si me dejé llevar por la impaciencia, si fui mal ejemplo para alguien, perdón, Señor. No quiero dedicarme esta noche al sueño, sin sentir sobre mi vida tu misericordia, y el perdón para todos mis pecados, Señor.

Te doy gracias, Dios mío, porque me has protegido durante este día. Te agradezco, porque como padre cariñoso, me has cuidado a lo largo de cada minuto y cada hora.

Madre mía, Auxiliadora dame tu bendición y que este descanso sea vida y entusiasmo para el día nuevo. **Amén**.

¿POR QUÉ SUCEDEN TANTOS SECUESTROS Y ATRACOS Y ATENTADOS?

Decía un gran Santo:

¿Y por qué suceden tantos atracos, secuestros y robos? Las noticias de cada día son escalofriantes, acerca de estos males. ¿Pero por qué suceden? **¿No será que los que tienen bienes de fortuna no los saben compartir con los que no tienen?** Yo me pregunto a veces: si ese rico ganadero o ese acaudalado comerciante repartiera más ayudas a los pobres, ¿acaso no evitaría que lo secuestraran o robaran o asesinaran? Si ayudaran más a la educación de niños pobres y al mantenimiento de familias muy necesitadas, ¿no evitarían que los atacaran en sus campos o en sitios solitarios para hacerles pagar grandes cantidades? En cambio por no dar a los necesitados dejan que los niños pobres se vuelvan malhechores en las calles y mientras dejan padecer tantas familias en la miseria, las van llevando como obligadas, a conseguirse por la violencia lo que ellos no les han querido dar por caridad, y cuando llegue una revolución, esos ricos tacaños serán los primeros en ser atacados".

Siempre me han impresionado aquellas palabras del apóstol Santiago: "**Aquel que puede hacer obras buenas y no las hace, comete pecado. Ay de vosotros ricos que no queréis compartir con los pobres vuestros bienes. Llorad por las desgracias que os van a venir. La ayuda que les habéis negado a los pobres clama justicia al cielo** (Sant. 5). Pero también hay otras palabras que me conmueven y me entusiasman cada vez que las leo. Son las que dijo el Arcángel San Rafael a Tobías: Mejor que el ayuno es la limosna. **Mejor es hacer limosnas que atesorar.**

ALGO PARA RECORDAR CADA MAÑANA

- Tener fortaleza de ánimo para que nada pueda perturbar mi paz mental.
- Hablar de salud, prosperidad y felicidad.
- Hacer sentir a mis amigos el alto aprecio en que los tengo.
- Pensar solamente lo mejor y esperar solamente lo mejor, trabajar solamente por lo mejor.
- Ser tan entusiasta en los éxitos de los demás, como en los propios.
- Olvidar los errores del pasado y laborar para el éxito futuro.
- Llevar el semblante risueño y mostrarme siempre satisfe cho.
- Ocuparme lo más posible de mi mejoramiento espiritual de modo que no tenga tiempo de criticar al prójimo.

Trabajo: Ocuparse siempre en algo útil y no desperdi ciar el tiempo.

Moderación: Evitar los extremos y no actuar con ira.

Calma: No indisponerse por tonterías, accidentes o pro blemas.

Castidad: Que el placer esté guiado por el amor y no lleve a perder la paz.

Humildad: Imitar la sencillez de Sócrates y Jesús.

Benjamín Franklin

ROSARIO: JARDÍN DE ROSAS

Rosario significa sitio o jardín de rosas.
Ciento cincuenta veces,
como rosas cogidas de la mano
Se dice Ave María en el Rosario.
Es un divino juego que te gusta, Señora.
Te gusta que te digan ciento cincuenta
veces, una detrás de otra,
las palabras del ángel y las nuestras.
Porque Santa María, Madre de Dios, han sido nuestras
Como ves, está todo:
Lo que te dijo Dios.
Lo que Isabel – tu prima – no se pudo callar,
aquel "Bendito sea de tu vientre".
Y esa petición nuestra
que ruegues por nosotros,
después de decirte dos piropos.
Entre cada diez rosas de este adorno
hay una nueva flor.
La oración que tu hijo tuvo tanto interés,
en enseñarnos, Padre nuestro...
Y tú fuiste la causa de que ese adjetivo
no se quedara en "mío"
pues seríamos vacíos y huérfanos de Dios.
El Rosario, Señora es un nuevo salterio.
Es tu oración preferida.
Tu gozo, tu dolor y tu gloria
Se nos van desfilando en tus misterios como un álbum.
Un álbum de recuerdos familiares,
con estas quince estampas en las que se nos cuentan
las mejores razones y sucesos
de esta familia de Dios
llamada Iglesia.
Nos resulta difícil comprender
que en esta otra familia pequeñita
que formamos en casa no nos guste
rezar tu Rosario.

GONZÁLEZ C.

SAN JUAN CRISÓSTOMO HABLA ACERCA DE JUDAS

"A Judas, primero el demonio lo atacó con pequeñas tentaciones de robo. Y viendo que sí le hacía caso, le trajo luego, la trágica tentación de vender a Jesús. El pecado grave no llega de improviso. Primero **vamos diciendo sí a las pequeñas tentaciones,** y cuando menos lo pensamos hemos caído ya en el abismo del pecado mortal.

Judas es la demostración de lo que pasa cuando sí se reciben gracias de Dios, pero uno no quiere cooperar. De pequeños robos pasa Judas a vender a Jesús. De pequeñas vanaglorias pasan los fariseos a querer matar a Cristo que se las critica. **Cuidado con vuestros pequeños pecados,** porque a los grandes les tenemos horror por el pudor natural de nuestra alma, pero **los pequeños van llevando a las grandes,** como el niño que entra primero por la ventana a la casa y desde adentro abre la puerta para que penetren los ladrones mayores. Caín empezó a tener antipatía, y terminó matando. **Si tú empiezas murmurando, terminas odiando.** Ahora echas cuentos maliciosos por chiste y luego terminarás siendo impuro.

A muchos, como a Caín y Judas, **les perjudica, más que su pecado, su desesperación.**

De un Dios ofendido hay que huir hacia un Dios aplacado. Pídele cristiano, perdón a Dios, para que no te suceda lo de Judas".

¿Y SI CRISTO TE NECESITA PARA UN PLAN ESPECIAL?

En Roma celebraron en 1988 en el gran teatro del Ateneo de la Universidad Pontificia una función dramática muy interesante en la cual se representaba que en **el Ministerio de Relaciones Exteriores del cielo,** presidido por San Pablo, estaban afanados todos porque **no encontraban en la tierra suficientes embajadores** que quisieran llevar los mensajes de Cristo a las almas para hacerlas santas y salvarlas... y la representación teatral repetía este slogan o mensaje: **"Y si Cristo te necesita para algún plàn especial que tiene a favor de la salvación de las almas... ¿aceptarás su llamada?**

A los centenares de jóvenes que asistieron a aquella hermosa función teatral les impresionó mucho el slogan repetido allí: **"Y si Cristo te necesita para algún plan especial, ¿aceptarías su llamada?** Ojalá nos impresione también a algunos de nosotros. Porque en verdad nos necesita para planes muy especiales.

UN SACERDOTE ES:

Una parroquia que no muere.
Una Iglesia que no hay que cerrar.
Un Sagrario donde siempre está Jesús en la Santa Hostia, consolando y bendiciendo.

UN SACERDOTE ES:

Un ejército de almas salvadas de la angustia, del vicio, de las malas costumbres.

Es un rebaño inmenso de moribundos conducidos en la paz de Dios hasta las puertas del sepulcro y de la eterna salvación.

Jesús resucitado se apareció a los apóstoles y les dijo:

"RECIBID EL ESPÍRITU SANTO. LA PAZ OS DEJO. LA PAZ OS DOY. A QUIENES LES PERDONÉIS LOS PECADOS LES QUEDAN PERDONADOS".

CUARENTA DÍAS DESPUÉS DE HABER RESUCITADO, JESÚS SUBIÓ AL CIELO EL DÍA DE LA ASCENSIÓN Y ALLÁ RUEGA CADA DÍA POR NOSOTROS.

UN DESTINO FATAL Y TRÁGICO

Jesús al narrar la Parábola de la Cizaña termina diciendo: **"Y enviará Dios a sus ángeles y arrancarán de su reino a todos los corruptores y a quienes se dedicaron a hacer obras malas y los lanzarán al fuego en donde será el llanto y el crujir de dientes. El que tenga oídos para oír, que oiga** (S. Mateo Cap. 13).

Así se cumplirá lo que dice la S. Biblia: "Para todo el que obra mal, tristeza y angustia vendrán". (Rom. 2,1).

Dice el Apocalipsis: "Los que se dedicaron a la impureza irán al lago que arde con fuego y azufre, y esa será su muerte segunda" (Apoc. 21,8).

¿No nos asustan estas noticias? No creamos que son leyendas. Esto sucederá, gústenos o no. Jesús prometió: "Los cielos y la tierra pasarán, pero mis palabras no pasarán ni dejarán de cumplirse" (Mt. 24,35).

Así que sabiendo que a los corruptores y a quienes se dedican a las obras malas les espera llanto y dolor en la eternidad, mejor será no pertenecer jamás al grupo de estos desdichados. Dios no promete para no cumplir. Cumple siempre lo que ha prometido.

****

¡AY DE QUIENES ESCANDALIZAN O DAN MAL EJEMPLO A LOS DEMAS! MAS LES VALIERA QUE LES COLGARAN UNA PIEDRA EN EL CUELLO Y LOS ECHARAN AL FONDO DEL MAR

(JESUCRISTO)

****

ADVERTENCIAS DE UN ORADOR ANTIGUO

Bossuet ha sido el más famoso orador francés. En uno de sus sermones dice lo siguiente acerca de la castidad.

"Nuestra pureza es una flor marchita y apedreada".

Los que se dedican a la impureza tienen que tener cuidado no sea que Dios los abandone y los deje ser víctimas de sus malas costumbres.

Si os dedicáis a dar gusto a las pasiones sensuales de vuestro cuerpo, os sorprenderá de repente la muerte y llegará el juicio de Dios a turbar vuestros placeres y estaréis perdidos por no haber pensado a tiempo en Aquel que los prohibe.

Aunque tus pecados impuros los hayas ocultado lo más posible, todo será descubierto en el día de la sentencia eterna.

Y lo grave es que los impuros **pecan sin escrúpulos, recuerdan sin pena** y sin contrición, **se confiesan sin arrepentimiento, recaen en sus impurezas sin miedo** a los castigos divinos, perseveran en el mal sin inquietarse ante la cuenta que tendrán que darle a Dios y pueden terminar por morir sin arrepentirse y sin ser perdonados y entonces tendrán que beber hasta la última gota de la copa de la amargura que está reservada para quienes viven en pecado y aman su pecado.

UN DESEO ANTES DE MORIR

A San Juan de Avila moribundo le preguntaron cuál era su último deseo: "Que celebren muchas misas por mí. Misas, misas, misas... eso es lo que deseo".

San Anselmo decía que una Misa aprovecha más que cualquier otra plegaria que se ofrezca por una persona.

Y Santa María Mazzarello, la fundadora de las hermanas Salesianas, tuvo una visión en la cual oyó que una de sus religiosas, ya difunta, le decía: "Mi Purgatorio sería mucho más largo si no hubiera sido por las misas que ustedes han ofrecido por mí".

LAS MISAS GREGORIANAS

Cuenta una antigua tradición que al morir en Roma un monje que no tenía mucha fama de santidad, su superior que era San Gregorio lo mandó sepultar en el basurero del convento. Pero luego arrepentido por su severidad ofreció por él 30 misas. Y al final de la misa 30º, una noche soñó que el muerto se le aparecía y lleno de gratitud le dijo: "Yo no era tan malo como se imaginaban pero sí tuve que ir a penar en el purgatorio. Sin embargo, las misas que por mí ha ofrecido usted me han conseguido una rebaja tan grande de mis penas que ya muy pronto iré al Paraíso". Dicen que desde entonces San Gregorio fue el gran propagandista de la hermosa costumbre de celebrar misas por los difuntos. Hasta el punto que la Iglesia les da el nombre de "Misas Gregorianas" a las 30 misas que algunas personas mandan celebrar por un difunto.

ELLA PERDIÓ TODAVÍA MÁS

Una madre lloraba desconsolada la muerte de su hijo. El sacerdote le presentó una imagen de la Virgen Dolorosa con su Hijo muerto entre sus brazos y le dijo: "La Virgen María perdió más que Ud., cuando le mataron a su Hijo Jesús". La mujer, como meditando respondió: "Sí, Ella perdió mucho más que yo y sin desesperarse". Esto la llenó de paz y tranquilidad. Cuando pensamos en los sufrimientos de Cristo y de María sufrimos con mayor paz los nuestros.

EN LA HORA MÁS DIFÍCIL DE TODAS

Monseñor Doupanloup iba a visitar a una joven moribunda, que tenía que morir a la edad de sólo veinte años. Temía mucho que estuviera desesperada al tener que morirse en tan temprana edad. Pero la encontró tranquila y llena de paz. – "Hija – le dijo el Santo prelado – ¿no te da temor la muerte? – No, padre - ¿Y por qué? – "Padre es que durante una docena de años yo le he rezado todos los días el rosario a la Virgen María y en él yo le he dicho 50 veces cada día: Ruega por nosotros ahora y **en la hora de nuestra muerte**". ¿Podrá Ella no venir en mi ayuda si durante 12 años le he pedido 50 veces cada día y 18.000 veces al año que ruegue por mí en la hora de mi muerte? Ella no fallará en esta hora". El Padre reconoció que la joven tenía toda la razón en lo que decía, y vio luego con enorme emoción que la moribunda, en sus últimos momentos levantaba sus brazos como saludando a la Virgen que venía a llevársela y con una sonrisa en los labios expiró.

Qué hermoso poder escuchar de Nuestro Señor en la hora de la muerte: "He oído a mi Madre hablar bien de ti (Sheen).

IDEAS PARA RECORDAR

La sabiduría se obtiene dedicando ratos y ratos a estudiar y a aprender. Pidiéndola a Dios y teniendo un gran deseo de aprender, se logra conseguirla. **(Ecl. 38,24)**

En el pecado no puede haber verdadera felicidad, porque **para que haya felicidad se necesita que goce también el alma, y en el pecado aunque goce el cuerpo y se satisfaga el egoísmo,** el alma en vez de gozar se pone triste y amargada. Por eso el pecado no hace feliz al ser humano, que está compuesto de cuerpo y alma

El plato que nos preparemos, ese será el que tendremos que comernos. O sabrosura y dulzura por haber obrado bien, o amargura y hiel por hacer obrado mal. **(Irala)**

En la vida se pueden olvidar muchas cosas, pero **hay algo que nunca se debe olvidar** y es que cada acción tiene sus consecuencias. Y si lo que hacemos nos trae malas consecuencias, entonces ¿para qué hacerlo? **(Gar-Mar)**

Los hijos no sólo necesitan que los papás los amen, sino que los papás se amen. **(Adler)**

Si haces una promesa a Dios no te olvides de tratar de cumplirla. Es mejor no hacer promesas que después no cumplirás. **(Eclesiastés 5,6)**

¿ESTARÁ UD. PREPARANDO SU PROPIO INFARTO?

Vamos a recordar unas normas que, si se cumplen, se logra conseguir muy pronto su propio infarto cardíaco. Quien las cumple al pie de la letra logra prontamente que su corazón deje de latir. ¡Tenga mucho cuidado!

Primero. Su trabajo antes que nada. Las consideraciones personales son secundarias. Entréguese de lleno a su trabajo. Piense que la tierra deja de girar y el sol de aparecer si usted deja de laborar. Piense sólo en producir. Producir es la clave. Usted tiene que ser persona de éxito.. aunque lo disfrute únicamente en el cementerio.

Segundo. Vaya a su oficina los sábados en la tarde. Nada de paseos, nada de descansos. A lo mejor el trabajo del sábado le reporta buenos pesos ($$$$). ¿Éstos le servirán cuando le dé el terrible infarto?

Tercero. Como por las noches es peligroso ir a la oficina, porque lo pueden atracar, entonces llévese el trabajo para su casa. Cuando todos duerman usted puede trabajar a sus anchas. Si quiere coloque un computador a la cabecera; da un buen aspecto y es una buena señal de que su infarto se acerca.

Cuarto. Nunca diga “no” a lo que piden que haga; métase en todos los comités, consejos, y comisiones. Vaya a todas las reuniones, demuestre que sin su presencia nada sale bien. Participe en todas las juntas directivas. Cuando muera serán muy lindas las coronas de todas las entidades a las que usted perteneció. ¿Y de qué le va a servir eso?

REGLAS PARA LA TRANQUILIDAD INTERIOR

Nunca odies. ¿Quién vive con más paz interior, el que odia o el que es odiado?

Nunca envidies. ¿Quién vive mejor, el que envidia o el que es envidiado?

Sé humilde. ¿A quién se le quiere más, al orgulloso o al humilde?

Nunca mientas. ¿Quién vive más preocupado, el que miente o el que es mentido?

Nunca aborrezcas. ¿Quién vive mejor, el que es aborrecido o el que aborrece?

Nunca te preocupes por lo que ya pasó, ¿Acaso puedes cambiar el pasado?

Nunca te preocupes por el que viaja. ¿Acaso lo puedes cuidar desde donde estás?

Nunca te preocupes por algo de lo cual no puedas hacer. No vale la pena preocuparse por cosas así.

Nunca te preocupes por lo que vas a hacer. Sólo hazlo.

Nunca peques. El pecado es la mayor causa de la infelicidad.

Ama a Dios con todo tu corazón y deja que Él maneje tu vida.

Ama a tu prójimo como a ti mismo y verás que el prójimo te amará a ti.

Que tu rostro siempre demuestre una sonrisa interior. Te ayudará a ser feliz.

Germán Darío Montoya

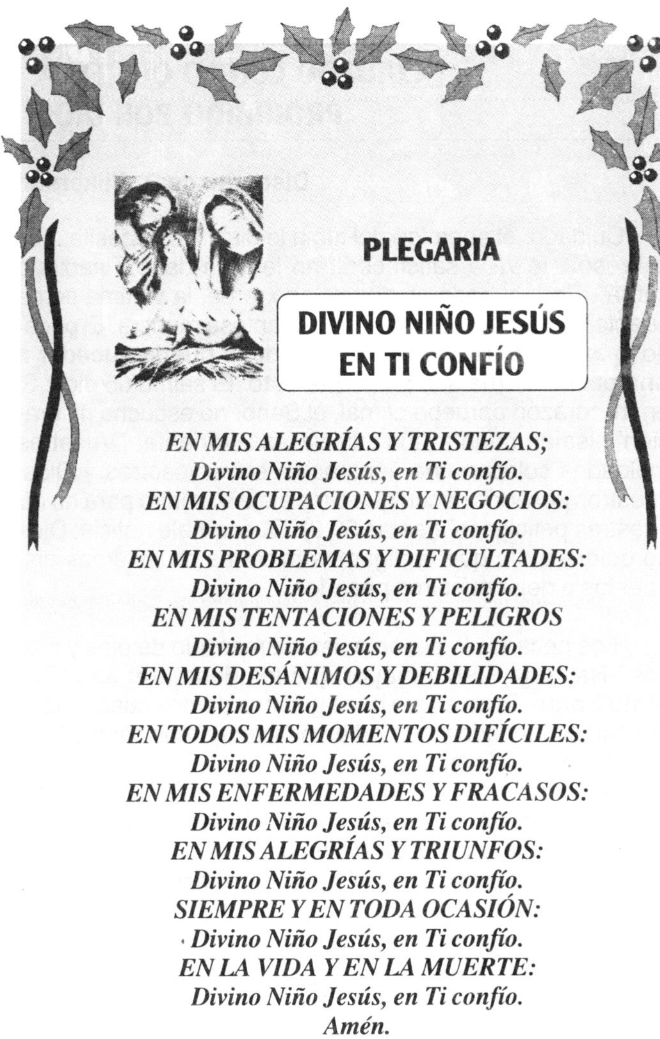

PLEGARIA

DIVINO NIÑO JESÚS EN TI CONFÍO

EN MIS ALEGRÍAS Y TRISTEZAS;
Divino Niño Jesús, en Ti confío.
EN MIS OCUPACIONES Y NEGOCIOS:
Divino Niño Jesús, en Ti confío.
EN MIS PROBLEMAS Y DIFICULTADES:
Divino Niño Jesús, en Ti confío.
EN MIS TENTACIONES Y PELIGROS
Divino Niño Jesús, en Ti confío.
EN MIS DESÁNIMOS Y DEBILIDADES:
Divino Niño Jesús, en Ti confío.
EN TODOS MIS MOMENTOS DIFÍCILES:
Divino Niño Jesús, en Ti confío.
EN MIS ENFERMEDADES Y FRACASOS:
Divino Niño Jesús, en Ti confío.
EN MIS ALEGRÍAS Y TRIUNFOS:
Divino Niño Jesús, en Ti confío.
SIEMPRE Y EN TODA OCASIÓN:
Divino Niño Jesús, en Ti confío.
EN LA VIDA Y EN LA MUERTE:
Divino Niño Jesús, en Ti confío.
Amén.

CUIDADO CON LO QUE ESTÁ PROHIBIDO POR DIOS

Discurso de P. Wilkerson

"Cuidado: el enemigo del alma le dirá: "Lo necesita... es sabroso... le va a satisfacer... no le hará daño... nadie lo sabrá". Pero cuando es demasiado tarde, la víctima se da cuenta de que todo ello era una espantosa mentira. El pecado lo separa a usted de Dios, y **nada le puede suceder a una persona que sea peor que esto.** El salmo 65 dice: Si en mi corazón apruebo el mal, el Señor no escucha mi oración". Isaías cuenta una noticia escalofriante: "Vuestras maldades colocan una separación entre vosotros y Dios; vuestros pecados hacen que Dios aleje su rostro para no oír vuestras peticiones" (Isaías 59,2). Qué terrible noticia: Dios no quiere oír lo que le digamos mientras no estemos dispuestos a dejar nuestros pecados.

¿Los pecados lo tienen a usted amarrado de pies y manos? **Hay una fuerza mayor que los desatará: es el Espíritu Santo.** Él es el que hace que nos demos cuenta de la fealdad del pecado y que odiemos y tengamos asco a todo lo que ofende a Dios".

Jamás logrará usted dejar su pecado hasta que reconozca que es malo lo que está haciendo. Y es el Espíritu Santo quien le va a decir a usted: "Es malo, es asqueroso, es feo, es contra Dios, hace contristar al Creador, y el Señor odia esto". ES EL PRIMER PASO PARA LA CONVERSIÓN: ver el pecado como Dios lo ve y odiarlo como lo odia Dios.

LA ÚLTIMA APARICIÓN DE LA VIRGEN EN FÁTIMA

El día 13 de octubre de 1917 fue la última aparición en Fátima. Nuestra Señora había anunciado que ese día haría un gran milagro.

A medio día llegaron los tres niños. Apareció el sol y en un momento las ropas de todas la gentes estaban totalmente secas, después de varias horas de fuerte aguacero. La mañana entera había estado el pueblo rezando el rosario.

Llegaron más de 70.000 personas, llovió desde las 6 de la mañana. Todos estaban empapados, pero seguían rezando. Había allí intelectuales, comerciantes, obreros, religiosos, y hasta ateos.

Enseguida Lucía dijo: "Miren al cielo" – y todos vieron que el sol se venía dando volteretas hacia la tierra. Esto sucedió por tres veces durante 10 minutos.

Todos gritaban y pedían perdón por sus pecados.

-Entonces el sol volvió a dar vueltas hacia arriba y quedó quieto. Todos vieron esto, hasta a 10 kilómetros de distancia. Había allí muchos periodistas.

Enseguida empezaron los gritos. Uno decía: "Gracias Señor, ahora veo". Era un ciego curado. Otro gritaba: "Virgencita linda, ya puedo andar". Era un paralítico sanado. Otro exclamaba: "Era sordo y ahora oigo", y miles de pecadores dejaron su mala vida y empezaron una vida santa.

Millones de personas van a Fátima a rezar a la Virgen. La estatua de Nuestra Sra. del Rosario de Fátima está en más de 30.000 templos del mundo. Y ella recuerda a todos sus hijos **lo que vino a pedir en Fátima.** "Ofrecer oración y sacrificios por los pecadores que tanto disgustan a Nuestro Señor y no ofender mas a Dios que ya está muy disgustado"

LO TREMENDO DEL PECADO

Lo tremendo del pecado es que una vez cometido, no podemos ya volver atrás, que no podemos deshacer el mal que ya está hecho. No necesitamos ser demasiado viejos para haber experimentado situaciones amargas y humillantes en las cuales quisiéramos volver atrás el reloj de la vida para no hacer jamás lo que hemos hecho. Esto debe hacernos doblemente cuidadosos en lo que hacemos o permitimos.

Y OTRO DETALLE DOLOROSO

La mayor parte de la gente **peca porque cree que será feliz si obtiene lo que quiere conseguir con el pecado.** Pero resulta que apenas lo consigue le produce un disgusto y una repulsión tan grandes, que desearía que esto no hubiera sucedido nunca jamás (Barclay).

UNA PELIGROSA CONSECUENCIA DEL PECADO

El pecado **deja un atractivo especial.** Un fuerte deseo de volver a cometerlo. Cada vez que se presenta una ocasión, el pecado anteriormente cometido suscita y despierta un gran deseo de repetirlo. Los campesinos lo dicen con un refrán muy cierto; **"Carbón que ha sido brasa, con poco fuego se enciende".** Por eso el sabio antiguo decía: "Cada mala acción produce el mal deseo de repetirla. Y entre las acciones malas y los deseos corrompidos van formando una mala costumbre, un vicio impuro".Y esto es una verdadera desgracia

QUIEN ES EL CLIENTE

EL CLIENTE: Es la persona más importante que hay en el establecimiento.

EL CLIENTE: No depende de nosotros, sino por el contrario, nosotros dependemos de él.

EL CLIENTE: No interrumpe nuestro trabajo, precisamente trabajamos para él.

EL CLIENTE: Nos hace el favor de preferirnos y nos da la oportunidad de servirle; nosotros no le hacemos ningún favor al atenderlo.

EL CLIENTE: No representa para nosotros una cifra determinada; cualquiera que sea la cuantía de su compra debemos procurar adivinar y satisfacer su gusto y su criterio.

EL CLIENTE: No es una persona con quien nosotros debemos discutir aunque no tenga la razón, porque esto no haría más que traernos dificultades.

EL CLIENTE: Es el que nos ofrece sus necesidades y la oportunidad de servirle.

CUANTO MEJOR TRATEMOS A NUESTROS CLIENTES MAS UTILIDADES OBTENDRÁ NUESTRA EMPRESA.

NUESTRO DEBER: Por lo tanto es trabajar para que nuestro CLIENTE obtenga utilidad en sus transacciones, al igual que nosotros mismos.

LA CASA DEL DESASTRE

En la ciudad de Lucca, el joven Baltazar Guinini, se había enviciado a los juegos de azar, que tantas vidas han arruinado. Un domingo por la mañana salió de su hogar para dirigirse a la casa de juegos, pero al pasar por la Iglesia de San Miguel sintió un impulso que lo invitaba a entrar a Misa. Asistió al Santo Sacrificio y viendo allí al Padre Francioti, que tenía fama de santidad, se confesó con él, y como penitencia se propuso no asistir por aquel día a la casa de juegos. Volvió a su casa y todos al verlo exclamaron: “Pero, ¿cómo? ¿Tú no estás muerto?. -¿Qué había pasado? El techo de la casa de juegos se había desplomado y habían muerto todos los que estaban dentro. Los papás de Baltazar estaban todavía buscando su cadáver entre los escombros... Después el joven Guinini decía a sus amigos: “Si todavía estoy con vida en esta tierra, se lo debo a una santa Misa”.

Muchas personas exclaman algo parecido: “Si estoy con vida en el alma, si no he caído en la muerte del vicio, de las malas amistades y del pecado mortal se lo debo a las Misas que he escuchado”; porque nada produce tanta vida en el alma como participar con fe en la Eucaristía.

Si la gente supiera lo que gana con asistir a la Santa Misa, nadie faltaría a ella (San Juan Vianey).

✦✦✦✦✦✦✦✦✦✦✦✦✦✦✦✦✦✦✦✦✦✦✦✦✦✦✦✦

Nunca nos sintamos satisfechos en nuestro apostolado, mientras no hayamos obtenido que los que nos oyen vayan cada domingo a la SANTA MISA

(PIO XII)

✦✦✦✦✦✦✦✦✦✦✦✦✦✦✦✦✦✦✦✦✦✦✦✦✦✦✦✦

COMO EL BARCO

Señor, hoy o mañana... El barco está ya listo
y sólo espera tu orden para poder zarpar;
las gentes del contorno atónitas me han visto
cogiendo de la playa
las redes y las velas tendidas a secar.

¡Señor, cuando Tú quieras!... ¿A dónde irá la nave?
¡Lo ignoro, mas tus brazos abiertos siempre están!
Luché. Sufrí. Mi vida fue igual a la del ave errante y solitaria.
Que cruza por las olas que vienen y que van.

¿A dónde?... ¿a la lejana estrella que titila
en el espacio inmenso?... ¿al sur o al septentrión?
No sé. Mas mi esperanza en Ti se halla tranquila:
yo sé que he de encontrarte
en medio de la nube o en la constelación.

Azul el mar tranquilo; azul también, el cielo.
La lona empieza a inflarse con leve rumor...
¡Señor, cuando Tú quieras agitaré el pañuelo
a los que deja el barco diciéndoles adios
sobre la playa negra del Mar y del Dolor!

Ricardo Nieto

PENSAMIENTOS

Porque amé el instruirme y el aprender, tanto como se ama la salud, y más que la hermosura, todos los bienes me vinieron junto con la sabiduría. **(Salomón Sab. 7)**

Un gran defecto que tengo es que **la gana de hablar me viene siempre como movimiento que no soy capaz de contener;** y no soy capaz de dejar de decir ni siquiera una vez lo que me viene en gana de decir. **(Sancho Panza)**

Los perseguidores pensaron acabar con la Iglesia poniéndola de rodillas, pero olvidaron que nunca la Iglesia se vuelve tan fuerte como cuando está de rodillas. **(Bover)**

El aprender mucho acerca de Dios y del alma es un tesoro inagotable y los que adquieren esta sabiduría se consiguen la amistad de Dios y la veneración de la gente, por las cualidades que se consiguen con la instrucción religiosa.

(Sab. 7)

El que teme ofender al Señor y se preocupa por tenerlo contento y hacer siempre su santa Voluntad, tendrá muchísimas ayudas celestiales en esta tierra, y al final de su vida recibirá muy grandes beneficios. **(S. Biblia Ecl. 1,13)**

Dios observa nuestras obras y examina nuestros pensamientos y nos pagará según haya sido nuestra conducta.

(Libro de la Sabiduría 6,3)

EL EJEMPLO DEL DIÁCONO SAN LORENZO

San Lorenzo. A quien martirizaron asándolo en una parrilla, era diácono o ayudante del Santo Padre en Roma, y el encargado de repartir entre los pobres las limosnas.

Y un día estalló la persecución, Lorenzo hizo repartir entre los más pobres todas las limosnas que se habían recogido.

El jefe de los perseguidores le dijo: "Reúname todas las riquezas y tesoros que tiene la Iglesia de Roma y preséntemelas, porque me voy a apoderar de esas riquezas""

San Lorenzo reunió a todos los pobres que ayudaban y presentándolos al perseguidor le dijo:

"ESTAS SON LAS RIQUEZAS Y LOS TESOROS DE LA IGLESIA: LOS POBRES QUE ELLA AYUDA: **Las riquezas de los cristianos que usted desea conseguir, esas riquezas las han transportado al cielo los pobres que hemos socorrido".** Qué bella frase y qué gran verdad dijo San Lorenzo: las manos de los pobres que socorremos, transportan hacia el cielo las riquezas que les regalamos".

ORACION VALIENTE

Señor, dános tu fuerza,
danos el empuje de la iniciativa
y el coraje de la disciplina;
más amor, Señor; más autenticidad,
el valor de hacer sin temores,
más coherencia, Señor,
más impulso, más oración.

El valor de continuar
y el ánimo de siempre renovarse,
más generosidad, Señor,
más compresión,
el valor de saber estar a solas,
y el valor de saber callar a tiempo
y el de saber recomenzar,
más sinceridad, Señor,
más amistad, mayor piedad.

El valor de no irritarnos,
de mantenernos siempre dueños de
nosotros mismos,
más delicadeza, Señor, más caridad,
el valor de encontrar siempre un poco de tiempo
para meditar y orar,
más fe, Señor, más luz:
con la mirada siempre
en la justicia y en la la bondad.

DATOS INTERESANTES ACERCA DE LAS MISIONES

Se llaman **"Misiones"** las actividades que los misioneros hacen para tratar de conseguir que los que todavía no conocen a Jesucristo ni a su santa religión lleguen al conocimiento del evangelio y consigan así más fácilmente su eterna salvación.

El número de misioneros. En el mundo hay unos 250.000 misioneros católicos (75.000 misioneros y 175.000 misioneras) Se necesitaría un número tres veces mayor. Se sigue cumpliendo lo que decía Jesús: "La cosecha es mucha pero lo trabajadores pocos. Es necesario pedir a Dios, Dueño de la cosecha, para que envíe más trabajadores para su cosecha".

¡Cuántos son los que no conocen la religión de Jesucristo? En el mundo hay más de cinco mil millones de personas y los católicos somos apenas mil millones. Así que más de cuatro mil millones de personas no conocen la verdadera religión.

De cada cinco personas, cuatro no han recibido todavía el Mensaje de la religión de Cristo. De cada cien habitantes de la tierra, 80 no conocen la verdadera religión. ¿Qué haremos nosotros para lograr que se conviertan y se salven?

CADA TIC-TAC DEL RELOJ SE MUERE UNA PERSONA SIN HABER OÍDO HABLAR DE CRISTO. Cada día mueren algo más de cien mil seres humanos y de ellos unos 86.000 mueren sin haber pertenecido a la religión de Jesús. En 24 horas hay 86.000 segundos. O sea que cada tic-tac del reloj se muere alguien sin haber tenido la dicha de pertenecer a la religión que fundó el Hijo de Dios.

TRES REGALOS NOS PIDE EL SUMO PONTÍFICE POR LAS MISIONES: 1º Orar por los misioneros y por los que aún no conocen a Jesucristo y a su santa religión. 2º **Ofrecer nuestros pequeños sacrificios de cada día:** por ej. el oficio cansón y aburridor, aceptar en silencio el trato duro que nos dan; dejar de comer o beber algo; no mirar alguna imagen inconveniente, etc. 3º Dar alguna LIMOSNA para las misiones.

UNA CHARLA DEL SANTO CURA DE ARS
"CUIDADO CON LOS PELIGROS"

A quienes desean ser buenos **los atacan como colmenas de abejas enfurecidas las tentaciones impuras.** La más peligrosa tentación es imaginarse que ya no vamos a tener tentaciones o peligros o deseos de pecar.

Cuántas personas que ahora aparecen al exterior como gente buena y santa, en el día del Juicio se sabrá que fueron gente podrida, porque no rechazó los pensamientos impuros.

El gran mal será siempre exponerse a la ocasión. **Si yo echo un vestido a una gran hoguera ardiente y grito: "No quiero que se queme",** todos se reirán de mí, porque a pesar de mis deseos buenos, el vestido se quema por completo. Así pasa con ciertas familias; permiten que las hijas vayan ciertos bailaderos públicos y dicen: "Queremos que se conserven puras", y las pobres muchachas se vuelven corrompidas e impuras. **Más de la mitad de la juventud que ha perdido la pureza, la ha perdido en los bailes.** El baile debilita y corrompe el corazòn. El baile es una escuela para doctorarse en pasiones impuras. El baile es el resumen de muchos vicios y es **una carrera alrededor de unos peligrosos precipicios, para terminar cayendo en el abismo del pecado.** Es una guerra declarada a la castidad. Excita al pecado hasta a los más fríos. Allí la mujer pierde su pudor y si no cae a veces en pecados de obras, sí despierta muchos pecados de deseos.

EL SACERDOTE

(Hermosa página escrita por el poeta Lamartine)

Hay un hombre en cada parroquia que quizá no tiene familia allí, pero que forma parte de la familia de todos. Las gentes lo llaman como consejero, y como testigo, en los actos más solemnes de la vida. Acompaña a los fieles desde el nacimiento hasta la muerte. Recibe al niño recién nacido y con el bautismo lo hace empezar a pertenecer a la Iglesia de Cristo, y acompaña al difunto con sus plegarias para ayudarle a presentarse con más confianza ante el Juicio de Dios. Él bendice la cuna, las bodas, el lecho de muerte y el sepulcro. A este hombre, los niños desde pequeñitos se acostumbran a venerar, a amar y a tratar con respeto, y hasta las gentes que no lo conocen lo llaman **"padre".**

El Sacerdote lleva el evangelio en su cerebro y en su corazón y lo va predicando con la palabra y con el ejemplo. Su vida tiene que ser un comentario del evangelio. Cada uno tendría qué exclamar: "Se nota que éste sí ha leído el evangelio y trata de cumplirlo".

Unámonos todos para pedir al Señor santidad para nuestros sacerdotes y abundantes vocaciones para esta sublime misión.

DOS ERRORES FATALES

Hay dos errores fatales que si no se evitan llevan al fracaso. El primero es pensar: "Yo soy incorregible, ya no podré no pecar". Esto es una mentira morrocotuda. Esto es olvidar la frase del Libro Santo: **"Todo lo puedo en Cristo que me fortalece".** Napoleón repetía: **"Imposible" es una palabra que sólo existe en el vocabulario de los cobardes.** Y **El segundo error fatal** es decir o pensar: "Nada malo va a pasar. No hay que afanarse. Todo transcurrirá en paz". Esto es lo que ha dado ocasión a muchísimos derrotados para ser sorprendidos por sus enemigos y triturados por completo. No es verdad que nada malo va a pasar. Sí nos pueden suceder terribles ataques contra nuestra alma y podemos caer en faltas vergonzosas y humillantes si descuidamos nuestras defensas. San Pedro decía: **Estad alerta, porque vuestro enemigo el diablo, da vueltas alrededor de vosotros, como un león junto a un rebaño, buscando a quién destrozar"** (1P. 5,8). "Soldado avisado no muere en guerra", repetían los antiguos. Cada uno tiene que repetir la frase de Santa Ildegarda: "De lo único que puedo tener la más completa seguridad es de mi impresionante debilidad para resistir los ataques de los enemigos del alma". Somos débiles y los enemigos son poderosos y traicioneros. Por eso jamás diremos: "No caeré. Nada malo me pasará". Sino que mas bien recordaremos la frase de Dios a Caín: **"El pecado está a tu puerta atalayándote como fiera en busca de presa, pero tú tienes que dominarlo a él".** (Gen. 4,7).

YA PASARÁ

Hoy Señor, me siento triste
muy cansado de luchar...
pero sé que con tu ayuda...
todo esto... pasará.

Hoy debo luchar conmigo:
aceptar como son a los demás,
pero sé que con tu ayuda,
todo esto... pasará.

Si no es buena mi salud,
y no veo el sol brillar,
yo sé que con tu ayuda,
todo esto... pasará.

Dame Señor fortaleza,
llena mi vida de Amor,
porque sé que con tu ayuda,
todo esto... pasará.

EJEMPLOS VARIOS

Simón Bolívar en Bucaramanga, estando en Misa vio que su médico reía durante la ceremonia. Lo llamó y le dijo: "A Misa o se viene a estar serio o no se viene". El otro decía "preferiría que me hubiera tragado la tierra, antes que ver a Bolívar tan disgustado como lo vi hoy".

Santa María Egipciaca: era de joven una mujer pecadora y libertina. Un Jueves Santo quiso entrar a Misa a la Iglesia de Jerusalén y sintió una voz poderosa que le gritaba: "Indigna: ¿con esos pecados que no aborreces te atreves a acercarte a la Cena del Señor?". Desde aquel día empezó a dejar su vida de pecado y fue una de las más grandes penitentes de la Iglesia Católica. Quién sabe a cuántos de nosotros una voz misteriosa tendría qué detenernos y decirnos: "Te atreves a seguir sin odiar esos tus pecados, ¿tú que asistes a la Cena del Señor?".

EL DÍA QUE EL PAPA NO TERMINABA LA MISA

Cuentan que un día en que el Papa San Gregorio estaba celebrando Misa rodeado de fieles, al elevar el Cáliz se quedó con las manos levantadas y la vista en alto, y no podía seguir la S. Misa. Así permaneció largo tiempo hasta que vuelto en sí, continuó el Santo Sacrificio. Preguntado después por un discípulo de confianza, le explicó: "Es que al levantar el cáliz vi que todas las almas del purgatorio descansaban de sus penas"... Este Pontífice fue uno de los grandes entusiastas por la devoción a la S. Misa, y uno de los que más se ha preocupado por hacerla gustar de la gente.

CONSEJOS DE LOS SANTOS

LA FUNDADORA DE LAS ADORATRICES

Santa Micaela, fundadora de las Hermanas adoratrices, decía: "Yo siempre tuve un genio fuerte y eso era de mal ejemplo para los demás. Pedí a la Virgen que me quitara ese mal genio y Ella me concedió la gracia de llegar a tener un genio tranquilo sin perder la firmeza y la energía. Ojalá muchos pidieran ese mismo favor a Nuestra Señora-

LA FUNDADORA DE LAS SALESIANAS

SANTA MARÍA MAZARELLO, fundadora de las hermanas salesianas, cuando tenía un problema muy difícil, decía a sus religiosas: "Por ahora encomendémoslo a María Auxiliadora, Ella es Nuestra Madre y puede todo lo que quiere". Nosotros no sabemos si somos gratos a Dios o no. Pero a Ella sí dijo al Ángel: "Has hallado gracia delante de Dios".

CÉLEBRE Y REZANDERO

RECAMIER, MÉDICO DE FAMA MUNDIAL, profesor de la Universidad, autoridad máxima en medicina, a quien, ministros y generales consultaban, **oyó que alguno se admiraba de que él rezaba el rosario.** Y le dijo: "Sí yo rezo el rosario. Cuando tengo un enfermo grave y todos los medios de que dispone el hombre se han agotado, entonces me dirijo a La que puede sanar de toda enfermedad porque Ella es la Madre del mejor médico del mundo, el que vino a sanar toda dolencia y toda enfermedad. Le ofrezco un misterio del rosario, **y reconozco que he visto resultados maravillosos y sorprendentes.**

DOSIS DE SABIDURIA

A nuestro pueblo lo que le hace falta no es ser más inteligente sino dedicar más tiempo a leer y a aprender más.

(Junquera)

Sabiendo que yo no podía conseguir la verdadera sabiduría si Dios no me la daba me dirigí a él en la oración diciéndole: "Señor, que yo sepa qué es lo que a Ti más te agrada". Y mi oración fue escuchada. **(Salomón Sab. 8)**

Hay una frase que siempre debería ser recordada y meditada. Es esta: "Cuán grande ha de ser el valor de mi alma, y la importancia de mi salvación, si Cristo murió por conseguir la eterna salvación de mi alma". **(Valtierra)**

"Yo estoy aquí. Mi mano te sostiene. Yo soy más fuerte que todo el poder de los enemigos de tu alma". Palabras dichas por la Sma. Virgen a un devoto suyo en una aparición.

Ya que el sufrimiento consigue tantos bienes espirituales, lo que la gente más necesita no es pedir al Señor que la libre de todo sufrimiento, sino que le conceda fuerza para ser capaz de sufrir sin renegar y ofreciendo todo por amor a Dios. **(Peale)**

Recordemos a las gentes de los tiempos pasados y pensemos: **¿quién confió en Dios y fue abandonado por Él?** ¿Quién rezó a Dios y no fue atendido por Él?

(Sagrada Biblia Ecl. 2,11)

EL CASO DE CARNEGIE

Carnegie es el autor del más popular libro de Relaciones Humanas que existe: **("Cómo ganar amigos").** Este simpático autor cuenta que un gran hombre iba por la calle y se encontró con un pobre que le pedía una ayuda. Se esculcó los bolsillos y no encontró ni una moneda. Se había cambiado de vestido y se le había quedado la cartera en el otro vestido. Entonces se volvió hacia el anciano mendigo y estrechándole cariñosamente la mano le dijo: "Viejito querido, perdone que se me quedó el dinero en la casa y no le puedo dar nada por hoy. Pero **yo lo quiero a Ud. y lo estimo con toda mi alma".** Y el pobre anciano, enjugándose una lágrima de emoción, exclamó: "Esto que Ud. me acaba de decir, **es la mejor limosna que me han dado en todo este año".**

No siempre tendremos dinero para repartir, pero siempre podemos tener cariño y aprecio sincero para ofrecer.

ALGO QUE CONMUEVE EL CORAZÓN DE DIOS

San Vicente, el apostol de París, decía a la gente: **"La limosna es un sacrificio, y el sacrificio conmueve el corazón de Dios.** Hagamos la experiencia de dar muy generosamente y veremos que ante los que dan al necesitado limosnas que les cuestan sacrificios, **el Dios Todopoderoso se inclina a ayudarlos.** No les pido que me crean sino que hagan la experiencia. Se van a quedar maravillados de lo mucho que se conmueve Dios ante la limosna dada a los pobres. "Pocas cosas hay que conmuevan tanto a Dios en nuestro favor como ayudar a los más necesitados".

MODOS DE CULTIVAR UNA ACTITUD MENTAL QUE NOS LLENE DE FELICIDAD Y PAZ

1º **Llenemos nuestra mente de pensamientos de paz,** de alegría, de optimismo, de esperanza en buenos resultados para el futuro, y de recuerdos amables de la vida pasada. No olvidemos que nuestra vida y nuestro comportamiento son la obra y el fruto de nuestros pensamientos. Como sean nuestros pensamientos así será nuestro modo de obrar.

2ª **No tratemos nunca de pagarles a nuestros enemigos con la misma moneda** con la que ellos nos han tratado. Eso nos hace daño a nosotros mismos. Quien se esfuerza por no vengarse se libra de muchas tristezas, pero quien no perdona y no olvida, se está castigando con ello a sí mismo. No perdamos ni un minuto recordando los males que nos han hecho.

3º **En lugar de preocuparnos por la ingratitud de la gente, considerémosla como algo totalmente común, habitual y corriente.** Si a Jesús, de diez leprosos curados, sólo uno volvió a darle gracias, ¿vamos a esperar que la gente sea más agradecida con nosotros de lo que fue con el Salvador?

4º Recordemos que **"es mejor y produce más felicidad el dar que el recibir".** Por eso en vez de esperar gratitudes, dediquémonos a prodigar favores y amabilidad y buen trato.

5º La medida que empleemos para dar a los demas, esa misma medida la emplearán para darnos a nosotros.

PENSAMIENTOS

La sonrisa dura poco tiempo, pero su amable recuerdo es muy duradero.

Tan grande como su inmensa misericordia es la severidad del Señor Dios, y Él le dará a cada uno según sus obras. El pecador no quedará sin castigo, y quien se dedica a hacer obras buenas no quedará frustrado en su paciencia y en su esperanza. **(Ecl. 16,13)**

El día del Juicio no nos va a preguntar el Señor cuán famosos éramos y cuántos bienes teníamos, sino qué tan bien nos portamos y qué tan buenas intenciones teníamos en lo que hacíamos. **(San Agustín)**

En vez de ser penitentes somos "mal vivientes". Nos vamos volviendo viejos y débiles, pero nuestro deseo de pecar sí no envejece ni se debilita. Asistimos al entierro de nuestros muertos queridos, pero con ellos enterramos también el recuerdo de que nosotros también nos vamos a morir, y seguimos viviendo como si no fuéramos a darle cuentas a Dios. **(San Agustín)**

Un rico mirando a un pobre, levantó los ojos al cielo y exclamó: "¿Qué has hecho oh Dios, a favor de este pobre que se muere de hambre?". Y una voz de lo alto le respondió: **"Te hice a ti para que lo ayudes".** Algo semejante nos dirá también a nosotros.

Cuando des lismona no sepa tu mano izquierda lo que hace tu derecha, y el Padre Celestial te recompensará.

(S. Biblia Mateo 7)

CURIOSIDAD: EL CATECISMO MÁS HERMOSO DEL MUNDO

LO QUE DIJERON ALGUNOS PERSONAJES ACERCA DEL CATECISMO ASTETE

BOLÍVAR DIJO: "Mi deseo es que el Catecismo Astete se vuelva a enseñar en todas las escuelas". (carta de Simón Bolívar en 1829).

MARCO FIDEL SUÁREZ (Presidente de la República): "Lee un al sabio Pascal y se cansa. En cambio lee el Catecismo Astete y siente como una luz que le aleja las tinieblas del alma, y le sucede como si hubiera leído a San Agustín o a Santo Tomás de Aquino. El Catecismo del Padre Astete es un faro que ilumina las noches del alma".

El poeta RAFAEL POMBO: "Quizás no hay en el país un librito más benéfico y que mejores frutos haya producido que el Catecismo del Padre Astete".

JOSÉ JOAQUÍN CASAS, en una de sus hermosas poesías, hablando del párroco dice: "Cada domingo en platica sencilla – con pintoresca variedad comenta – del Padre Astete la inmortal cartilla".

El poeta **GUILLERMO VALENCIA,** comenta en 1936: "El Catecismo del Padre Astete es la obra más bella que he leído. Este librito es lámpara que ilumina, alimento que fortalece el alma, bálsamo que consuela en los dolores y en las penas y nos recuerda nuestros deberes y responsabilidades. Es hermoso. Así por ej., la definición que trae acerca de la Redención cuando dice: "En las entrañas de la Virgen María, formó el Espíritu Santo de la purísima sangre de esta Señora un cuerpo perfectísimo". Por sola esta síntesis admirable ya se merecía el Padre Astete una estatua".

Oscar Domínguez, periodista, dice: "El Padre Astete era el betseller de los libros en las escuelas. Para nosotros era algo tan seguro como una Biblia. Sus respuestas eran musicales y fáciles de aprender de memoria. Lástima que lo hayan querido echar al cuarto de San Alejo Dejar de estudiarlo es una gran pérdida. (Se consigue en el Apostolado Biblico. Bogotá)

¿CÓMO SE CONOCE QUE EL ESPÍRITU SANTO ESTA EN UNA PERSONA?

Hay tres características que demuestran que el Espíritu Santo vive en una persona:

1ª La señal más sobresaliente de que el Espíritu Santo vive en una persona es: **que ella ama mucho a Dios y al prójimo.**

Dice la S. Biblia:

- Dios ha llenado nuestro corazón con su amor, por medio del Espíritu Santo que nos ha dado (Romanos 5,5). Añade:

El que ama es de Dios. El que no ama no es de Dios.

- Dios es amor y el que vive en el amor vive en Dios y Dios vive en él (1ª. Carta de San Juan 1,16).

LA SEGUNDA SEÑAL. SON CIERTOS FRUTOS QUE SE MANIFIESTAN EN SU PERSONALIDAD

Dice el Libro Santo: "**Los frutos del Espíritu Santo son:** amor, gozo, paz, paciencia, benignidad, bondad, fe, mansedumbre, castidad" (Gálatas 5). En la vida de la persona que está poseída por el Espíritu Santo se notan pronto todas estas cualidades.

LA TERCERA CUALIDAD ES UN CAMBIO TOTAL DE VIDA: UNA CONVERSIÓN

El individuo que posee al Espíritu Santo es persona totalmente cambiada, transformada. Se conoce que su vida tiene un rumbo. Dios, la eternidad. En sus palabras y en su modo de ser trasluce que su meta es algo superior a los deseos materiales, que sus deseos y anhelos no son poseer riquezas, honores o placeres, sino ser amigo de Dios, y hacer el bien a los demás. (**P. Garcia Herreros**)

SI HAY REENCARNACIÓN ¿DÓNDE QUEDA CRISTO ENTONCES?

Si se acepta la reencarnación, ya el oficio de Cristo queda totalmente echado a un lado como algo inútil. Ya no nos salvaremos porque Cristo nació, enseñó, murió y resucitó por nosotros e intercede al Padre en nuestro favor, sino que por el contrario cada uno se salva a sí mismo, solito, por su propia cuenta, sin necesidad de Cristo, sino solamente reencarnándose sucesivamente en bestias y otros seres hasta llegar a conseguir por sí mismo un altísimo puesto en el cielo. Qué mentirota tan grande! ¿Podrá un verdadero seguidor de Cristo aceptar semejante farsa tan absurda?

Y ENTONCES ¿QUIÉN ES EL QUE OBTIENE EL PERDÓN DE NUESTROS PECADOS?

Para los que creemos en Jesucristo, el perdón de nuestros pecados lo obtiene nuestro Divino Redentor ofreciendo al Padre Celestial su santísima. Vida, Pasión, Muerte y Resurrección, por nuestra salvación y por nuestro perdón total. Pero para los reencarnacionistas quien obtiene el perdón de las propias culpas es solamente el individuo reencarnándose docenas de veces en cuanta bestia y fiera encuentre por ahí... ¿Y entonces a qué vino el Hijo de Dios a la tierra? ¿A temperar? ¿O en viaje de turismo?

Católico: si la reencarnación va contra Cristo y su mensaje, ¿para qué creer en una teoría tan falsa y tan absurda? Rechásela sin más ni más como si fuera un mal pensamiento venido del mismo infierno.

TRES CONSECUENCIAS HORRIBLES

San Pablo en su Carta a los Efesios en el Capítulo 4º versos 18 y 19 enumera tres horribles consecuencias que trae el pecado de impureza a quien lo comete frecuentemente. Dice así: **"endurece el corazón, produce desvergüenza, y desata desenfrenados deseos de pecar".**

LA IMPUREZA ENDURECE EL CORAZÓN

La palabra que San Pablo usa en griego es "porosis" que significa "endurecimiento". Es la palabra que se empleaba para nombrar ese endurecimiento que ciertas enfermedades producen en las coyunturas (rodillas, codos, hombros, dedos, tobillos, etc.) y que paralizan e impiden todo movimiento y se vuelven insensibles a cualquier tratamiento. "Porosis" significa que algo se ha endurecido y petrificado de tal manera que ya no se siente nada. Al decir San Pablo que la impureza produce "porosis" en el alma, quiere decir que **el pecado lleva a la insensibilidad.**

Nadie llega a ser un gran pecador de un momento a otro. En un principio se mira el pecado con temor y horror y se siente pesar y tristeza cuando se ha cometido una falta contra la pureza. Pero al continuar pecando, la conciencia pierde la sensibilidad ("El corazón se petrifica y se endurece", dice San Pablo) y se cometen faltas graves sin sentir ya verdadero remordimiento y suficiente asco por el pecado. Es el gran castigo a la costumbre de pecar.

NUESTRO LADO FLACO

Un joven decía: **"A lo único que no soy capaz de resistir es a la tentación"**, y otro exclamaba entristecido: **"siempre soy derrotado y vencido cuando se presenta la ocasión de pecar".** Es que se cumple lo que decía Kempis en la Imitación de Cristo: "somos seres humanos débiles y frágiles, aunque por muchos seamos estimados y tenidos como personas santas y buenas".

Pero estando en guerra, lo más natural es que de vez en cuando tengamos alguna derrota. Estando en batalla lo más ordinario es que una que otra vez suframos alguna herida. Lo que hay que hacer no es desanimarnos, ni dejar de luchar, sino **averiguar las causas de nuestras derrotas para evitarlas en el futuro.** Los militares después de un fracaso se ponen a buscar cuáles fueron las causas de su derrota y **a hacer planes para no dejarse sorprender por el enemigo en el próximo ataque.** Esto tenemos que hacer en cuanto a los peligros contra la castidad; **"perder por aprender no es perder",** decían los antiguos. Quizás podamos repetir las palabras de Churchil: **"cada fracaso nos dejó una enseñanza para ser después más prudentes, y a base de derrotas llegamos a la victoria final".**

"Pecadores: reconoced la miseria a que os ha llevado el pecado, y lloradla" (Santiago 4, 8).

> **Dios mio: Cuanta hiel he encontrado en las dulzuras que me ofrecía el pecado, Gracias Señor por haberlas rociado de amargura**
>
> (San Agustin)

GRANDES PERSONAJES AMIGOS DE LA MISA

El rey San Enrique de Alemania asistía a varias misas cada misa día. Dios le concedió muchos años de reinado...

San Luis, rey de Francia, no dejaba día sin ir a Misa, y a veces asistía a varias misas en el mismo día. Tuvo 11 hijos y gobernó por 40 años.

San Wenceslao, rey de Bohemia, no dejaba pasar día sin asistir al Santo Sacrificio, y él mismo cultivaba el trigo y las uvas para fabricar el vino y el Pan para la Eucaristía.

Santo Tomás Moro, primer ministro de Inglaterra y célebre escritor, asistía día por día a la S. Misa. Un día que lo llamaron por orden del rey mientras asistía al Santo Sacrificio, respondió: "Con mucho gusto iré, pero apenas haya terminado la Misa". Murió mártir por defender la verdadera religión.

Napoleón, al revisar el reglamento de un colegio oficial para jóvenes en peligro, añadió con su propia pluma: "Asistan frecuentemente a Misa". Él sabía bien que personas de voluntad débil encuentran gran fortaleza en la Eucaristía.

Un sabio preguntó al pueblo:
¿Están contentos de su misa?
- Suspiro general. - Luego añadió:
Está contento Dios en su misa?
y todos estallaron en llanto.

(San Juan Vianey)

UN PUÑAL MÁS

Una de las conversiones más populares en este siglo ha sido la de aquel joven que, yendo a visitar la famosa imagen de Nuestra Señora de los Dolores, tan venerada en Quito, que tiene su corazón atravesado por siete espadas, se puso a contar cuántas espadas herían el corazón de la Virgen y notó que eran ocho. Comentó esto con su madre y Ella le dijo: las espadas del cuadro son siete, pero si tú ves ocho, la octava es probablemente el dolor que tú le causas a la Virgencita santa con tu vida tan malvada y pecaminosa". Aquel fue el golpe de gracia para que desde ese día abandonara las amistades que le llevaban a la perdición llegó a ser es uno de los líderes católicos más fervorosos.

UNAS PROMESAS MUY CONSOLADORAS

En 1917 la Sma. Virgen al aparecerse en Fátima a los tres niños, dijo: "**para salvar a los pecadores, el Señor quiere establecer en el mundo la devoción a mi Corazón Inmaculado.** La niña Jacinta, cuando estaba moribunda le decía a Lucía: "Recuerda lo que nos dijo la Virgen: que su Corazón será nuestro refugio. Yo me voy al cielo, pero tú te quedas aquí en la tierra para que te dediques a propagar la devoción al Corazón Inmaculado de María. No tengas miedo de hablar de esta devoción. Recuérdales a todos que **Dios quiere conceder muchos favores por medio del Corazón de María".**

Nuestra Señora prometió también a Lucía de Fátima asistir en la hora de muerte a las personas que honran a su Inmaculado Corazón con la comunión del Primer Sábado de cada mes, y el rezo del rosario en ese día, meditando en sus misterios.

VERDADES PARA NO OLVIDAR

Muchos que son menos inteligentes y hasta menos dotados que otros, logran dedicando tiempo y consagración al estudio y al trabajo, éxitos maravillosos que nunca lograrán muchos otros que son muy inteligentes y muy bien dotados pero no dedican el tiempo suficiente y la consagración debida a estudiar y a trabajar. **(Chesterton)**

Ojalá permita Dios que nosotros seamos siempre de los que buscan soluciones, y nunca de los que arman problemas. **(Faber)**

En verdad os digo: "Todo favor que hacéis a los demás, aunque sea al más humilde, Yo lo recibo y pago como si se me lo hubierais hecho a Mí mismo". **(Jesucristo Mt. 25,40)**

No te entristezcas tanto por los que han muerto, que a ellos no les aprovecha nada tu tristeza y a ti sí te hace mucho mal. **(S. Biblia Ecl. 38,22)**

Yo no conozco el estado de la conciencia de un criminal, pero conozco el estado de la conciencia de un hombre normal, como soy yo, y... es horrible. **(Maistre)**

Ignorante es... el que no sabe lo que nosotros no sabíamos ayer (Pronzato). **Impaciencia es:** esperar con mucha prisa. **Yerba inútil** es aquella cuyas virtudes y cualidades no han sido descubiertas todavía. **(Emerson)**

¿QUÉ VENTAJAS TRAE LA LECTURA DE LA S. BIBLIA PARA MI VIDA?

Entre los millones de ventajas que consiguen los lectores de este Libro Sagrado, los especialistas recomiendan principalmente las siguientes:

1º **LA S. BIBLIA CAPACITA PARA DESCUBRIR QUÉ ES DIGNO Y DEBE HACERSE,** y qué es malo y debe evitarse (San Juan Crisóstomo).

2º **LA BIBLIA ENSEÑA A ELEVARSE POR ENCIMA DEL PECADO.** Lleva a dedicarse a una vida de amor de Dios y del prójimo y trae salvación por las muchas gracias de Dios que ella consigue para quien la lee con fe (Holf.).

3º **LA BIBLIA CONTIENE IDEALES HERMOSOS.** Presenta el plan que Dios tiene para salvarnos y para transformarnos en seres dignos (Tihamer Toth).

4º **AUMENTA LA CARIDAD:** Porque nos lleva a estimar tanto a nuestro Dios y a nuestro prójimo, que necesariamente los amaremos más.

¡ABSOLUTAMENTE NO!

¿Dejas de respirar? Esta es la única posibilidad que tienes de crecer. Tienes que acostumbrarte a la idea de que la Biblia forma parte de tu vida. Después de muy poco tiempo se convertirá en la parte más importante de tu vida.

LEMAS MUY ANIMADORES

1º Yo soy hijo de Dios, y por lo tanto **no nací para el fracaso.**

2º Sea cual fuere mi trabajo y el oficio que tengo que hacer, quiero hacerlo con amor y entusiasmo, y esto me traerá bendiciones del cielo.

3º **Este esfuerzo adicional que haré, hará progresar al mundo.**

4º Mis trabajos y oficios hechos con entusiasmo, harán salir a relucir los tesoros que tengo en la mente.

5º No debo rendir menos de lo que merece la paga que voy a recibir. Y los premios que me esperan son eternos.

6º **El que se dedica a una sola cosa, ése logra triunfar.** Si me dedico a varias cosas al mismo tiempo no podré triunfar en ninguna. Tengo que poner todo mi ser en lo que tengo que hacer.

7º Las capacidades suficientes que tengo, el tiempo de que dispongo, el trabajo hecho con entusiasmo, y la bendición de Dios: esto me bastará para triunfar.

8º **Quien sabe hacer algo y se esmera por hacerlo mejor que otros, logra triunfar.**

9º **Lo que yo busque con todo mi corazón, lo lograré encontrar.** Buscaré perfeccionarme en mis oficios y trabajos y tareas que tengo que hacer.

PLEGARIA DEL PEREGRINO

Vengo Señor, cansado del trabajo,
cansado de la lucha y de mí mismo,
dame, Señor, la fuerza de tu brazo,
alivia la fatiga del camino.

Llevo en el corazón mis ilusiones
maltrechas en reveses de fortuna,
haz que las obras de mis manos torpes
por gracia de tu amor sean ventura.

Eres Señor de todo lo que existe,
creado por tu amor para bien nuestro,
nada en el mundo a tu poder impide
me lleves tú donde llegar no puedo.

Mira, Señor, con ojos bondadosos,
la súplica ferviente de tus hijos,
y donde nuestros logros fueron pocos
tu gracia abunde en frutos infinitos.

Gracias, Señor y Padre muy amado,
gracias por Cristo Jesús, que tú enviaste,
por él, ten compasión de mis pecados,
tu Espíritu de amor a todos salve. **Amén.**

UN GRAN REGALO QUE EL ESPÍRITU SANTO HACE A SUS DEVOTOS

EL DON DE SABIDURÍA. O sea un gusto especial por todo lo que es espiritual por todo lo que se refiere a Dios o al bien de las almas.

Este don que nos fue regalado desde el día del bautismo y se va aumentando si lo pedimos rezando, nos hace **saborear** con simpatía las verdades divinas. Nos hace apreciar los atributos divinos por ej.: que Dios es Creador, Redentor, Santificador, etc. No es un sentimentalismo sino una convicción.

Nos hace llamar desgracia al pecado, al no cumplir con el deber, a la infidelidad a Dios, y no a otras cosas.

Da una experiencia sabrosa de lo sobrenatural. Quita los motivos humanos al obrar. Hace que ya no obremos por ser admirados o porque nos agradezcan o estimen, sino solamente para que Dios quede contento.

Jerarquiza las aficiones: ya no se le da el primer puesto a las aficiones terrenas ni a los gustos del cuerpo, sino a lo sobrenatural, a las cualidades del alma.

Esta sabiduría es aquella de la cual dice la S. Biblia. "La Sabiduría vale más que todos los objetos preciosos y nada hay que se le pueda comparar (Proverbios 8,11).

El don de sabiduría hace que sea muy agradable rezar. Hace que la persona goce en la oración, y encuentre verdadero gusto en la lectura de buenos libros especialmente en la S. Biblia.

Da disgusto por todo lo que sea pecado y egoísmo. Quita la simpatía por lo prohibido por Dios, y da una gran antipatía por lo pecaminoso. Por este don, los santos preferirían mil veces la muerte antes que cometer un pecado.

¿QUÉ ES LA REENCARNACIÓN Y QUÉ DICE LA IGLESIA DE ESTO?

Reencarnación es la falsa creencia de que al morir una persona, su espíritu pasa a otro ser viviente (animal o persona) para purificarse, y así indefinidamente por siglos.

LOS ESPIRITISTAS Y LOS GNOSTICOS Y OTRAS religiones raras, hablan mucho de la REENCARNACIÓN;
¿Qué dice la Iglesia de esto?

El Concilio Vaticano II dijo claramente: "Vivimos una sola vez. No hay reencarnación: (LG 48d). Y el Concilio es la reunión de todos los obispos del mundo con el Papa. El Concilio es la más grande autoridad en asuntos de religión. Estamos obligados a creerle.

Y además la Santa BIBLIA LO DICE: "Está establecido **que los hombres mueren una sola vez,** y después el Juicio" (Hebreos 7,27).

Si la Santa Biblia dice que "está determinado por Dios que los hombres mueran una sola vez", ¿por qué vamos a creer la farsa de los espiritistas, Rosacruces, Gnósticos, etc... que enseñan que el alma tiene que ir pasando de persona en persona hasta que se purifique por completo? ¿**De dónde han sacado semejante superchería?** Solamente de su imaginación, porque el **Libro Santo no dice tal cosa,** sino todo lo contrario.

El Karma o reencarnación aparece como una ley de castigo, pero el **único que puede castigar los pecados, que es Dios, no habla ni siquiera una sola vez en la Biblia acerca de la reencarnación.** Aquí se cumple lo que decía Jesucristo: "Están enseñando doctrinas inventadas por los hombres" (Marcos 7,7).

LA IMPUREZA PRODUCE: DESVERGÜENZA

San Pablo la llama "LASCIVIA" que según el sabio Platón significa **"Una desvergüenza para cometer lo malo, una disponibilidad para cualquier placer, aunque sea prohibido". San** Basilio dice que es una antipatía a todo lo que significa aceptar una disciplina en cuanto a la pureza.

Lo especial de la desvergüenza o lascivia es que NO TIENE CUIDADO DEL CHOQUE QUE PUEDE PROVOCAR EN LA OPINIÓN PÚBLICA su desafío e insulto a la decencia. Lo que le importa es satisfacer sus deseos impuros. **No le interesan cuántos sean los espectadores que presencian su desvergonzado proceder;** con tal de lograr lo que su instinto impuro le pide, no le importa quedar con muy mala fama ante los demás. El pecado le domina de tal manera que le hace perder la vergüenza y **quedarse sin dignidad.** (Dignidad es tener un gran respeto por sí mismo y un gran respeto por los demás). La persona desvergonzada ni se respeta ni respeta la dignidad de sus víctimas.

Es dejarse dominar de tal manera por sus deseos sexuales que no se **inquieta porque otros le estén observando,** ni se pregunta quién le observa. La sensualidad echa lejos a la vergüenza y aleja de ser una digna persona humana para convertirse en una bestia vulgar. Y lo grave es que en vez de avergonzarse de ello, hasta siente satisfacción.

¿Han pensado alguna vez en lo que pierden cuando pecan? El mayor favor que Dios les podría dar sería un horror total al pecado. [Santa Micaela]

FRASES DE SABIOS FAMOSOS

Lo más fatal para la voluntad es el atractivo del placer (Cicerón).

Si el placer deja inquietud en el alma, ya no es verdadero placer (Epicteto).

El placer es para el alma, como el sol para las flores. Si es moderado la embellece. Si es exagerado la marchita (ib).

Una vida espiritual en la que se vive concediendo frecuentemente lo que piden las satisfacciones sensuales, se convierte en una "caricatura" de vida espiritual (Royo).

Para qué correr tras amores sensuales que son como telarañas, que te atrapan y te hacen víctima de la voracidad de esas arañas que son tus pasiones insaciables" (S. Juan de Avila).

En sexo hay más personas inmaduras e imprudentes que en cualquier otro campo humano. Muchos a causa de la impureza sexual se han conseguido problemas tremendos, y muchísimos por su irresponsabilidad en cuanto a la pureza, se han convertido en problemas para otros (Schilinder).

SOLAMENTE FUI FELIZ MIENTRAS QUE VIVÍ EN GRACIA DE DIOS.
DESDE QUE EMPECÉ A PECAR MI ALMA SE CONVIRTIÓ EN UN INFIERNO
(Jegusel)

LA FÓRMULA DE LA SUERTE

En la vida de San Juan de Alejandría se cuenta que había en su ciudad dos zapateros. El uno vivía siempre alegre, de buen genio, y tenía muchos amigos. El otro era agrio, de pocos amigos, y no vivía contento con su suerte. Un día el amargado le dijo al alegre: "¿Por qué no me enseña la fórmula que usted usa para vivir contento? Los dos tenemos la misma profesión y la misma situación económica. ¿Por qué nos va de tan distinta manera?". El optimista le respondió: "Venga el domingo y le enseño la fórmula. Pero debe ponerse el mejor vestido que tenga. Desayune mejor que los demás días. Échese un buen baño que lo refresque, y a las 9 de la mañana nos encontramos los dos acá". El otro cumplió todo lo recomendado y a las nueve, bien bañado y bien vestido, se presentó a su compañero. Venga conmigo – le dijo el amigo y veamos cuál es la forma". Y se lo llevó a la Misa. Cantaron, rezaron, se confesaron y comulgaron. Después salieron y se fueron a un parque a charlar y distraerse con sus amigos. Al mediodía fueron a casa del invitante y tuvieron un almuerzo mejor que el de los demás días. La tarde la pasaron en alegre paseo y volvieron alegres a sus casas. Al día siguiente el pesimista preguntó a su compañero: "¿Y la fórmula para ser feliz? Al fin no me la enseñó! – "Esa es mi fórmula". – respondió el otro – y no me falla. Haga el ensayo. Pase alegre santamente su domingo. Vístase mejor, coma mejor, esté más alegre el día del Señor y ofrézcale su misa y su Comunión, y le garantizo que su vida cambiará de triste en alegre como cambia la tierra de oscuridad en claridad, al salir el sol".

LOS MANDAMIENTOS PARA LA TRANQUILIDAD

1. No pierda el tiempo atormentándose por lo que pudo ser y no fue.
2. Concéntrese en planear con optimismo su futuro.
3. Aprenda a sacar provecho de sus cualidades.
4. Cuando no sea posible cambiar una situación, afróntela valerosamente y luego trate de distraerse en otras cosas importantes.
5. No tome nunca un fracaso como algo definitivo; aprenda a utilizar la experiencia adquirida y ensaye de nuevo.
6. Desarrolle el sentido del humor para ver el lado bueno y gracioso de las cosas.
7. Comprenda que es mejor reírse de uno mismo que de los demás.
8. Cultive un espíritu de tolerancia hacia los otros.
9. Hacer el bien a los demás es proporcionarse alegría a uno mismo.
10. Todos los días trácese un plan que incluya trabajo, descanso, diversión y reflexión.

❄❄❄❄

En este nuevo año tendré tiempo para mí mismo, mi familia, mis amigos y también para Dios.

Mi tiempo será ahora para amarme, amar y ser amado, y así será realmente un año nuevo.

Tendré 8.784 horas para ser feliz y dar felicidad.

FÓRMULAS QUE TRAEN SALUD MENTAL

Cada milagro es una fotografía maravillosa de lo que es Dios, de lo grande que es su poder, y de lo infinita que es su misericordia. **(Triviño)**

Cuando 40 parejas de esposos norteamericanos visitaron en Calcuta a la Madre Teresa y al despedirse de ella le pidieron un consejo, ella les recomendó sencillamente esto: **"Cada día sonríanse el uno al otro siquiera una vez".**

Muchos que ahora son los primeros, serán después los últimos. Muchos que ahora son los últimos, serán después los primeros. **(S. Mateo 19,39)**

Quien desea ser sabio tiene que investigar y leer la sabiduría que enseñaron los antiguos y dedicar buenos ratos a leer autores serios; aprender la historia de los grandes pensadores del pasado y meditar en las frases de hombres célebres. **(El libro del Eclesiástico, Ben-Sirá Cap. 39)**

Si tuviera una varita mágica que pudiera cambiar el modo de pensar de los seres humanos, yo tocaría el cerebro de cada persona y haría que exclamara contenta y agradecida: "estoy alegre: me agrada lo que soy. Yo valgo mucho y estoy haciendo mucho y puedo todavía realizar muchísimo más en bien de la humanidad". **(Buscaglia)**

Jesús dijo a un enfermo: ¿ACEPTAS QUE TE DUPLIQUE EL DOLOR? - Y el otro respondió: SEÑOR ACEPTO PERO POR FAVOR DUPLICAME EL VALOR Y EL AMOR

(Escrivá)

LA LIMOSNA

(Por el poeta Lázaro María Pérez)

Oye y recuerda: Cuando el pobre toca
de puerta en puerta mendigando un pan.
Nos lo pide por Dios, y el Dios que invoca
es el mismo que a todos pan nos da.

El Padre universal tiene un consuelo
para todo dolor, y cada bien
con que socorre al pobre, sube al cielo
y en densa lluvia tórnase al caer.
Por eso es su caudal inagotable;
por eso cada bien abate un mal;
por eso encuentra pan el miserable,
por eso el desvalido encuentra hogar.

También la caridad en su eficacia
da una limosna y la reciben dos:
el que la pide, un pan que su hambre sacia;
el que la da..., la bendición de Dios.
Y el aturdido mundo no percibe
quién en esa limosna gana más
si el mendigo infeliz que la recibe
o la mano piadosa que la da.

Pero en este dilema no hay razones;
calcular es lo mismo que sentir;
si das pan y recibes bendiciones.
¿La dádiva mejor no es para ti?

San Juan de Dios que sin cesar pedía
para ofrecerle pan a la orfandad,
al ponerlo en su mano les decía:
"¡Dios te pague por la limosna que me das!".
No lo olvides, y recuerda la enseñanza
que encierra el mensaje de tu Dios;
Si das al pobre recibirás mil premios
aquí en la tierra y en el cielo. Amén.

SIETE MODOS DE PREOCUPARSE MENOS Y DE HACER MÁS

1. No piense en los problemas como dificultades, sino como oportunidades de acción.
2. Después de haber hecho lo posible para abordar una situación, evite especular sobre el desenlace. Olvídese de ello y pase al problema siguiente.
3. No esté ocioso: Mantenga las 24 horas del día repartidas entre estos tres ingredientes: trabajo, recreo y sueño. No se permita tiempo para el pensar con angustia.
4. No se interese por cosas en las que nada puede hacer. Los que lo hacen padecen de depresiones nerviosas.
5. Elimine por completo el soñar despierto. Deje de construir castillos en el aire.
6. Salte de la cama en cuanto despierte. Si permanece en el lecho gastará energía nerviosa viviendo inútilmente.
7. Si un proyecto parece demasiado grande, divídalo en varias partes y trate de resolver una por una.

Y ENCOMIÉNDELE TODO A DIOS QUE ES PODEROSO Y LE GUSTA AYUDAR.

BENDICION DEL HOGAR

Dios mío:

Entra en esta casa, ven a bendecirnos,
este hogar te aclama, ven a redimirnos,
sus puertas te abre, ven a dirigirnos.

Se tú quién presida nuestra humilde mesa,
que aunque sobre ella
un pan solo hubiera
tú lo repartirás.

Que no haya hijo pródigo, altanero o flojo,
ni sirviente malo que odiara a su amo
ni esposa ligera, ni marido infiel
que a ella le fuera.

Que no haya egoísmo ni intereses propios,
que todos vivamos unos para otros.

Infúndenos fuerza
para que por dura que sea la tarea,
nunca decaigamos y parezca amena.

Que las alegrías juntos las disfrutemos,
y si llanto hubiera en alguno de ellos
todos acudamos a hacer su mal menos.

Que al final del día
todos entonemos una melodía
para darte gracias por tus regalías. Amén

DOS REGALOS QUE CONCEDE EL ESPÍRITU SANTO

DON DE CIENCIA: es una facilidad para distinguir entre lo verdadero y lo falso. Muchas personas creen como verdadero lo que es falso y en cambio no aceptan lo que es verdad. Sólo cuando el Espíritu Santo les dé el don de ciencia sabrán distinguir bien la verdad de la mentira y quedarse sólo con la verdad. Esto es importante porque en la actualidad hay gente que enseña muchas falsedades y bastantes personas les creen y se dejen engañar.

Este don hace ver el verdadero valor de las riquezas y de los honores, que se acaban tan fácilmente. Este don ha llenado de religiosos los conventos porque los convence de que lo que más vale no es lo material sino lo espiritual.

DON DE TEMOR DE DIOS: es un temor cariñoso que nos inspira miedo a ofender a Dios, por ser Él un Padre tan generoso y lleno de bondad hacia nosotros, y también porque sabemos que Dios no dejará el pecado sin castigo (esta verdad la repite siete veces la S. Biblia).

Es una repugnancia por alejarse de Dios, es un temor a disgustar al Ser que más amamos. Es un horror a contrariar a nuestro Dios.

Todo menos que apartarnos de nuestro Dios. Es pues un temor que nace del amor.

Este don era el que hacía estallar en lágrimas a los santos cuando cometían alguna falta. Este don fue el que hizo que el rey David odiara tanto la falta que había cometido. Este fue el don que obtuvo que Magdalena se apartara para siempre del pecado.

Los Santos, por este don, le tenían tal miedo al pecado que a veces con sólo oír nombrar ciertos pecados sentían náuseas y casi vomitaban.

DICEN LOS PROTESTANTES "UDS. LOS CATÓLICOS ADORAN LAS IMÁGENES Y LOS SANTOS"

Respuesta: ¿Qué entiende Ud. por adorar? "Adorar es: "Ofrecer a un ser, los honores que se deban dar a Dios": (Diccionario). Los católicos no ofrecemos a una imagen o a un santo los honores que se deben dar a Dios".

Si alguno lo hace, será una excepción, y está cometiendo una idolatría y una superstición. Lo cual la inmensa mayoría de los católicos rechazamos y condenamos.

Los católicos VENERAMOS a las imágenes y a los santos. Y venerar es muy distinto de adorar. ¿Sabe Ud. qué es venerar? "Venerar es demostrar un gran respeto hacia un ser" (Diccionario). Nosotros "veneramos" las imágenes y los santos, porque se merecen un verdadero respeto.

Porque: LAS IMÁGENES NOS TRAEN IDEAS RELIGIOSAS MUY PROVECHOSAS. Por ejemplo al mirar la imagen de Cristo crucificado, recordamos lo que sufrió por nosotros, y nos sentimos movidos a amarlo más, a confiar más en Él, y a portarnos de una manera digna de un discípulo suyo. Cuando vemos una imagen de las benditas almas, recordàmos los seres difuntos, y sentimos el deseo de orar por ellos, para que descansen de las penas que merecieron por sus pecados. Al ver una imagen de la Madre de Dios o de un santo, nos viene a la memoria que tenemos en el cielo alguien que nos ayuda, nos defiende y nos pide que llevemos una vida más santa, etc.

DATOS CURIOSOS

a) Dicen los que saben de estadísticas que en Suramérica **por cada beso se adquieren cinco millones de amibas.** ¿Para qué adquirir tantas, si con unos miles que ya tenemos es suficiente para que nos amarguen bastante la vida?

b) Por cada polución voluntaria el hombre pierde millones de espermatozoides que le iban a fortificar mucho su salud corporal y mental. Es una pérdida inútil.

c) Los sicólogos enseñan que una mala costumbre se puede abandonar si por 39 días se deja de practicar.

d) La prostitución es irremediablemente infecciosa. Después de tener la desgracia de estar con una prostituta es absolutamente necesario bañarse todo el cuerpo con jabón y agua abundante y si no se contagia de enfermedades venéreas que le traen consecuencias secundarias terribles.

e) Las enfermedades venéreas toman su nombre de "Venus", diosa del amor. Porque estas enfermedades provienen de acciones sexuales con personas infectadas.

f) De cada 100 mujeres públicas de Bogotá, examinadas por la Cruz Roja, 90 tenían enfermedades venéreas; las únicas 10 que no las tenían era porque no habían cumplido un año de prostitución.

LA SAGRADA BIBLIA

Libro maravilloso aquel en el que el género humano comenzó a leer treinta y tres siglos ha, y con leer en él todos los días, todas las noches y todas las horas, aún no ha acabado su lectura. Libro, en fin, que cuando hayan pasado los cielos y la tierra, permanecerá él solo con Dios, porque es su eterna Palabra resonando eternamente en las alturas **(Donoso Cortés).**

LA BIBLIA ES EL LIBRO MÁS ANTIGUO QUE EXISTE. Cuando se escribieron las obras literarias famosas como las de Homero, Platón, Heródoto, Virgilio, etc., ya la Biblia llevaba varios siglos de estar siendo escrita **(Fray Luis de Granada).**

LA BIBLIA NO ES ALGO MUERTO. Es una criatura totalmente llena de vida que habla poderosamente a quien le atiende. Si la juventud la leyera más, la sociedad sería mucho mejor **(Napoleón).**

HE AQUÍ UNA EXTRAÑA PARADOJA: LA MÁS DAÑOSA DE TODAS: la inmensa mayoría de la humanidad no conoce las Sagradas Escrituras. Hay muchas personas muy letradas en las ciencias, pero analfabetas en la Palabra de Dios **(Evely).**

ENTRE UN SABIO Y UN IGNORANTE HAY CASI LA DIFERENCIA QUE ENTRE UN HOMBRE Y UN CADÁVER, decía Aristóteles. Pero la mayor de las ignorancias es desconocer las Sagradas Escrituras **(Santo Tomás).**

No dejes pasar este año sin conseguir y leer LA S. BIBLIA: Será el mejor consejo de toda tu vida

UN MILAGRO DE CANÁ EN UN HOGAR MODERNO

Decía un incrédulo a un padre de familia: "Yo no creo en el tal milagro de que Jesús haya cambiado el agua en vino en Caná", y el creyente le respondió: "Pues en mi hogar se ha obrado un milagro mucho mejor: Yo era un perdido, un borracho, mujeriego y jugador. Y ya desesperaba de poder curarme porque el vicio me tenía dominado. Hasta que un día alguien me aconsejó: ¿**"Por qué no hace el ensayo de ir nueve domingos a Misa** y pedir la gracia de transformar su vida"? Como **un buen consejo siempre conviene aceptarlo,** le hice caso. Y le cuento que Dios me hizo el milagro de transformar la cerveza que antes me tomaba, en muebles que ahora tengo en casa para mis hijos. Lo que para los hombres parecía imposible, para mí fue posible por mi asistencia al Santo Sacrificio cada domingo. Ojalá usted hiciera el ensayo y verá milagros más grandes que los de Caná". (Ejemplo narrado muchas veces por el Padre Juan del Rizzo, gran apóstol del sur de Bogotá, propagador incansable de la Santa Misa y de la devoción al Divino Niño Jesús 1881-1957).

Frase de San Francisco de Sales, que convirtió a una mujer vanidosa:
TRATE DE COMPORTARSE COMO QUIEN LLEVA A JESUCRISTO EN SU CORAZON"

UNA LUCHA DIGNA DE UNA PELÍCULA

En las selvas del Amazonas un grupo de niños presenció esta escena digna de una película. Una mamá volvía con un atado de leña para cocinar el almuerzo y al entrar a su ranchito se encontró con un tigre que se llevaba la canasta donde estaba el hijito de aquella pobre campesina. La india sintió una oleada inmensa de valor y tomando en sus manos un palo arremetió contra la fiera con una violencia tremenda. La fiera soltó el canasto y empezó a defenderse. La pelea fue espantosa: el tigre arrancaba a la mujer pedazos de sus ropas y tiras de su piel, pero la mujer proporcionaba unos garrotazos como de campeón de boxeo. Al poco rato el tigre sintiéndose mal en aquella lucha contra una madre tan enardecida, dio un rugido y desapareció entre la selva dejando intacto al aterrado niño. **Algo parecido debe ser la batalla descomunal entre Nuestra Madre del Cielo y Luzbel,** la fiera del infierno. Con la especialidad de que Satán no logra hacerle ningún mal a la Madre de Dios y Madre nuestra, pero la Virgen María sí le proporciona tremendas derrotas cuando al sentirnos atacados clamamos a Ella en busca de socorro.

Por eso **un santo escribió esta bella oración:** "Oh María Virgen poderosa, grande e ilustre defensora de la Iglesia, singular auxilio de los cristianos: terrible como un ejército ordenado en batalla: Tú siempre has triunfado contra los enemigos del alma! Oh Madre: en nuestras angustias, en nuestras luchas, en nuestros apuros, líbranos del enemigo. Y en la hora de la muerte llévanos al Paraíso. Así sea".

"BAJO EL AMPARO DE MARÍA LOS FIELES SE REFUGIAN EN TODOS LOS PELIGROS Y NECESIDADES DE LA VIDA"

(Concilio Vaticano L.G. 8)

PENSAMIENTOS

Nunca estarás solo si tienes un buen libro para leer.
(Lacordaire)

En cada confesión hay la lucha entre lo nuevo y santo que deseamos ser y conseguir, y lo malo, corrompido y vicioso que nuestras antiguas malas costumbres quieren hacer que sigamos cometiendo. **(Chesterton)**

¿Has pecado? Pues esfuérzate por no volver a cometer esta falta. Pide perdón al Señor muchas veces y humildemente, y confía en que tu falta será misericordiosamente perdonada. **(S. Biblia Ecl. 21)**

Para arrancar del corazón un amor que no nos conviene, se necesita otro amor más grande y más digno. Quien adquiere amor a Dios y a la salvación del alma, logra librarse de muchos amores rastreros que le hacían inmenso mal. **(Capanaga)**

Los pleitos y las discusiones quitan la paz del corazón y lo llenan a uno de pensamientos en contra de los demás. De lo que no va contra Dios y la conciencia no discutamos.
(San Agustín)

Todo el bien que deseáis que los demás os hagan a vosotros, hacedlo vosotros a ellos. **(Jesucristo)**

Los confesionarios que están siempre llenos de clientes confesándose son hoy...las cabinas telefónicas.

SAN ROBERTO Y LA LIMOSNA AMABLE

San Roberto fue uno de los santos más simpáticos de la Edad Media (vivió en el año mil). Todo lo que recibía lo daba a los pobres. Fundaba hospitales y asilos y recogía a los más abandonados y la gente lo quería muchísimo. Un día se encontró con un pobre en un camino y le dio una limosna con cierta frialdad. Luego se puso a pensar: "**di limosna, pero no di cariño**", y se volvió y saludó cariñosamente al mendigo estreçhándole la mano, y deseándole mil bendiciones de Dios... Qué bueno que nos hiciéramos a veces esta pregunta: **¿cuando doy limosna doy también cariño?** ¿O lanzo mis limosnas como se lanza un papel a la caneca de la basura o un poco de comida a las gallinas...? El Libro del Eclesiástico aconseja: "Cuando des limosnas no acompañes tu ayuda con gestos de amargura y frialdad, sino con gestos de bondad y amabilidad" ...¿Das con alegría? ¿O más bien das con disgusto perdiendo la gran bendición que Dios tiene preparada para quienes dan con alegría?

Gastó su hacienda un rico
en dar limosna
y Dios en recompensa
le dió la Gloria.

Con el dinero,
de este modo
se puede ganar el cielo.

J.E. HARTZENBUSCH

¿CÓMO EVITAR QUE LAS CRÍTICAS NOS PREOCUPEN?

SÍNTESIS PARA RECORDAR:

Regla 1ª. La crítica es una alabanza disfrazada. Significa que merecemos que hablen de nosotros. **Nadie tira piedras a un perro muerto.**

Regla 2ª. Ya que no podemos hacer que no llueva, **abramos el paraguas para que el agua no se nos entre por la nuca:** o sea, conseguir una santa indiferencia. Hagamos el bien lo mejor que podamos, y dejemos que hable la gente. ¡Nadie es más porque le alaban, ni menos porque le critican!

Regla 3ª. Hagamos una lista de las tonterías que hemos cometido, y critiquémonos nosotros mismos antes de que los demás tengan que publicar sus críticas contra nosotros. Aceptar que cada uno se equivoca quizás un 20 por ciento de lo que hace y dice. Pedir a otros crítica imparcial y constructiva, y pedir a Dios la fortaleza y la suficiente humildad para ser capaces de aceptarla.

"QUIEN ACEPTA SER CORREGIDO E INSTRUIDO, PODRÁ LLEGAR A LA SABIDURÍA Y AL ÉXITO"

(S. Biblia. Proverbios).

¿QUÉ CONDICIONES SE NECESITAN PARA TENER ÉXITO AL LEER LA S. BIBLIA?

Para leer con verdadero éxito la S. Biblia se necesitan **cuatro condiciones:**

1ª **ORAR:** Nadie comprenderá bien la S. Biblia si no reza al Señor pidiéndole que le ilumine y que le haga entender bien esos mensajes divinos.

ORA SIEMPRE ANTES DE LEER LA PALABRA

2ª **LEER DESPACIO:** En la lectura como en la comida, lo que aprovecha no es la cantidad sino lo bien que se digiera. Lo que aprovecha no es leer muchas páginas a la vez, sino pensar en eso que se lee.

3ª **LEER CON HUMILDAD** o sea no para aparecer sabio o para poder decir que sí hemos leído, etc., sino para amar más a Dios y al prójimo, hacer lo que a Dios y al prójimo, hacer lo que a Dios le agrada, y abstenerse de todo lo que pueda disgustar al Señor.

Si la palabra no te alimenta, es porque estás leyendo demasiado rápido.

4ª **NO BUSCAR EN LA S. BIBLIA CIENCIA PROFANA O NATURAL SINO UN MENSAJE ESPIRITUAL:** La S. Biblia no es un libro de historia ordinaria, ni un libro de ciencias que nos va a enseñar cómo se formó el mundo, etc. Es sólo un Libro Espiritual.

EL DÍA DEL BAUTISMO DIOS CONCEDE CUATRO DONES MUY PRECIOSOS ¿CUÁLES SON?

R. El día del bautismo Dios concede cuatro dones maravillosos. Son estos: El 1º **Nos hace hijos de Dios** (desde ese día ya no somos inferiores a nadie. Somos iguales a cualquier persona importante del mundo, porque somos "Hijos de Dios"). 2º Nos hace **hermanos de Jesucristo:** desde esa fecha somos de la mejor familia del mundo. Nuestro hermano es nada menos que el Hijo de Dios: Jesucristo. 3º. Nos hace: **Templos del Espíritu Santo:** desde el día del bautismo, cuando no tenemos pecado mortal en el alma, llevamos siempre en nosotros al Espíritu Santo (cuando cometemos un pecado mortal echamos de nuestra alma al Espíritu Santo, y en su reemplazo viene a vivir en nuestra alma el espíritu infernal, Satanás. Con una buena confesión nuestra alma vuelve a ser Templo del Espíritu Santo). Y este es el 4º don: **NOS HACE HEREDEROS DEL CIELO.** Desde el día del bautismo ya ninguno de nosotros es pobre. Aquí en la tierra nos harán falta muchas comodidades, pero en el cielo seremos riquísimos para siempre: "Alegraos decía Jesús: porque vuestro premio será grande en el cielo" (Mateo 5, 12).

EL EJEMPLO DE LA HIJA DEL REY DE FRANCIA

La hija de un rey de Francia era muy orgullosa, y un día, por humillar a una sirvienta, le dijo: "Recuerde que yo soy hija del rey". Y la sirvienta, que no era tonta, le dijo: "Y Ud. recuerde que yo soy hija de Dios".

Cuando nosotros recordamos que somos hijos de Dios **no nos creeremos inferiores a nadie,** porque tan hija de Dios es la persona más importante de nuestro siglo como lo somos nosotros.

¿SERÁ CIERTO QUE EL FIN DEL MUNDO VA A LLEGAR?

¿QUÉ DECIR A LOS QUE ENSEÑAN QUE EL FIN DEL MUNDO YA VA A LLEGAR?

Respuesta:

Jesucristo dijo que la **fecha del fin del mundo no se la ha contado Dios ni siquiera a sus ángeles** (Mt. 24,36). Y que el día y la **fecha del fin del mundo nadie lo sabe** sino sólo el Padre Dios (Marcos 13,32).

Si Jesucristo dijo que Dios no ha contado a nadie cuándo va a ser el fin del mundo, y que esa fecha nadie la sabe, **cualquier persona que nos venga a hablar de que el fin del mundo está ya muy cercano está inventando** cosas, pero no habla en nombre de Dios, porque la Santa Biblia dice bien claro que el secreto de esa fecha no lo sabe sino Dios, sólo Dios.

POR ESO: CUANDO ALGUIEN NOS DICE: EL MUNDO SE VA A ACABAR EN EL AÑO TAL: **Le responderemos:** "Te felicito" tú sabes más que los ángeles. Porque el Evangelio dice (S. Mateo 24,26) que ni siquiera los ángeles saben cuándo se va a acabar el mundo, y que ese secreto no lo sabe sino Dios (S. Marcos 13,32), y ahora ya hay entonces, dos seres que conocen ese secreto: Dios y tú. Qué prodigio!

Lo importante no es: cuando va a ser el fin del mundo. Ese secreto dejémoslo pacíficamente que lo posea Dios y sólo Él. LO IMPORTANTE ES: CUANDO VA A SER EL FIN DE TU PROPIA VIDA. Porque en ese día será para ti el fin del mundo: y como estás quedarás para siempre. Lo importante es eso: "¿Estoy preparado para dar cuenta a Dios de mi vida?".

LAS DECLARACIONES DE UN ARTISTA

En castidad no tengo qué reprocharme faltas graves. Es verdad que siento toda la fuerza de las pasiones de los jóvenes de mi edad, pero mi religiosidad me prohibe dedicarme a placeres sensuales pecaminosos y **mi salud es demasiado preciosa para derrocharla en pecados de la carne.** He llegado a convencerme de que si se tiene el gran ideal de permanecer casto y de conservar siempre la amistad con Dios, y se cultiva ese ideal, Dios suscita ocasiones y ayudas y circunstancias, aún las más imprevistas, que llevan a conseguir ese ideal" (Palestrina).

UN AVISO GRAVE

La Enciclopedia médica de **Bonamí** trae esta noticia que es bastante miedosa:

"El estado de desagrado que le produce a una persona el no ser capaz de renunciar a ciertos pecados de impureza, **lleva al complejo de culpa, el cual puede producir una hemorragia cerebral.** Este estado de desagrado ante la esclavitud que se siente hacia el pecado sensual, se llama **"conflicto"** (En la vida espiritual se llama "conflicto" la angustia del alma ante un resultado incierto, ante un apuro, ante una situación difícil de superar). **Los conflictos muy repetidos producen neurosis.**

El Salmo 65 dice: **"Si en mi corazón apruebo el pecado, el Señor no me escuchará".** ¿Y nos parece poco esa tremenda desgracia de que el Señor no nos escuche?

ENSEÑANZAS DEL SABIO JAGOT

1º **La falta de voluntad para resistir el atractivo del placer inmediato** es lo que lleva a tantas caídas en materia de pureza.

2º **Las consecuencias** de las faltas contra la pureza son: apatía, desánimo, malestar físico, profunda tristeza, fatiga, remordimiento, somnolencia y un espantable sentido de derrota, a la vez que el temible complejo de culpa, que tanto amarga la vida.

3º Cuántos resultados fatales de **un momento de flojedad en el que faltó la fuerza de voluntad** para decir "NO", a los llamados del atractivo del placer inmediato!

4º Y esta falta de control sobre nuestros instintos y deseos impuros trae consigo **una serie de desequilibrios** que llevan a caer otra vez en la falta ya cometida, porque debilitan la voluntad y aumentan la fuerza del deseo sensual.

5º **Es importante que venga el descontento,** la tristeza de haber hecho lo malo y de haberse comportado indebidamente, porque si no se siente esta tristeza y este descontento, caeríamos en los abismos más profundos del vicio y del pecado.

6º **La enfermedad que no duele es la más peligrosa,** porque puede ir progresando y creciendo sin que nosotros nos demos cuenta y la ataquemos y nos defendamos de ella. Si no sintiéramos descontento de haber obrado mal, no reaccionaríamos contra lo indebido que hemos hecho, dicho o pensado.

UN MINUTO CON LA VIRGEN

¡Bendíceme Madre! y ruega por mí sin cesar.
Aleja de mí, hoy y siempre, el pecado.
Si tropiezo, tiende tu mano hacia mí.
Si cien veces caigo, cien veces levántame.
Si yo te olvido, Tú no te olvides de mí.
¡Si me dejas Madre! ¿qué será de mí?
En los peligros del mundo, asísteme
Quiero vivir y morir bajo tu manto.
Quiero que mi vida te haga sonreír.
Mírame con compasión, no me dejes Madre mía.
Y, al fin, sal a recibirme y llévame junto a Ti.
Tu bendición me acompañe hoy siempre.
Amén. Aleluya (Un Avemaría).

Y AHORA OYE A TU MADRE:

Sigo tus luchas y quiero ayudarte.
Junto a Mí no desesperes.
Donde yo estoy no hay que temer.
Confía en Mí y vencerás
Quien me ama asegura su salvación.
Ante Mí huye el pecado y el infierno.
La victoria será de quienes tengan fe.

"Según sea tu fe, así serán las cosas que te sucederán".

(S. Biblia Mt 2,13)

FRASES IMPACTANTES

Quien se alaba a sí mismo pierde la alegría de ser alabado por Dios y por los demás. Al hacerse su propia biografía pierde la que otros le iban a redactar. **(Kempis)**

El cigarrillo es un rollo de yerba que consta de una llama en un extremo y un cáncer en el otro.

Dios nos juzgará a todos y dará a cada uno según sus obras y pagará a cada cual según sus intenciones. **(Ecl. 35,24)**

Yo soy yo y mis circunstancias. O sea: yo y mis pasiones. Yo y las ocasiones que se me presentan de pecar. Yo y los defectos que heredé de mis antepasados. Yo y el sitio y el modo en los cuales me toca vivir. **(Ortega y Gasset)**

Id por el camino angosto del sacrificio, porque muchos son los llamados y pocos los escogidos. **(San Mateo 22,14)**

Oh: quién pusiera una guardia a mi boca y un sello de prudencia a mis labios para que no caiga en pecados de lengua y no diga lo que no debo decir. **(Ecl. 23,1)**

Al recordar las malas inclinaciones que tenemos los humanos y lo bastante mal que nos comportamos, un sicólogo exclamaba: "Cada día nacen en el mundo 100.000 salvajes".

UN PRODIGIO POR UNA CANCIÓN

PAUL CLAUDEL, EL MÁS GRANDE DE LOS POETAS CATÓLICOS CONTEMPORÁNEOS de Francia, **se convirtió al catolicismo de la siguiente manera:** "Asistí a la Iglesia de Nuestra Señora de París para ver si ante la ceremonia católica sacaba alguna inspiración para mis escritos. Y al oír un himno, que después supe ser al "Magnificat" (el "Proclama mi alma la grandeza del Señor", el canto con el cual la Virgen dio gracias al Altísimo por haberla hecho Madre de Dios), **sentí una emoción tan grande al oír cantar esas frases,** que todas las dudas desaparecieron, y veía las verdades de nuestra santa religión con una claridad de mediodía. Me sentía hijo de Dios, y con eso era el hombre más feliz de la tierra. Una voz interior me gritaba: "Sí, Dios existe, me ama, me llama".

EL INMACULADO CORAZÓN DE MARÍA

A San Antonio María Claret le preguntó uno de sus compañeros: "¿A qué se debe que tú ames, tanto, al Corazón de María? – Cómo no voy a amar ese corazón si todo lo que pido me lo alcanza? – respondió el Santo –. Pero y ¿qué manera empleas tú para pedirle y conseguirlo todo? – Pues, le insisto y le insisto, y no me canso ni me desanimo, y el corazón de Nuestra Madre celestial no es capaz de negarse a venir en mi ayuda".

EL SANTO CURA DE ARS exclamaba entusiasmado: "El Corazón de María es tan amable para con nosotros que si reuniéramos el amor de los corazones de todas las madres, ese amor, con ser tan grande, parecería un pedazo de hielo, comparado con el inmenso amor que en el Corazón de María arde hacia nosotros sus hijos".

¿POR QUÉ ES TAN IMPORTANTE LEER LA S. BIBLIA?

Es importantísimo leer la S. Biblia porque su lectura nos trae grandes ventajas:

Tengo un amigo que verdaderamente resplandece con el amor de Jesucristo.

¿Cuál es el secreto de su éxito en la vida cristiana? Este hombre lee capítulos de la Biblia cada día a pesar de que tiene dos empleos y es padre de familia. No te estamos pidiendo que leas capítulos por día.

¡No! Vas a leer solamente una página.

a) **NOS ENTUSIASMA POR DIOS Y NOS LLENA DE AMOR HACIA ÉL.** Al leer la Biblia la persona se da cuenta de lo enormemente simpático y bueno que es Nuestro Señor.

b) **NOS ANIMA A LLENARNOS DE OBRAS BUENAS:** por ejemplo, oración, limosnas, sacrificios, favores a los demás, perfecto cumplimiento del deber de cada día, buen trato a todos, etc., porque nos recuerda a cada paso que "cada uno recibirá premio según hayan sido sus obras. Quien hace muchas obras buenas recibirá muchos premios. Y quien poco hizo, poco recibirá".

c) **NOS DA GRAN TEMOR Y ASCO HACIA EL PECADO.** Muchas veces nos repite que aunque Dios perdona, no deja ni un sólo pecado sin castigo. Y continuamente nos va recordando los grandes males que vienen a quienes pecan, y lo muchísimo que el pecado disgusta a Dios.

OCHO REGLAS PARA DISMINUIR LAS PREOCUPACIONES

1ª No aumente exageradamente sus gastos.

2ª Hágase un presupuesto o lista de gastos que tiene que hacer.

3ª No se haga la ilusión de que por tener más, va a tener menos afanes.

4ª Practique la regla del diez por ciento para Dios.

5ª Cuidado con los anuncios extraordinarios y engañadores.

6ª Ayude a su economía con trabajos personales y caseros.

7ª No juegue jamás. Nada de apuestas ni de maquinitas electrónicas.

8ª Si no logra arreglar su situación económica, por lo menos no viva resentido.

Dejemos de lamentarnos por aquello que no puede ser cambiado. Nada ganamos con vivir quejándonos. Seamos buenos con nosotros mismos viviendo más alegres.

NADIE ES TAN POBRE Y TAN MISERABLE COMO EL QUE NUNCA SE CONTENTA CON LO QUE TIENE.

ORACIÓN DE GRATITUD

Es maravilloso Señor:
Tener los brazos abiertos, cuando hay tantos mutilados.
Mis ojos ven, cuando hay tantos sin luz.
Mi voz canta, cuando hay tantos que enmudecen.
Mis manos trabajan, cuando hay tantos que mendigan.
Es grandioso volver a casa, cuando hay tantos que no tienen donde ir.
Es grandioso sonreír, cuando tantos lloran.
amar, cuando tantos odian,
vivir, cuando hay tantos que agonizan.
Es grandioso tener un Dios en quién esperar y creer,
y en quien podemos sentirnos amados, cuando hay tantos
que no tienen consuelo ni fe.
Es grandioso Señor, tener un poco que pedirte,
y tanto que AGRADECERTE.
De joven, yo era un revolucionario y decía:
Señor, dame la fuerza para cambiar el mundo.
Cuando me hice adulto, me di cuenta de que pasé la vida
sin lograr cambiar el mundo.
Y entonces, transformé mi oración
Y dije: Señor, dame la gracia de transformar
a cuantos traten conmigo.
Y ahora que soy viejo, mi oración es ésta:
Señor, dame la gracia de transformarme
cambiarme a mí mismo. Amén.

¿CÓMO SE CONOCE QUE UNA PERSONA AMA A DIOS CON TODO SU CORAZÓN?

R: Se conoce que una persona ama a Dios con todo su corazón, en los siguientes detalles:

1º **La persona que ama a Dios con todo su corazón, se acuerda de Él varias veces cada día.** Por ej. **al levantarse** se echa la señal de la cruz, le ofrece a Dios el día que amanece y le pide que le ayude durante todas estas horas. **Cuando va a comer** le da gracias a Nuestro Señor. Antes de acostarse rezar alguna oración.

2º **EVITA EL PECADO Y TRATA DE VIVIR EN GRACIA DE DIOS:** San Pablo decía: No contristéis al Espíritu Santo. ¿No sabéis que sois templos del Espíritu Santo? ¿Vais a profanar con el pecado el Templo del Gran Dios?

Cada vez que cometemos un pecado mortal echamos el Espíritu Divino de nuestra alma. ¿Y cómo pretendemos que Él obre maravillas en nosotros si le negamos hospedaje en nuestra alma?

Hay pecados inesperados, por sorpresa, por momentos de especial debilidad, pero que luego se lloran, se odian, se confiesan, y se hace el propósito serio de no cometerlos más. Éstos no impiden por largo tiempo la intervención del Espíritu Santo. Pero esos pecados aceptados tranquilamente, que el alma quiere excusar, que no se odian, y cuya ocasión de cometerlos no se evita, esos sí ponen un obstáculo casi irremediable para que el Santo Espíritu de Dios pueda llegar al alma y santificarla.

3º **AGRADECER A DIOS SUS BENEFICIOS:** Muchos piensan demasiado en la obra del hombre y muy poco en la obra de Dios.Seamos más agradecidos con él.

DICEN LOS ADVERSARIOS:

¿CÓMO SE LE OCURRE CONFESARSE CON UN PECADOR COMO UD.?

Respuesta: Es como si dijéramos: "Un médico que esté enfermo no puede recetar a nadie. Sus recetas no valen". Qué idiotez!

El día de la Resurrección, Jesucristo se apareció a los Apóstoles, sopló sobre sus cabezas y les dijo: "RECIBID EL ESPÍRITU SANTO: A QUIENES LES PERDONÉIS LOS PECADOS LES SERÁN PERDONADOS" (S. Juan 20,22).

Este poder pasó de los Apóstoles a sus sucesores. De San Pedro al próximo Papa, y así a través de los 265 Pontífices ha llegado hasta nosotros. El Papa lo pasa al Obispo, y el Obispo la transmite al Sacerdote.

Ya sabemos que los poderes que Cristo concedió a su Iglesia no fueron sólo para sus 12 Apóstoles (porque entonces su Iglesia se le habrá acabado a los 30 años de haber muerto Él) sino para pasarlos a todos sus sucesores.

Pero supongamos que es muy pecador. ¿ACASO ES QUE PORQUE UN JUEZ NO ES UN SANTO, NO PUEDE SACAR A UN PRESO DE LA CÁRCEL?

Así el sacerdote: él no perdona los pecados porque él no es pecador. Él perdona los pecados por una sola razón: porque recibió poder para ello, de la altísima autoridad que se llama Jesucristo.

EL ORANGUTÁN ESTRANGULADOR

Aquel expedicionario europeo encontró en Africa un gracioso orangután y lo colocó sobre su hombro. Y cada día le regalaba bananos y cuanto alimento más le agradara al animalejo. Pero el orangután fue creciendo y creciendo y ya se volvía muy pesado. Entonces un día el expedicionario dispuso no llevarlo más al hombro. El fiero animal se subió sin embargo allí, y cuando el hombre quiso hacerlo descender por la fuerza, el simio enfurecido se lanzó al cuello y ahogó a su benefactor.

Cuântas personas le van dando gustos y gustos a ese compañero que es el corazón, y el día en que menos piensan, su corazón ya mal acostumbrado les ahoga el alma y les va formando malas costumbres que les hacen cometer pecados tremendamente vergonzosos que matan su buena fama y su buena conciencia y les quitan la vida de la gracia.

Por eso San Pablo exclamaba: **Domino mi cuerpo y mis instintos y los obligo a obedecerme, no sea que enseñando a otros el modo de llegar a la salvación quede yo descalificado y no logre llegar a la meta"** (1 Cor. 9,27).

Si a mis instintos les concedo todo lo que exigen, terminarán ahogándome, convirtiéndose en malas costumbres y sofocando mi personalidad. Recordaré para ello el ejemplo del Orangután.

A QUIEN NOS DIGA QUE NO HAY QUE MORTIFICARSE, NO HAY QUE CREERLE AUNQUE HAGA MILAGROS

(SanjuandelaCruz)

LA PETICIÓN DE UNA SANTA

María de los Valles (+ 1656) era una mujer que había recibido de manera admirable del Espíritu Santo el Don de Consejo. Muchas personas iban a consultarla, y ella le enviaba famosos mensajes espirituales a San Juan Eudes. Pues bien, esa santa mujer le repetía muchas veces a Dios esta oración: **"Señor: si una amistad no me hace bien, ni me es provechosa para el alma, te pido que esa amistad no me agrade, sino que más bien me produzca asco".** Y así le sucedía. Si una amistad no le convenía para su alma, le tomaba una gran aversión.

Qué bueno fuera repetir también nosotros esa misma petición: "Señor: que no nos agraden aquellas amistades que son dañosas y no provechosas para el alma. Que en vez de agrado y atracción sintamos hacia esas amistades asco y aversión". Amén.

Y es que el Libro de los Proverbios anuncia: "Si haces amistad con gente prudente y santa te harás prudente. **Pero si tienes amistad con gente que lleva al pecado, te vendrán muchas desdichas"** (Prov. 13,20).

"Que nadie peque contra otro en esta materia, ni se aproveche de él para hacerle pecar. **porque Dios es vengador de todas estas cosas"** (1 Tes. 4,6). Palabras terribles que no debemos olvidar nunca.

- *Dime con quién andas y te diré quién eres*
- *Las malas amistades corrompen las buenas costumbres*

(San Pablo)

MENSAJE DE JESUS

¿Por qué te confundes y te agitas antes los problemas de la vida?. Déjame el cuidado de todas tus cosas y todo te irá mejor. Cuando te entregues a Mí todo se resolverá con tranquilidad según mis designio. No te desesperes, no me dirijas una oración agitada, como si quisieras exigirme el cumplimiento de tus deseos. Cierra los ojos del alma y dime con calma: JESUS, YO CONFIO EN TI.

Evita las preocupaciones angustiosas y los pensamientos sobre lo que puede suceder después. No estropees mis planes queriéndome imponer tus ideas. Déjame ser Dios y actuar con libertad. Entrégate confiadamente en Mi, reposa en Mi y deja en mis manos tu futuro. Dime frecuentemente JESUS YO CONFIO EN TI. Lo que más daño te hace es tu razonamiento angistiado y tus propias ideas y querer resolver tus cosas a tu manera.

Cuando me dices: JESUS YO CONFIO EN TI, no seas como el paciente que le pide al médico que le cure pero le sugiere el modo de hacerlo, Déjate llevar con mis brazos divinos, no tengas miedo, yo te amo.

Si crees que las cosas empeoran o se complican a pesar de tu oración, sigue confiando. Cierra los ojos del alma y confía. Continúa diciéndome a toda hora: JESUS YO CONFIO EN TI.

Necesito las manos libre para poder obrar, no me ates con tus preocupaciones inútiles. Yo no quiero agitarte, angustiarte, quitarte la paz. Confía sólo en Mi, reposa en Mí, entrégate a Mi. Yo hago los milagros en la proporción de entrega y confianza que tienes en Mi. Así, que no te preocupes. Echa en Mi tus angustias y duerme tranquilo. Dime siempre: JESUS, YO CONFIO EN TÍ,, y verás grandes milagros. Te lo prometo por mi amor.

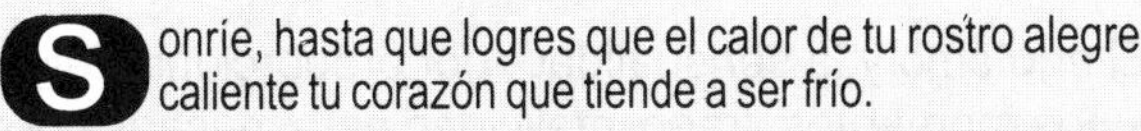

SONRÍE

Sonríe, hasta que logres que el calor de tu rostro alegre, caliente tu corazón que tiende a ser frío.

Recuerda que tu sonrisa tiene un trabajo que hacer: ganar amigos para ti, y almas para Dios. Puedes ser apóstol con sólo sonreír.

Sonríe a los rostros solitarios. Sonríe a los rostros enfermos.

Sonríe a los rostros arrugados de los ancianos.

Sonríe a los rostros sucios de los pordioseros.

Deja que en tu familia todos gocen de la belleza y de la inspiración que provienen de tu rostro sonriente.

Cuenta, si tú quieres, el número de sonrisas que la tuya haya despertado en otros durante el día.

Ese número representa cuántas veces tú has fomentado la felicidad, la alegría, el ánimo y la confianza en otros corazones. La influencia de la sonrisa se extenderá hasta donde tú ni siquiera alcanzas a sospechar.

Tu sonrisa te abre muchas puertas, allana las dificultades y hasta puede obtenerte excepcionales favores.

Puede ser un comienzo de conversión a la fe.

Puede ganarte un sinnúmero de verdaderos amigos.

Y sonríe también a Dios: aceptando lo que él quiere que te suceda, porque ya sabes que todo redunda en bien de los que aman al Señor.

Y así obtendrás que en el último día, Cristo tu Juez, te sonría también satisfecho y te lleve a donde nunca vas a dejar de sonreír.

MENSAJES ESPIRITUALES

El egoísmo y la sensualidad, por proporcionar felicidad por unos momentos, traen infelicidad para muchas horas.

(Proverbio Chino)

Cada vez que no le queréis dar una ayuda al necesitado, aunque sea al más humilde, me negáis a mí en persona ese favor. **(Jesucristo Mt. 25,42)**

Están unos perros jugando alegremente. Les echamos un hueso y se arma la pelea. Así pasa en ciertas familias: apenas llega la repartición de una herencia, se arman las peleas y se acaba la amistad y el amor. **(Epicteto)**

No te imagines que los demás tienen tanto interés en escucharte, como el que tú tienes en hablar. **(Antístenes)**

Piensa en el fin que han tenido los muertos, pues ese fin será el tuyo. Lo que ellos fueron, eso eres tú. Lo que ellos son ahora, eso serás tú después. **(Ecl. 38,23)**

Hay personas cuya lengua sólo les alcanza para quejarse y para pedir, y nunca para dar gracias. **(De Andrés)**

Qué bonita es mi Madre, dice Dios. Se llama María!

No desprecies a los pequeños, pues sus ángeles ven continuamente el rostro del Padre Celestial.

(Jesucristo Mt. 18,10)

LA PARÁBOLA DEL BUEN SAMARITANO

(Luc. 10 25-37)

Y entonces, un doctor de la Ley se levantó y le preguntó para ponerlo a prueba: "Maestro, ¿qué tengo que hacer para heredar la vida eterna?". Jesús le preguntó a su vez: "¿Qué está escrito en la Ley? ¿Qué lees en ella? Él respondió: **Amarás a al Señor, tu Dios, con todo tu corazón, con toda tu alma, con todas tus fuerzas y con todo tu espíritu, y a tu prójimo como a ti mismo.** "Has respondido exactamente, le dijo Jesús: **obra así y alcanzarás la vida".**

Pero el doctor de la Ley, para justificar su intervención, le hizo esta pregunta: "¿Y quién es mi prójimo?". Jesús volvió a tomar la palabra y le respondió: "Un hombre bajaba de Jerusalén a Jericó y cayó en manos de unos ladrones, que lo despojaron de todo, lo hirieron y se fueron, dejándolo medio muerto. Casualmente bajaba por el mismo camino un sacerdote: lo vio y siguió de largo. También pasó por allí un levita: lo vio y siguió su camino. Pero un samaritano que viajaba por allí, al pasar junto a él, lo vio y se conmovió. Entonces se acercó y vendó sus heridas, cubriéndolas con aceite y vino; después lo puso sobre su propia montura, lo condujo a un albergue y se encargó de cuidarlo. Al día siguiente, sacó dos denarios y se los dio al dueño del albergue, diciéndole: "Cuídalo, y lo que gastes de más, te lo pagaré al volver". ¿Cuál de los tres te parece que se portó como prójimo del hombre asaltado por los ladrones?". "El que tuvo compasión de él", le respondió el doctor. Y Jesús le dijo: **"Ve, y procede tú de la misma manera".**

PROMÉTASE A SÍ MISMO

Hoy hago promesa:

De ser tan fuerte, que nada ni nadie pueda
perturbar la paz de mi espíritu.

De hablar de salud, progreso y felicidad
a todos los que encuentre.

De hacer sentir a mis amigos que hay algo
grande en ellos.

De ver todo por el lado noble y hermoso,
haciendo que mi optimismo sea sincero.

De pensar sólo en lo mejor y esperar sólo
lo mejor.

De tener tanto entusiasmo por el éxito de
los demás como por el mío propio.

De olvidar los errores del pasado y luchar
por las grandes realizaciones del porvenir.

De llevar todo el tiempo un semblante alegre
y tener una sonrisa para todos.

De emplear tanto tiempo en mi mejoramiento
que no tenga lugar para criticar a los demás.

De ser tan grande para la pena, tan noble
para la cólera, tan fuerte para el miedo,
que mi felicidad no tema la presencia del dolor.

CRISTIAN LARSON

LO QUE PUDO EL JUEGO DE UNOS NIÑOS

Agustín había sido el más brillante de los alumnos de su clase. El más popular, amigo del barrio, y era un notabilísimo profesor. Pero también un tremendo pecador. Un día paseándose por el patio de su casa oye que en el parque vecino unos niños juegan y repiten sin cesar: "Abra y lea", Abra y lea", Abra y lea". Se le ocurrió que aquello podía ser un llamamiento de Dios y corrió a su mesa y abrió el primer libro que encontró, las Epístolas de San Pablo, y allí leyó: "actuemos con decencia y no en inmoralidades" (Rom. 13,13). Agustín, que era extraordinariamente inteligente, se dio cuenta de la espantosa pérdida que iba a sufrir si seguía en sus vicios, y él no quería quedarse fuera del Reino de los cielos. Estuvo largo rato llorando a gritos, hasta que aconsejado por su madre, fue a consultar al gran obispo San Ambrosio, y éste le explicó aquel pasaje bíblico diciéndole que se quedan fuera del reino de los cielos los que quieren seguir en sus vicios, pero que los que están dispuestos a no continuar en sus maldades, esos sí, con la ayuda de Dios lograrán entrar en el Reino de la felicidad eterna. Entonces envió lejísimos al Africa, la mujer con quien vivía en concubinato, y empezó una vida totalmente dedicada a la virtud, a dar gloria a Dios y a servir al prójimo. Y llegó a ser el más grande santo, de su siglo: San Agustín. Y todo empezó con la lectura de una página de la S. Biblia, en las Cartas de San Pablo. Puede ser que también a nosotros nos esté aguardando Dios en una página de la S. Biblia para transformar nuestra vida.

SI OTROS PUDIERON CONVERTIRSE Y SER MEJORES, ¿POR QUÉ NO LO VOY A PODER LOGRAR YO? (San Agustín)

¿POR QUÉ LA PERSONA QUE AMA A DIOS LE TIENE TANTO ODIO AL PECADO?

La persona que ama a Dios le tiene mucho odio y antipatía al pecado **por tres razones:**

1ª **Porque el pecado es una ingratitud con el Padre más bueno que existe, que es Dios.** Él nos dio la salud, nos dio nuestros padres y familiares que tanto nos aman. Nos da los alimentos, los estudios, las ayudas de la religión, y nos tiene preparado un gran premio en el cielo, ¿y nosotros le vamos a pagar ofendiéndolo?

2ª **Porque el pecado es una ingratitud con el Hijo de Dios, Jesucristo.** Él se vino del cielo para salvarnos. Nació por nosotros en una miserable cueva barrida por el viento, vivió treinta años en pobrezas, como un humilde obrero: estuvo tres años predicando de pueblo en pueblo, perseguido e incomprendido y duró tres horas colgado en una dolorosísima cruz, todo por borrar nuestras culpas y salvarnos, y nosotros, tan desagradecidos, lo vamos a ofender, cometiendo lo que a Él más le disgusta, el pecado.

3ª **Porque el pecado es un irrespeto al Espíritu Santo.** San Pablo dice: "¿No sabéis que sois templos donde vive el Espíritu Santo? ¿Cómo os vais a atrever a profanar el templo donde vive el Espíritu Santo?". Pues bien: el que peca, echa fuera de su alma al Divino Espíritu y en lugar de Él viene a vivir en su alma el enemigo infernal. ¿No es eso un gran irrespeto hacia el Espíritu Santo?

EL PRINCIPIO DE LA SABIDURÍA ES TENER TEMOR DE OFENDER A DIOS

(Proverbios)

DICEN LOS EVANGELICOS:
"SI SAN PABLO AFIRMA QUE UNO SOLO ES EL MEDIADOR ENTRE DIOS Y LOS HOMBRES"
(1 Timoteo 2,5)

¿POR QUÉ LOS CATÓLICOS LE REZAN A LOS SANTOS?

HAY DOS MANERAS DE SER MEDIADOR. La primera es: pagando la deuda que el ofensor tenía con el ofendido. En esto únicamente Cristo es el Mediador porque Él murió para pagar nuestros pecados, y nadie más ha muerto por nuestros pecados. En ese sentido Cristo es el Único Mediador. PERO HAY OTRA MANERA DE SER MEDIADOR: y consiste en suplicar al ofendido que perdone al ofensor, y en rogar al Todopoderoso que envíe ayudas especiales al necesitado. Y en esta segunda forma los santos sí pueden ser mediadores: rogando a Dios por nosotros, para que nos libre de nuestros males y nos conceda los favores que necesitamos.

Y LA S. BIBLIA TRAE UN EJEMPLO

Cuando Dios se disgustó por los 4 hombres que le habían inventado al Patriarca Job lo que él no había hecho, les dijo: "Mi siervo Job intercederá por vosotros y Yo le atenderé su petición para no trataros duramente como merecéis" (Job. 42,8). En este caso Job aparece como Mediador entre los hombres y Dios, pero no para pagar las deudas que le tenían al Señor sino para rogar a favor de ellos. Y el Señor Dios atendió su petición y los perdonó.

Y HAY OTRO CASO EN LA BIBLIA:

Moisés dice a Dios: "Perdona las maldades de este pueblo, según la grandeza de tu misericordia (Números 14,19) y Dios le responde: "Los perdono conforme a tu súplica". Aquí aparece Moisés como mediador, no pagando los pecados de los otros (que eso solamente lo pudo hacer y lo hizo Jesucristo) sino rogando a favor de ellos. Único Mediador pagando: es Cristo. Los demás son mediadores; rogando.

MEJOR NO AFRONTAR EL RIESGO

Pío XII (1939-1958) Fue quizás el Pontífice más sabio del siglo veinte: Pronunció bellísimos discursos y escribió cartas llenas de admirable sabiduría. En una de dichas cartas titulada: **"La Sagrada Virginidad"**, insiste en este tema. **"En cuestión de pureza y castidad es mejor no afrontar el riesgo de pecar, que después tener que llorar amargamente las vergonzosas caídas".** Y dice: "San Jerónimo repetía: "Huyo de la ocasión de pecado, para no ser derrotado por ella". Querer afrontar el riesgo es exponerse al peligro, y **"el que se expone al peligro, en él perece".** Los santos han considerado siempre que es **una técnica sumamente sabia el huir de las ocasiones** que presentan facilidades para pecar. La gente joven es planta tierna y delicada que no se puede exponer al huracán de la mundanalidad y de la sensualidad porque su pureza queda destrozada. Si hay personas mayores tan fuertes como viejos robles, que al exponerse a la ocasión de ofender a Dios, han **caído** vergonzosamente al abismo del pecado, ¿qué será de la gente joven que se asemeja a débiles arbolillos? **La castidad no se consigue ni se conserva si no se tiene prudencia.** La prudencia es la virtud que hace adivinar el peligro y huir de él. La prudencia recomienda evitar y alejarse de aquellas ocasiones que la imprudencia y la desvergüenza aconsejan y proponen. ¡Qué palabras tan sabias las de este Santo Padre!

HUIR DE LA OCASION.
EN LLEGANDO LA OCASION Y EN AGRADANDO, CAERÁS TODAS LAS VECES

(Kempis, "Imitación de Cristo")

TE ANUNCIO UNA GRAN NOTICIA...

Amigo, pon atención a lo que te voy a contar: Dios se ha hecho niño, para crecer con nosotros, pero sobre todo para salvarnos. Te das cuenta que Dios no se quedó en su misterio indescifrable y vino a nuestras tinieblas humanas! Sí, Dios se hizo como tú, como yo, se hizo limitado, niño que crece, que aprende, que pregunta, un hombre que sabe oír y que sabe responder: Se formó en la estrechez del seno materno, creció en una patria insignificante, trabajó con sus propias manos, conoció el hambre, la sed, la tristeza, las lágrimas, la alegría de la amistad, la nostalgia, el temor, la tentación, el pavor... Te das cuenta que todo eso está presente en la figura débil del Niño que comienza a llorar en el pesebre entre el buey y el asno! Esto, amigo, nos muestra la Navidad, lo que es capaz de hacer Dios, porque sencillamente nos ama!

L. Boff

SENTIR A DIOS

Si quieres estar en paz
práctica la meditación.
Entra dentro de tí y siente a Dios en tu alma.
Relájate en un lugar tranquilo y respira profundo varias veces, con tus ojos cerrados, pensando en lo mejor. Siente que Dios es luz que inunda todo tu ser de claridad y te llena de calma con su amor. Invoca al Espiritu Divino como fuente amor y poder celestial que habita en aquellos que aman a Dios y le son fieles.

Hazlo diariamente hasta que sientas esa presencia transformante del Espiritu de Dios. Deja que sea huésped de tu alma . Tu vida puede ser un constante Pentecostés, una diaria fiesta del Espiritu Santo como portador de paz y de luz.

Saca tiempo para orar en un lugar calmado y así alejarás los temores, las quejas y la aflicción. Si quieres estar en paz, pon tu vida en las manos de Dios Ora como si todo dependiera de Dios y actúa como si todo dependiera de ti.

ESPIRITU SANTO
VEN A NUESTRA ALMA

LO QUE LES PASA A LOS HIJOS QUE NO CONOCIERON A LA MADRE

200 médicos de todo el mundo se han reunido en la Organización Mundial de la Salud para estudiar los problemas de los niños que se crían sin la presencia de la madre. **¿Y qué han dicho?** Han sacado estas **conclusiones: "Que sin la presencia de la Madre, las cualidades humanas se disminuyen.** Muchos niños criados en instituciones que suplen a la madre, no sonríen ante un rostro humano y manifiestan síntomas de antipatía e indiferencia. Y de ellos sale un 60 por ciento de los delincuentes infantiles. Total: que científicos de todos los continentes y de todas las creencias nos dicen: **"La madre es irreemplazable".** – ¿CRISTIANOS ENCLENQUES? SÍ. Se reúnen 200 especialistas en religión para estudiar el cristianismo en muchas personas, y concluyen que **allí donde el amor por la Virgen María está más apagado, los católicos son enclenques,** que tienen una fe vacilante, son católicos sin vitaminas **Porque** LA VIRGEN MARÍA ES IRREEMPLAZABLE. Todo católico necesita una Madre (Simancas).

QUÉ GRANDE SERÁ LA MADRE QUE HASTA DIOS QUISO TENER UNA!

PENSAMIENTOS

A un gran bateador de béisbol le preguntaban: ¿No se llena de orgullo? Y respondió: "No me lleno de orgullo porque para anotar esos tres mil hits he tenido que lanzar 10.000 batatazos, y de esos he fallado siete mil". Cuando nos vengan pensamientos de orgullo, recordemos algunas de nuestras fallas, que eso es un buen remedio. **(Og Mandino)**

Mamá: yo arriesgaría la vida por ti. -Gracias, yo también, hijo mío. -Pero mamá: ¿qué quiere decir arriesgar la vida?

La Divina Providencia me ha ido guiando hacia los medios que me iban a conseguir el éxito. Reconozco que la felicidad que he gozado y los triunfos que he obtenido son un regalo de Dios, y por ello le estoy muy agradecido.

(B. Franklin)

Debes ser fiel a tus amigos y cuando les llegue la pobreza acompañarlos en sus horas de sufrimiento y tribulación. Es necesario proteger a los amigos y no esconderse cuando ellos necesitan nuestra ayuda. **(Ecl. 22,31)**

Ser servidores de los demás, como el Hijo del hombre que no vino a ser servido sino a servir y a dar su vida por la redención de muchos. **(Sagrada Biblia Mt. 20,28)**

PARÁBOLA DEL SAMARITANO

(Por el poeta Ricardo Nieto)

Bajo un árbol encuéntrase tendido,
lleno de heridas graves en la frente
un hombre exangüe, de dolor rendido.

Van pasando los hombres en camellos
a la ciudad distante;
pero ninguno de ellos
ve el dolor que se asoma a los cabellos
llenos de sangre y de terror de ese hombre,
a quien hirió tal vez malvada mano.

La caravana
siguió tranquila bajo el sol de fuego,
sin mirar al herido, que tenía
en sus pupilas y en su boca un ruego,
y que lejos de todos se moría.

Pero después pasó un samaritano.
Alzó al enfermo entre sus brazos: luego
curó sus llagas, y le dijo: "Hermano,
yo no conozco tu nombre ni tu rito:
más ven conmigo, reclina tu cabeza
sobre mi hombro, e irás donde yo habito
a curarte tu mal y tu tristeza!".

Y Dios dejaba hacer, pero veía
a través de la diáfana techumbre.
Y desde el cielo a este hombre sonreía
más que a la inmensa muchedumbre.

EL EPITAFIO DE UN ENTRISTECIDO

El padre de familia estaba muriendo. Mandó llamar a su esposa y a sus hijos y les dijo: "Traigan un papel y escriban el epitafio que van a grabar sobre mi tumba". Ah, papá, le dijeron los jóvenes, ¡mejor no pensemos todavía en eso! –Sí– respondió el enfermo–, quiero que mi epitafio les recuerde a ustedes algo que no le debería suceder a ninguno a la hora de la muerte. Dirá así mi epitafio: "Aquí está sepultado un cristiano que murió sin leer el Libro que lo iba a salvar: la S Biblia". Y se echó a llorar. Ya era demasiado tarde.

FUE TAMBIÉN DEMASIADO TARDE

Napoleón llegaba a sus últimos días en su destierro en la isla de Santa Elena, y un día le dijo a uno de los militares que lo acompañaban: "¡Ah, si yo volviera a tener 20 años! ¡No dejaría un solo día de mi vida sin leer una página de la Sagrada Escritura!". Lástima que para él ya fue también demasiado tarde cuando se le ocurrió este buen propósito. Que no lo sea para nosotros: "Hoy si oyes la voz de Dios no endurezcas tu corazón" (Salmo 94).

EL GENERAL NARIÑO

El precursor de la independencia de Colombia, Antonio Nariño, uno de los hombres más inteligentes que ha tenido América, en sus últimos meses, cuando por las tardes recibía la visita de un Padre Dominico en Villa de Leiva, le decía: "Padre, por favor léame un Salmo de la Biblia, bien despacito, para saborearlo". Y de vez en cuando interrumpía la lectura para exclamar: "¡Qué hermoso! ¡Qué maravilloso!". – y comentaba luego:

ESTE LIBRO ES UNA MINA DE RIQUEZA Y CONSUELOS. RECOMPENSA MUY BIEN EL TIEMPO QUE UNO LO DEDICA A SU LECTURA.

ESTAMOS HECHOS PARA LA ALEGRÍA

Hoy le declaro la guerra al desaliento.

Hoy mando mis dudas lejos y más lejos mis tristezas.

No quiero que la desconfianza o el abatimiento echen raíces en mi alma. No quiero ser amargado.

Envío el desánimo a un destierro perpetuo, y en el mismo viaje le compro al pesimismo un tiquete sin retorno.

Tú, corazón mío, estás hecho para la alegría. Eres templo de Dios y Él no mora en lugares oscuros.

No le abras la puerta, oh corazón, al desconsuelo. Tus amigos son el entusiasmo y el ánimo resuelto.

Hoy le grito NO al pesimismo y en la fe encuentro inmensas reservas de coraje. Nací para vencer.

Nací también para avanzar y superar barreras. De toda caída aprendo algo y me levanto decidido.

“Todo lo puedo en Cristo que me fortalece”.

Gonzalo Gallo

CREDO

Es el resumen de todo lo que hay que creer para salvarse

Creo en Dios Padre Todopoderoso, creador del cielo y de la tierra.

Creo en Jesucristo su único Hijo, Nuestro Señor, que fue concebido por obra y gracia del Espíritu Santo nació de Santa María Virgen, padeció bajo el poder de Poncio Pilato, fue crucificado, muerto y sepultado, descendió a los infiernos, al tercer día resucitó de entre los muertos, subió a los cielos y está sentado a la derecha de Dios Padre, desde allí ha de venir a juzgar a vivos y muertos.

Creo en el Espíritu Santo, la Santa Iglesia Católica, la comunión de los Santos, el perdón de los pecados, la resurrección de los muertos, y la vida eterna. Amén.

LA SALVE

Dios te Salve Reina y Madre de misericordia, vida, dulzura y esperanza nuestra, Dios te salve a ti llamamos los desterrados hijos de Eva. A ti suspiramos gimiendo y llorando en este valle de lágrimas. Ea pues Señora, abogada nuestra. Vuelve a nosotros esos tus ojos misericordiosos, y después de este destierro muéstranos a Jesús fruto bendito de tu vientre, oh clemente, oh piadosa, oh dulce Virgen María. Ruega por nosotros Santa Madre de Dios, para que seamos dignos de alcanzar las promesas de Jesucristo. **Amén.**

ACTO DE CONTRICIÓN

JESÚS MI SEÑOR Y REDENTOR. Yo me arrepiento de todos los pecados que he cometido hasta hoy, y me pesa de todo corazón porque con ellos he ofendido a un Dios tan bueno. Propongo firmemente no volver a pecar y confío en que por tu infinita misericordia, me has de conceder el perdón de mis culpas, y me has de llevar a la vida eterna. **Amén.**

Al pecar crucificas otra vez a Cristo

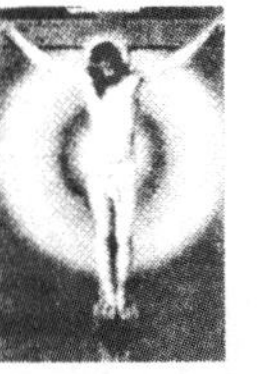

ANGEL DE MI GUARDA

Ángel de mi guarda, mi dulce compañía, no me desampares, ni de noche ni de día, hasta que me pongas en paz y alegría, con todos los santos, Jesús y María.

ORACIÓN QUE EL SANTO PADRE, EL PAPA, REZA DESPUÉS DE COMULGAR

Alma de Cristo, Santifícame
Cuerpo de Cristo, Sálvame
Sangre de Cristo, Embriágame
Agua del costado de Cristo, Lávame
Pasión de Cristo, Confórtame.

Oh buen Jesús, Óyeme
Dentro de tus llagas, Escóndeme
No permitas que me aparte de ti
Del enemigo malo, Defiéndeme
A la hora de mi muerte, Llámame
Y mándame ir a ti, para que con tus santos
Te alabe, por los siglos de los siglos. **Amén.**

INVOCACIÓN AL ESPÍRITU SANTO

Ven, Espíritu Santo,
Llena los corazones de tus fieles
y enciende en ellos
el fuego de tu amor.
Envía Señor, tu Espíritu.
Que renueve la faz de la tierra.

ORACIÓN

Oh Dios,
que llenaste los corazones de tus
fieles con la luz del Espíritu
Santo; concédenos que,
guiados por el mismo Espíritu.
sintamos con rectitud y
gocemos siempre de tu consuelo.
Por Jesucristo Nuestro Señor.
Amén.

BENDITA SEA TU PUREZA

Bendita sea tu pureza
y eternamente lo sea
pues todo un Dios se recrea
en tan graciosa belleza.
A Ti, Celestial Princesa,
Virgen Sagrada María,
Yo te ofrezco noche y día
alma, vida y corazón,
mírame con compasión
no me dejes **Madre mía.**

MISTERIOS DEL ROSARIO

MISTERIOS GOZOSOS
(Lunes y Sábado)

1. La anunciación del Ángel a la Virgen María.
2. La visita de la Virgen María a Santa Isabel.
3. El nacimiento de Jesucristo en el Portal de Belén.
4. La presentación del Niño Jesús en el Templo.
5. Jesús hallado entre los Doctores del Templo.

MISTERIOS LUMINOSOS
(Jueves)

1. El bautismo de Jesús.
2. El milagro de las Bodas de Caná.
3. La predicación de Jesús acerca del Reino de Dios y de la conversión.
4. La transfiguración de Jesús.
5. La institución de la Eucaristía en la Última Cena.

MISTERIOS DOLOROSOS
(Martes y Viernes)

1. La oración de Jesucristo en el Huerto.
2. La flagelación de Jesucristo en la columna.
3. La coronación de espinas.
4. La subida de Jesucristo al Calvario con la cruz a cuestas.
5. La crucifixión y muerte de Jesucristo.

MISTERIOS GLORIOSOS
(Miércoles y Domingo)

1. La Resurrección de Jesucristo.
2. La Ascensión de Jesucristo al cielo.
3. La venida del Espíritu Santo sobre la Virgen María y los Apóstoles.
4. La Asunción de la Virgen María al cielo.
5. La coronación de la Virgen María, la gloria de los ángeles y de los Santos.

ORACIÓN RECOMENDADA POR LA SANTÍSIMA VIRGEN EN FÁTIMA

Para rezarla después del Gloria en cada Misterio

"Oh Jesús: perdonadnos nuestras culpas. Libradnos del fuego del infierno y llevad al cielo a todas las almas, especialmente a las más necesitadas de vuestra misericordia". **Amén.**

ORACIÓN DE LA MAÑANA

Ilumina la aurora el claro cielo
Otro día de vida que nos das;
Gracias a Ti, Creador del Universo,
Oh Padre Nuestro que en el cielo estás.

Nuestras voces unimos al concierto
Que el universo eleva hoy en tu honor
Del Cielo, la tierra, el mar profundo
Oh Padre nuestro, magnífico hacedor.

Preserva nuestras almas del pecado
A nuestro cuerpo da fuerza y salud
A nuestra mente ilumina piadoso
Con un rayo benéfico de luz.

Por nuestra amada patria suplicamos
Por la Iglesia elevamos oración
Por nuestros buenos padres y familia
Porque dichosos los hagas Señor.

En tu Santo Nombre comenzamos
Este día de vida que nos das;
Haz que lo acabemos santamente
Oh Padre nuestro que en el cielo estás.

MIRADME OH MI AMADO Y BUEN JESÚS

Que postrado ante vuestra santísima presencia os ruego con el mayor fervor, que imprimáis en mi corazón los más vivos sentimientos de fe, esperanza y caridad, dolor de mis pecados y propósito de jamás ofenderos, mientras que yo, lleno de amor y de compasión voy considerando vuestras cinco llagas, comenzando por aquellas palabras que de Vos dijo el Santo Profeta David.

"Han taladrado mis manos y mis pies, se pueden contar todos mis huesos".

Padre Nuestro, Ave y Gloria.

Nota: ***El que rece esta oración ante un Cristo después de comulgar gana indulgencia plenaria.***

CONSAGRACIÓN Y OFRENDA

Te ofrezco oh Dios mío:
Mis pensamientos para pensar en Ti.
Mis obras para obrar según tu Voluntad.
Mis trabajos para padecerlos por tu amor
y por la salvación de las almas.
Concédeme la gracia de:
Purificar la memoria,
refrenar la lengua,
mortificar los sentidos y
dominar los sentimientos del corazón.
Haz que procure:
Obedecer a los superiores,
atender a los inferiores,
sacrificarme por los amigos,
perdonar a los enemigos
y dar a los demás el trato
que yo quisiera recibir.
Concédeme Dios mío, conocer:
Cuán frágil es lo terreno,
cuán grande lo celestial,
cuán breve lo temporal,
cuán duradero lo eterno,
y cuán digno eres Tú de ser amado
con todo el corazón y toda el alma.
Te lo suplico en el nombre de Jesucristo Nuestro Señor. **Amén.**

LAS OBRAS DE MISERICORDIA

Las obras de Misericordia son catorce.
Siete Espirituales y siete Corporales

Las Espirituales son éstas:

1. Enseñar al que no sabe.
2. Dar buen consejo al que lo necesite
3. Corregir al que se equivoca.
4. Consolar al triste.
5. Perdonar las ofensas.
6. Sufrir con paciencia los defectos de los demás
7. Rogar a Dios por los vivos y los muertos.

Las Corporales son éstas:

1. Visitar a los enfermos.
2. Dar de comer al hambriento.
3. Dar de beber al sediento.
4. Ayudar a los presos.
5. Regalar vestidos a los pobres.
6. Dar posada al peregrino.
7. Dar sepultura a los muertos.

MANDAMIENTOS DE LA LEY DE DIOS

Los Mandamientos de la Ley de Dios son diez:

1. Amar a Dios sobre todas las cosas.
2. No jurar su Santo Nombre en vano.
3. Santificar las fiestas.
4. Honrar a Padre y Madre.
5. No matar.
6. No hacer actos impuros.
7. No robar.
8. No levantar falsos testimonios ni mentir.
9. No consentir pensamientos ni deseos impuros (y no desear la mujer del prójimo).
10. No codiciar los bienes ajenos.

MANDAMIENTOS DE LA IGLESIA

Los Mandamientos de la Santa Madre Iglesia son cinco:

1. Participar en la Santa Misa todos los domingos y fiestas de guardar.
2. Confesarse al menos una vez cada año o cuando esté en peligro de muerte, o si teniendo que comulgar está en pecado mortal.
3. Comulgar por Pascua de Resurrección.
4. Ayunar el Viernes Santo y el Miércoles de Ceniza. Guardar abstinencia los viernes de Cuaresma y hacer alguna pequeña penitencia cada viernes del año en recuerdo de la Pasión y Muerte de Jesucristo.
5. Ayudar con limosnas a la Iglesia.

LOS SACRAMENTOS

Los Sacramentos son siete:

1. Bautismo.
2. Confirmación.
3. Confesión.
4. Comunión.
5. Unción de los enfermos.
6. Orden Sacerdotal.
7. Matrimonio.